AF569706

AVENGERS

AUSBRUCH

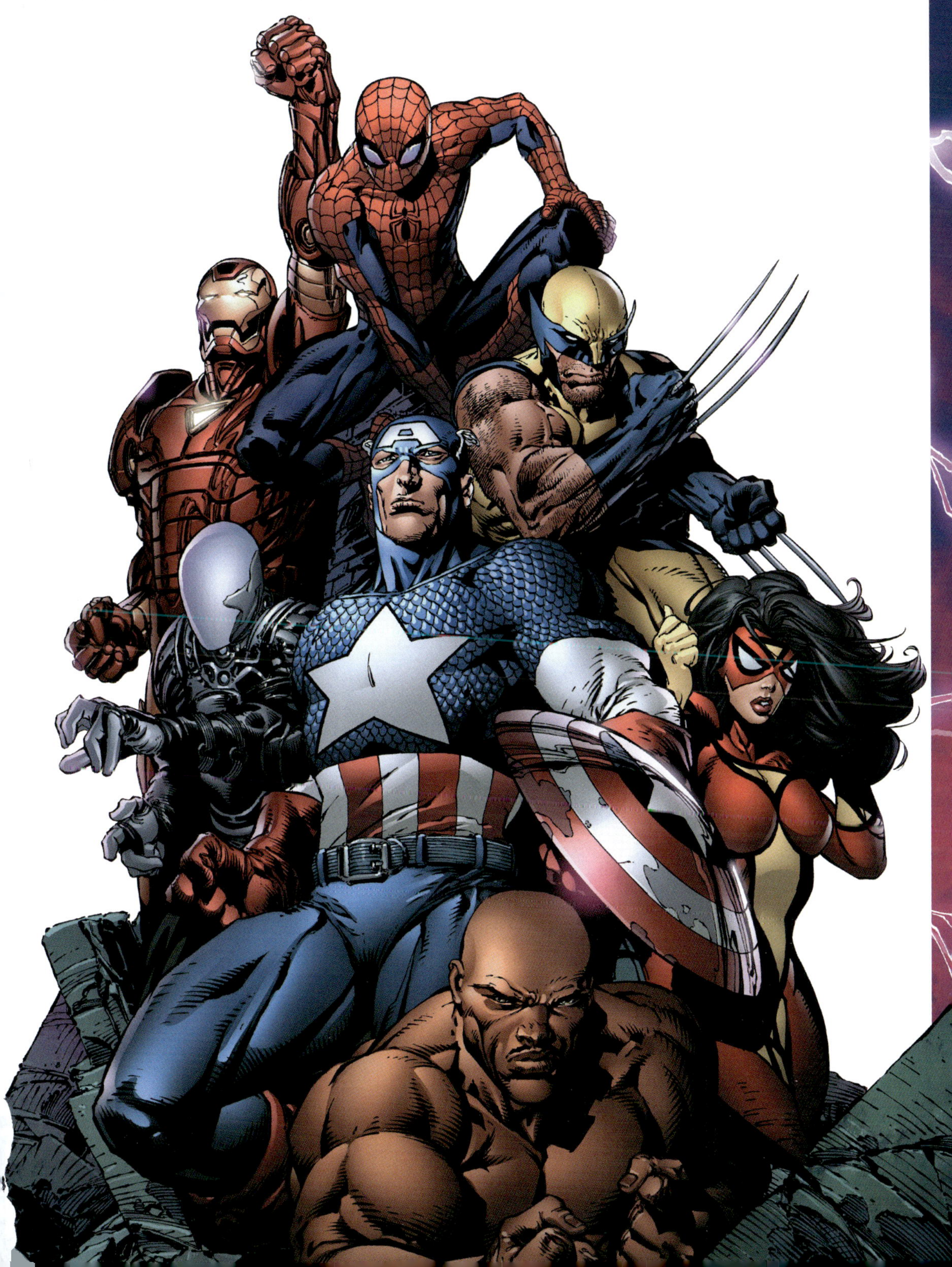

INHALT

MARVEL

FSC
www.fsc.org
MIX
Paper from responsible sources
FSC® C115044

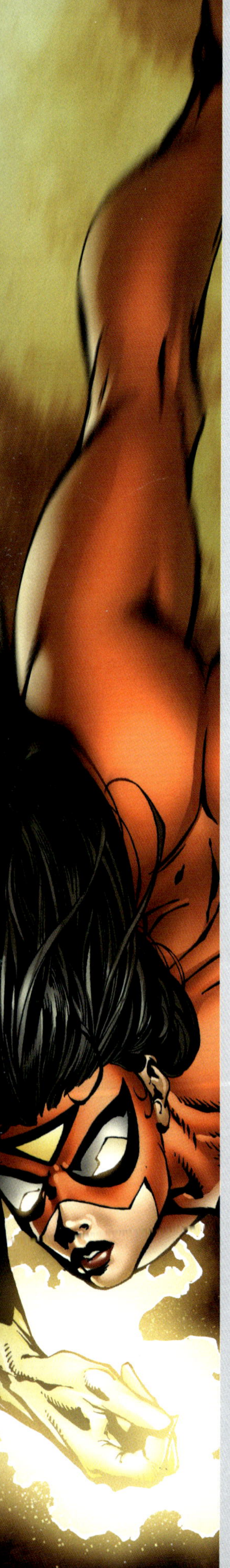

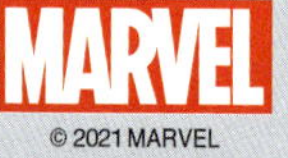

AVENGERS
AUSBRUCH

BRIAN MICHAEL BENDIS
AUTOR

DAVID FINCH
ZEICHNER

ALLEN MARTINEZ (3)
DANNY MIKI
MARK MORALES (2)
VICTOR OLAZABA (3)
TUSCHE

FRANK D'ARMATA
FARBEN

ALESSANDRA GOZZI
RAMONE
LETTERING

STEVE KUPS
ÜBERSETZUNG

TOM BREVOORT
MOLLY LAZER
STEPHANIE MOORE
ANDY SCHMIDT
NICOLE WILEY
REDAKTION USA

C. B. CEBULSKI
CHEFREDAKTEUR USA

MARVEL MUST-HAVE: AVENGERS – AUSBRUCH erscheint bei **PANINI COMICS**, Schloßstraße 76, D-70176 Stuttgart. Druck: Lito Terrazzi Industria Grafica. Pressevertrieb: Stella Distribution GmbH, D-22297 Hamburg. Direkt-Abos auf **www.paninicomics.de.** Anzeigenverkauf: BLAUFEUER VERLAGSVERTRETUNGEN GmbH, info@blaufeuer.com. Es gilt die Anzeigenpreisliste Nr. 18 vom 01.10.2020. Geschäftsführer **Hermann Paul**, Publishing Director Europe **Marco M. Lupoi**, Finanzen **Felix Bauer**, Marketing Director **Holger Wiest**, Marketing **Fabio Cunetto**, Vertrieb **Alexander Bubenheimer**, Logistik **Ronald Schäffer**, PR/Presse **Steffen Volkmer**, Publishing Manager **Lisa Pancaldi**, Redaktion **Christian Endres**, **Harald Gantzberg**, **Matthias Korn**, **Anja Seiffert**, **Kristina Starschinski**, **Ilaria Tavoni**, **Daniela Uhlmann**, Übersetzung **Bernd Kronsbein**, **Steve Kups**, Proofreading **Daniela Uhlmann**, Lettering **Alessandra Gozzi**, **RamOne**, grafische Gestaltung **Marco Paroli**, **Barbara Sarti**, Art Director **Mario Corticelli**, Redaktion Panini Comics **Annalisa Califano**, **Beatrice Doti**, Prepress **Cristina Bedini**, **Andrea Lusoli**, **Nicola Soressi**, Repro/Packager **Alessandro Nalli** (coordinator), **Mario Da Rin Zanco**, **Valentina Esposito**, **Luca Ficarelli**, **Linda Leporati**. Deutsche Edition bei Panini Verlags-GmbH unter Lizenz von Marvel Characters B.V. Cover von **David Finch**, *New Avengers* (2005) 1.

Bibliografische Information der Deutschen Nationalbibliothek
Die Deutsche Nationalbibliothek verzeichnet diese Publikation in der Deutschen Nationalbibliografie; detaillierte bibliografische Daten sind im Internet über dnb.d-nb.de abrufbar.

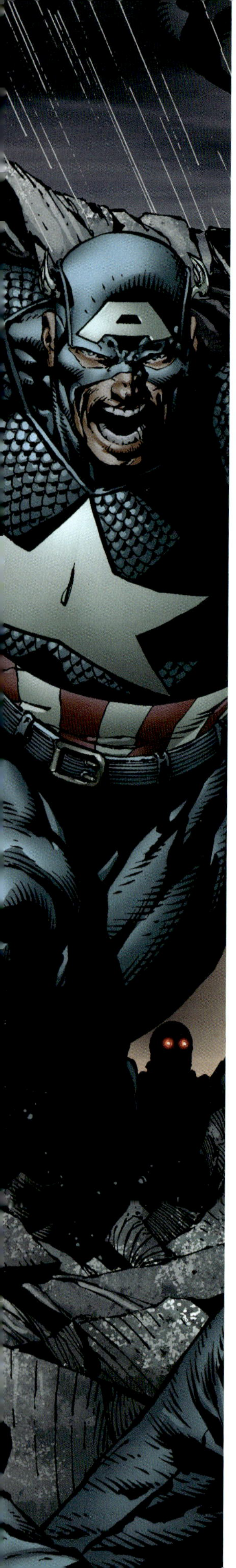

DIE NEUEN AVENGERS

Das 500. US-Heft der *Avengers*-Serie, das Autor **Brian Michael Bendis** und Zeichner **David Finch** inszenierten, läutete Ende 2004 das Ende der klassischen **Avengers** ein. Denn nachdem die mächtige Scarlet Witch **Wanda Maximoff** sich in einem Anfall von Wahnsinn gegen das Team gewandt und großen Schaden angerichtet hatte, konnten **Iron Man** Tony Stark, **Captain America** Steve Rogers und Co. den Scherbenhaufen nicht mehr zusammensetzen. Die Saga, die wir heute als AVENGERS: HELDENFALL kennen, führte zum Jahreswechsel 2004/2005 zur Auflösung von Marvels ruhmreichem zentralen Rächer-Team, das traditionell unter dem Schlachtruf „Avengers, sammeln!" zusammengekommen war, wann immer der Welt eine Gefahr drohte, die zu groß war, als dass sich ihr ein Held alleine stellen konnte – mit rotierender Besetzung und jahrelang z. B. aus der Residenz Avengers Mansion heraus, wo **Tony Starks** Butler **Edwin Jarvis** für alle sorgte. Doch die Marvel-Fangemeinde musste sich nicht lange fragen, wer das Vakuum füllen würde, da mit *New Avengers* prompt eine neue Rächer-Heftserie und Avengers-Ära starteten, in die ebenfalls Bendis und Finch führten. Ihre erste, bis heute ungebrochen großartig inszenierte Storyline über die Findung der **New Avengers**, denen über die Jahre viele Geschichten, Serien und Team-Inkarnationen folgen sollten, würdigen wir nun mit diesem Band unserer Best of-Reihe MARVEL MUST-HAVE.

Im Marvel-Universum sind seit dem Ende der Avengers sechs Monate vergangen. Keine anderthalb Jahre vor Beginn des **Civil War**-Crossovers gibt es kein Avengers-Hauptteam mehr. Autor Bendis hatte Marvels Welt damals vor allem durch seine Arbeit an *Daredevil* geprägt und in *Alias* die Superdetektivin **Jessica Jones** eingeführt sowie mit dem kugelsicheren Power Man **Luke Cage** zusammengebracht. Deshalb ergab es Sinn, dass zum Auftakt von Bendis' aufregender Avengers-Neudefinition der Anwalt und Schutzteufel **Matt Murdock**, sein Freund und Partner **Foggy** und Cage mit von der Partie waren und das Raft-Hochsicherheitsgefängnis vor New York besuchten. **Spider-Woman** Jessica Drew erhielt durch Bendis außerdem wieder mehr Relevanz. **Spider-Man** Peter Parker war indes noch mit **Mary Jane** verheiratet, und der **Sentry** war 2000 rückwirkend als einer der mächtigsten, aber auch labilsten Superhelden in den Kanon eingeführt worden. Zudem sollte erwähnt werden, dass Bendis die moderne, schnittige Version des Stark Tower als Avengers-Hauptquartier installierte, der zu einer Landmarke des Marvel Cinematic Universe werden sollte.

Während Bendis mit seinen umfangreichen Ideen, seinem forschen Witz und seinen unverkennbaren Dialogen glänzt, kommt beim Debüt der New Avengers die Action ebenfalls nicht zu kurz. Und David Finch gehört mit Sicherheit zu den denkbar besten Zeichnern, die so ein Action-Fest im Herzen des Marvel-Kosmos inszenieren konnten: grimmig, düster und sexy wie ein Comic der 1990er, aber doch mit den Möglichkeiten und Techniken der Comic-Epoche nach dem Jahrtausendwechsel, wozu nicht zuletzt die Farben von **Frank D'Armata** gehören, die zwischen New York und dem prähistorischen, tropischen Wilden Land in der Antarktis immer superb aussehen. Also, worauf warten wir noch? New Avengers, sammeln!

Christian Endres

AUSBRUCH, TEIL 1

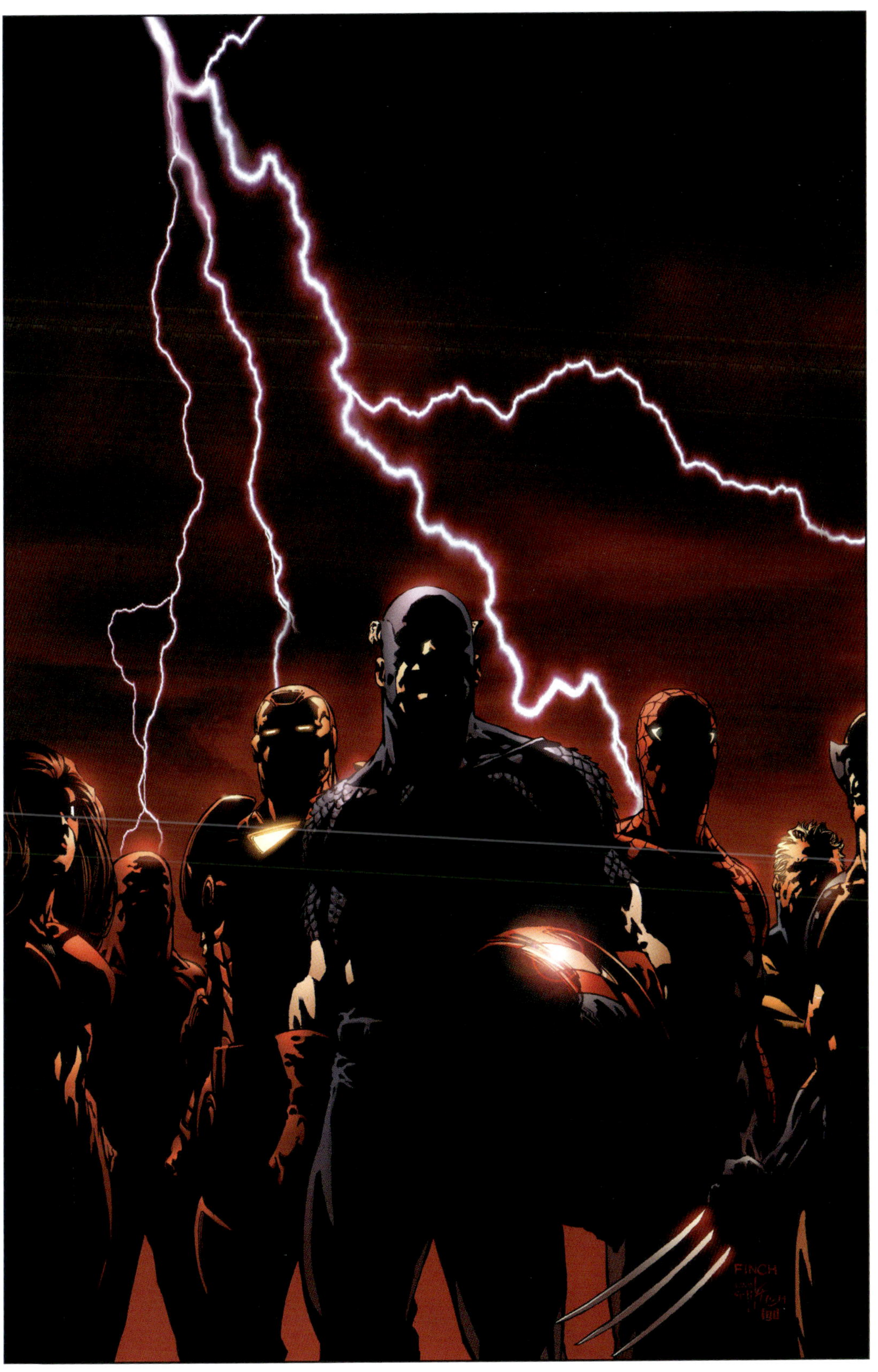

New Avengers (2005) 1
Cover von **DAVID FINCH**

Es war der dunkelste Tag in der Geschichte der Avengers.

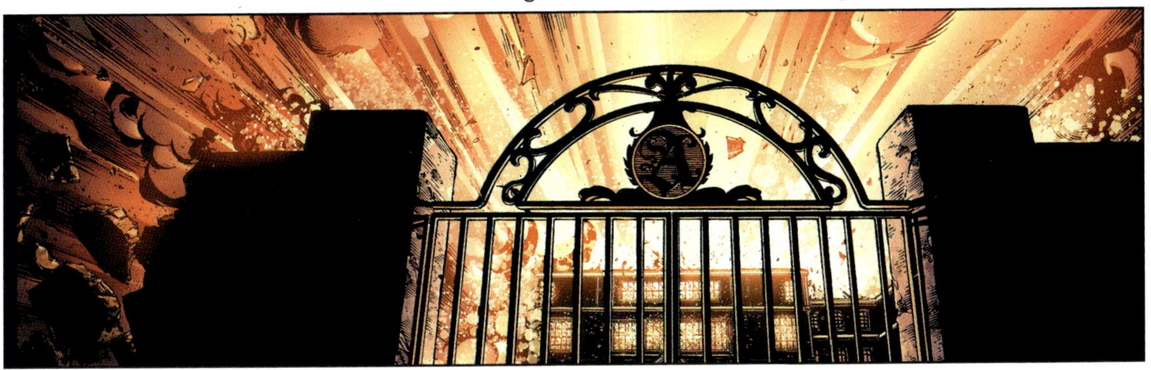

Scarlet Witch erlitt einen Nervenzusammenbruch,
nachdem sie die Kontrolle über ihre realitätsverändernden Kräfte verloren hatte.

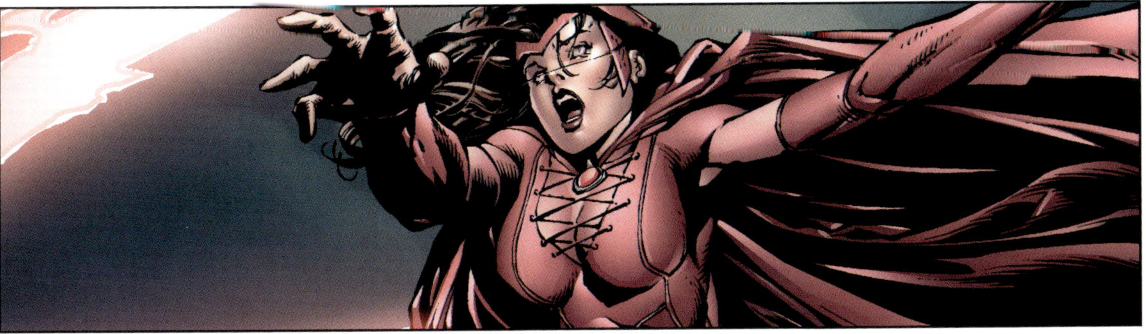

In dem Chaos, das ihr Zusammenbruch hervorrief,
verloren die ihr nahestehenden Avengers Hawkeye, Ant-Man und Vision ihr Leben.

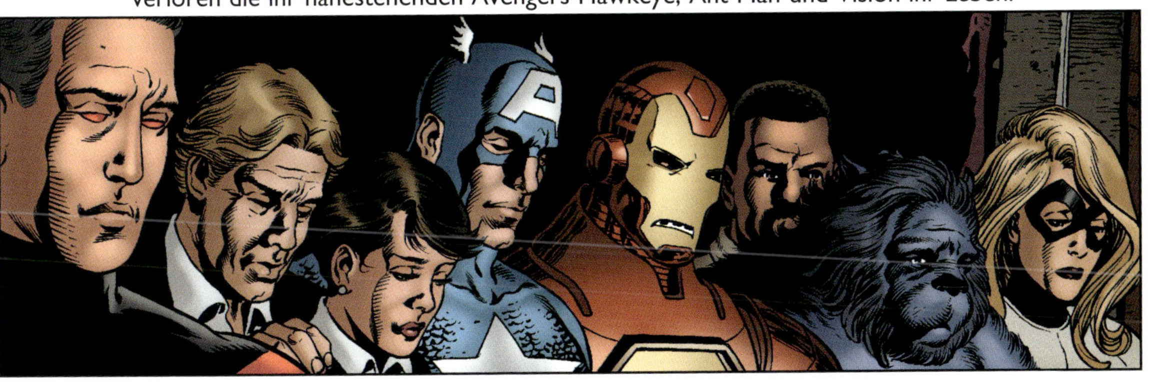

Zahlreiche weitere Avengers trugen Schäden davon,
sowohl körperlicher als auch psychischer Natur. Ohne die nötigen finanziellen Mittel
um weiterzumachen, löste sich das übrige Team stillschweigend auf

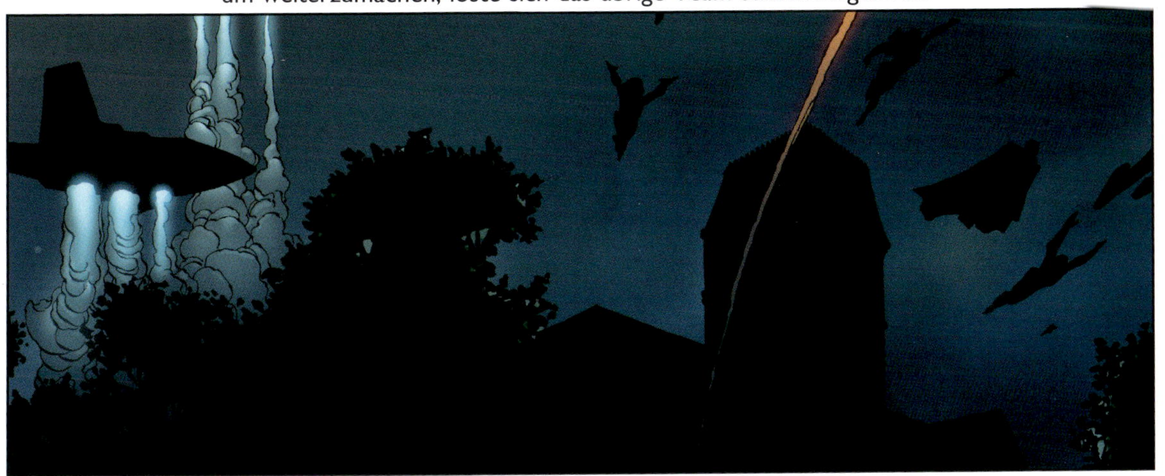

Das war vor sechs Monaten…

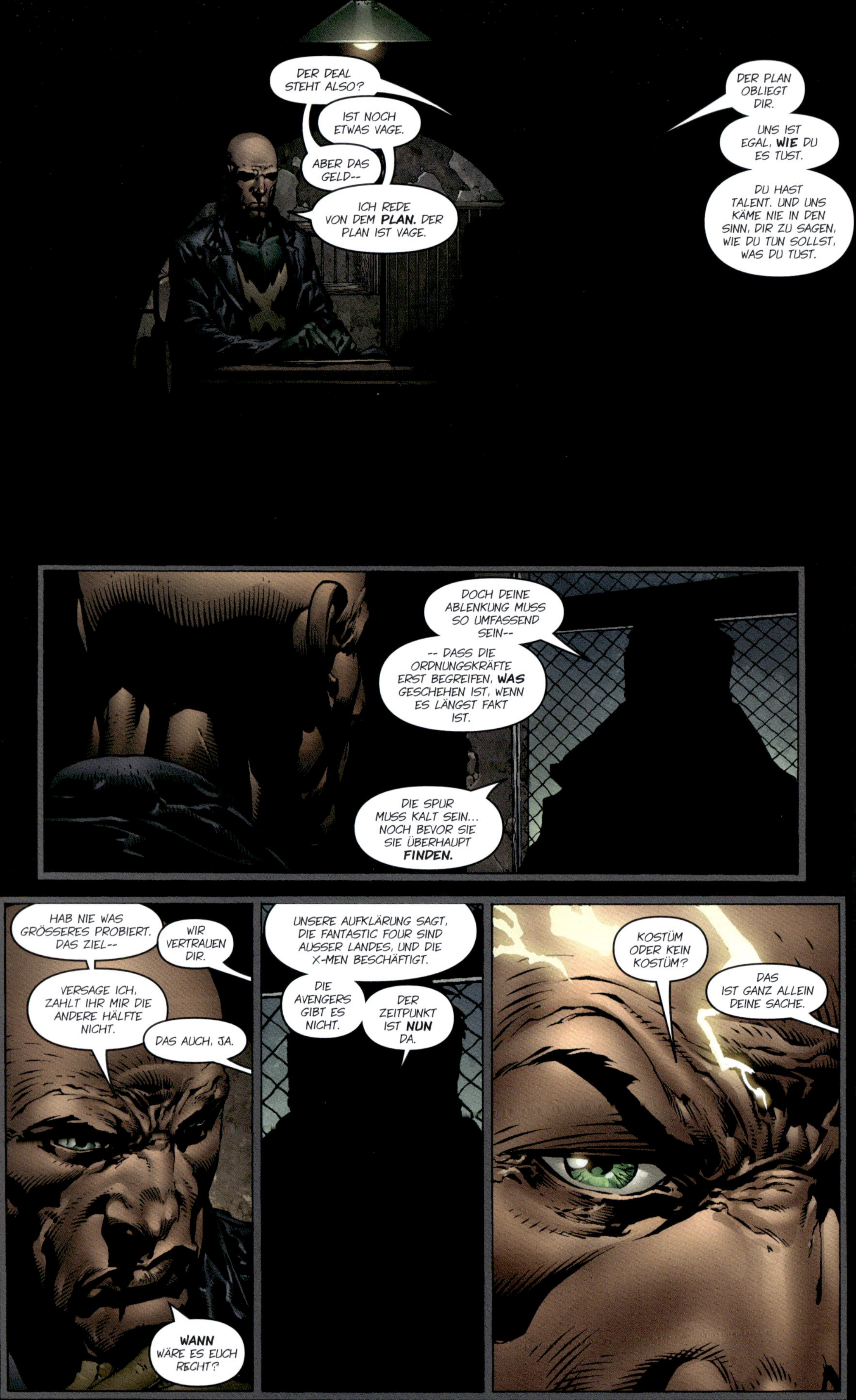

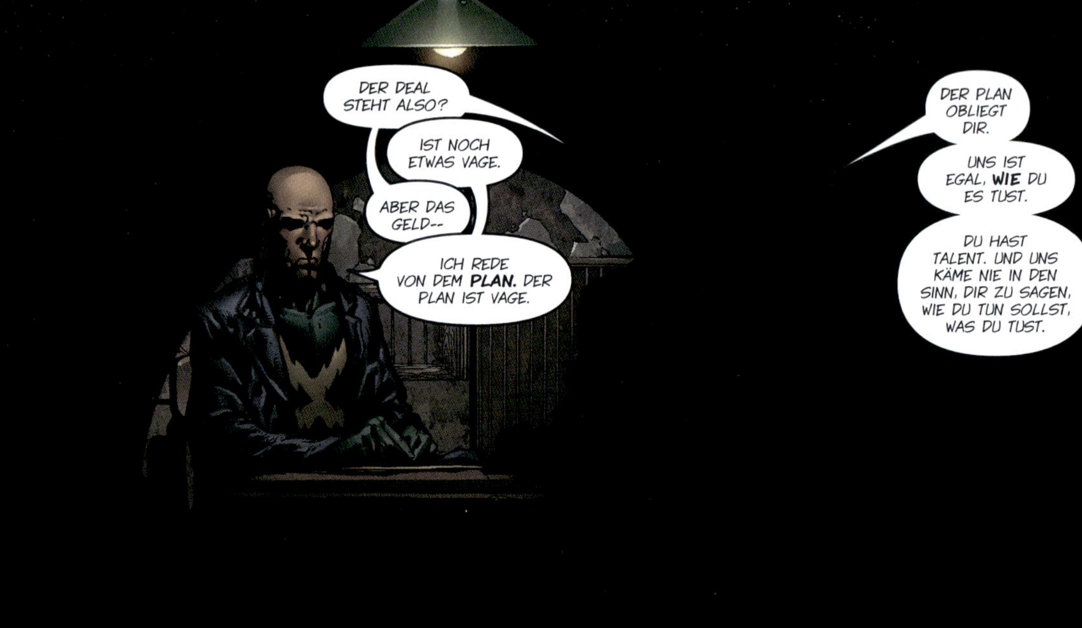
DER DEAL STEHT ALSO?
IST NOCH ETWAS VAGE.
ABER DAS GELD--
ICH REDE VON DEM **PLAN.** DER PLAN IST VAGE.
DER PLAN OBLIEGT DIR.
UNS IST EGAL, **WIE** DU ES TUST.
DU HAST TALENT. UND UNS KÄME NIE IN DEN SINN, DIR ZU SAGEN, WIE DU TUN SOLLST, WAS DU TUST.

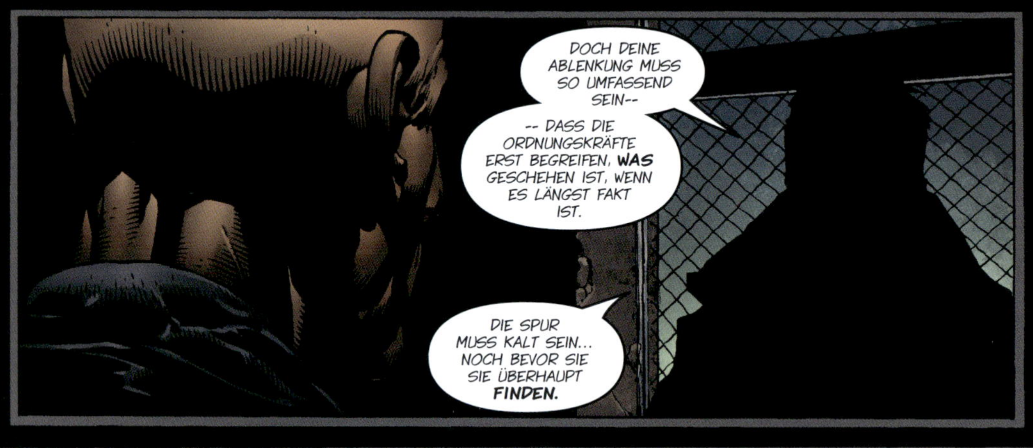
DOCH DEINE ABLENKUNG MUSS SO UMFASSEND SEIN--
-- DASS DIE ORDNUNGSKRÄFTE ERST BEGREIFEN, **WAS** GESCHEHEN IST, WENN ES LÄNGST FAKT IST.
DIE SPUR MUSS KALT SEIN... NOCH BEVOR SIE SIE ÜBERHAUPT **FINDEN.**

HAB NIE WAS GRÖSSERES PROBIERT. DAS ZIEL--
WIR VERTRAUEN DIR.
VERSAGE ICH, ZAHLT IHR MIR DIE ANDERE HÄLFTE NICHT.
DAS AUCH, JA.
WANN WÄRE ES EUCH RECHT?
UNSERE AUFKLÄRUNG SAGT, DIE FANTASTIC FOUR SIND AUSSER LANDES, UND DIE X-MEN BESCHÄFTIGT.
DIE AVENGERS GIBT ES NICHT.
DER ZEITPUNKT IST **NUN** DA.
KOSTÜM ODER KEIN KOSTÜM?
DAS IST GANZ ALLEIN DEINE SACHE.

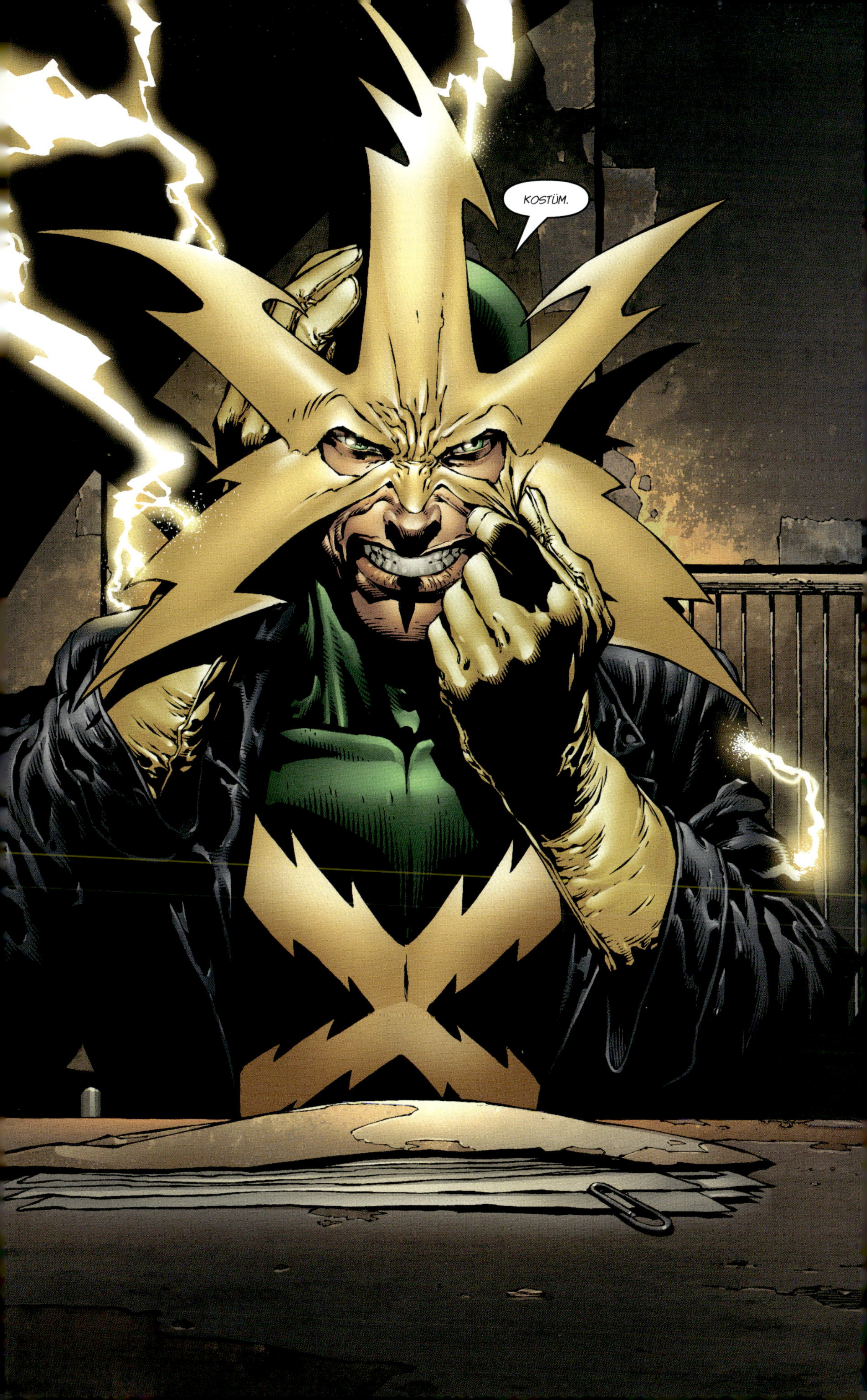
KOSTÜM.

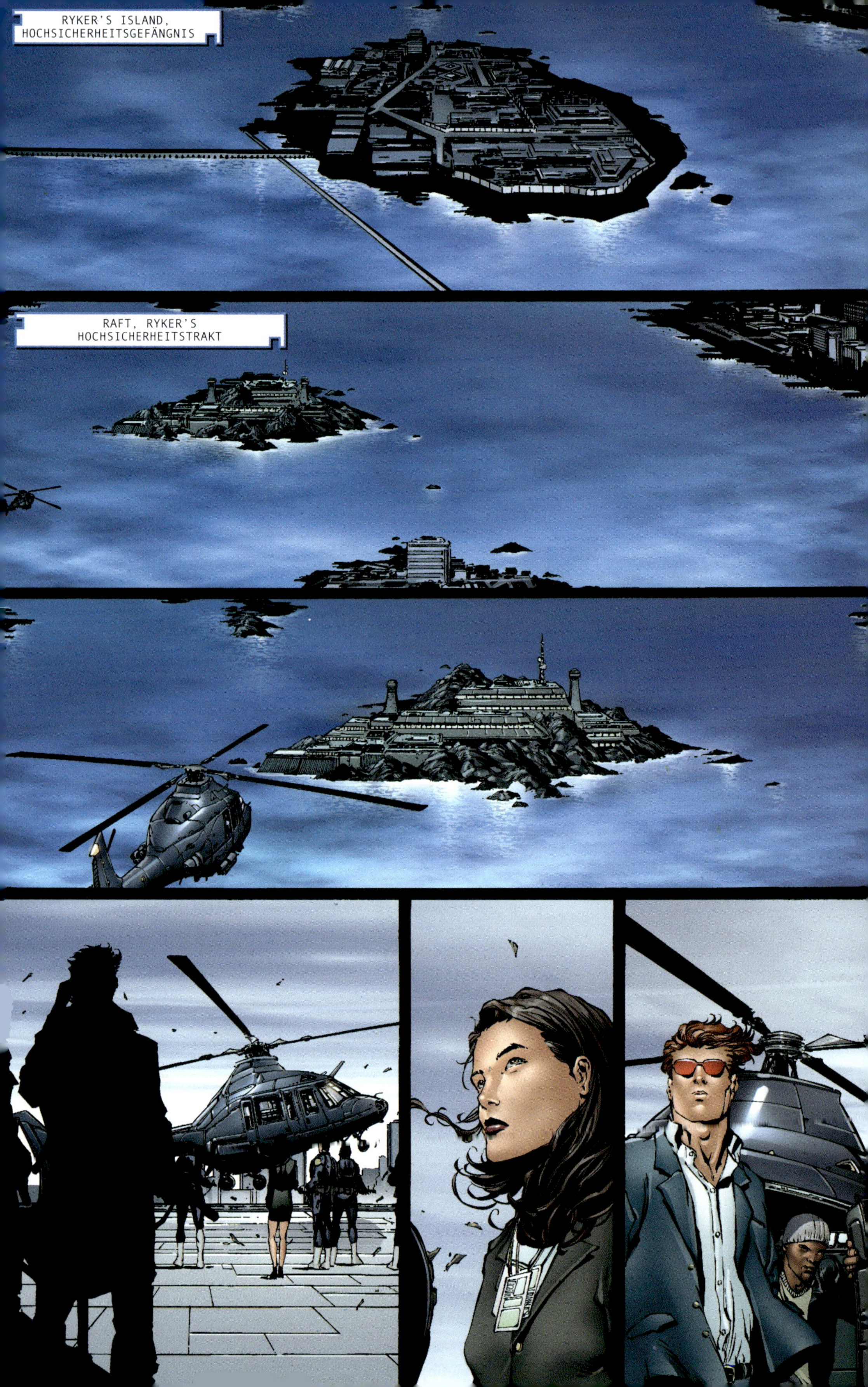
RYKER'S ISLAND,
HOCHSICHERHEITSGEFÄNGNIS
RAFT, RYKER'S
HOCHSICHERHEITSTRAKT

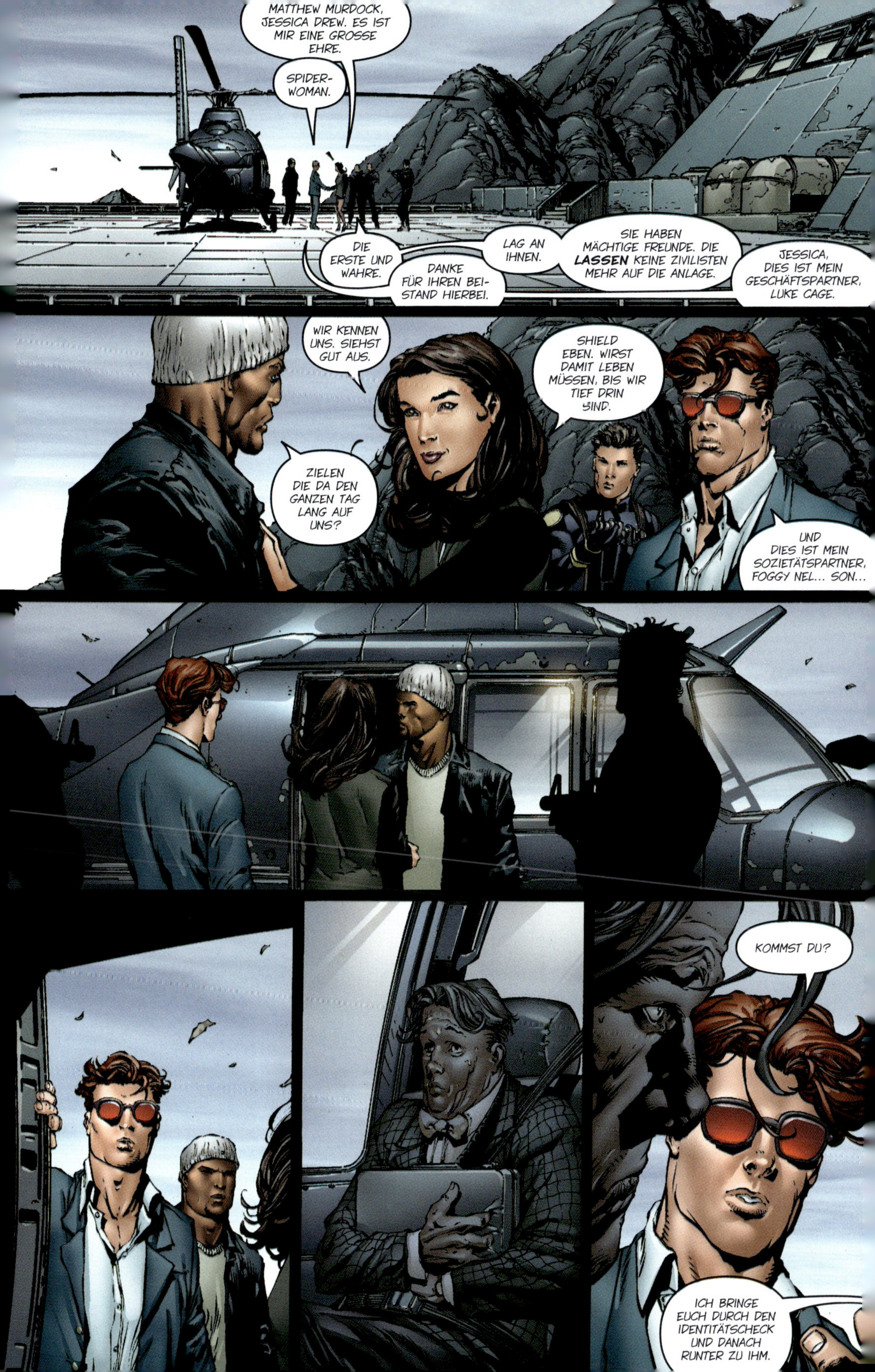
MATTHEW MURDOCK, JESSICA DREW. ES IST MIR EINE GROSSE EHRE.
SPIDER-WOMAN.
DIE ERSTE UND WAHRE.
DANKE FÜR IHREN BEI-STAND HIERBEI.
LAG AN IHNEN.
SIE HABEN MÄCHTIGE FREUNDE. DIE LASSEN KEINE ZIVILISTEN MEHR AUF DIE ANLAGE.
JESSICA, DIES IST MEIN GESCHÄFTSPARTNER, LUKE CAGE.
WIR KENNEN UNS. SIEHST GUT AUS.
ZIELEN DIE DA DEN GANZEN TAG LANG AUF UNS?
SHIELD EBEN. WIRST DAMIT LEBEN MÜSSEN, BIS WIR TIEF DRIN SIND.
UND DIES IST MEIN SOZIETÄTSPARTNER, FOGGY NEL... SON...
KOMMST DU?
ICH BRINGE EUCH DURCH DEN IDENTITÄTSCHECK UND DANACH RUNTER ZU IHM.

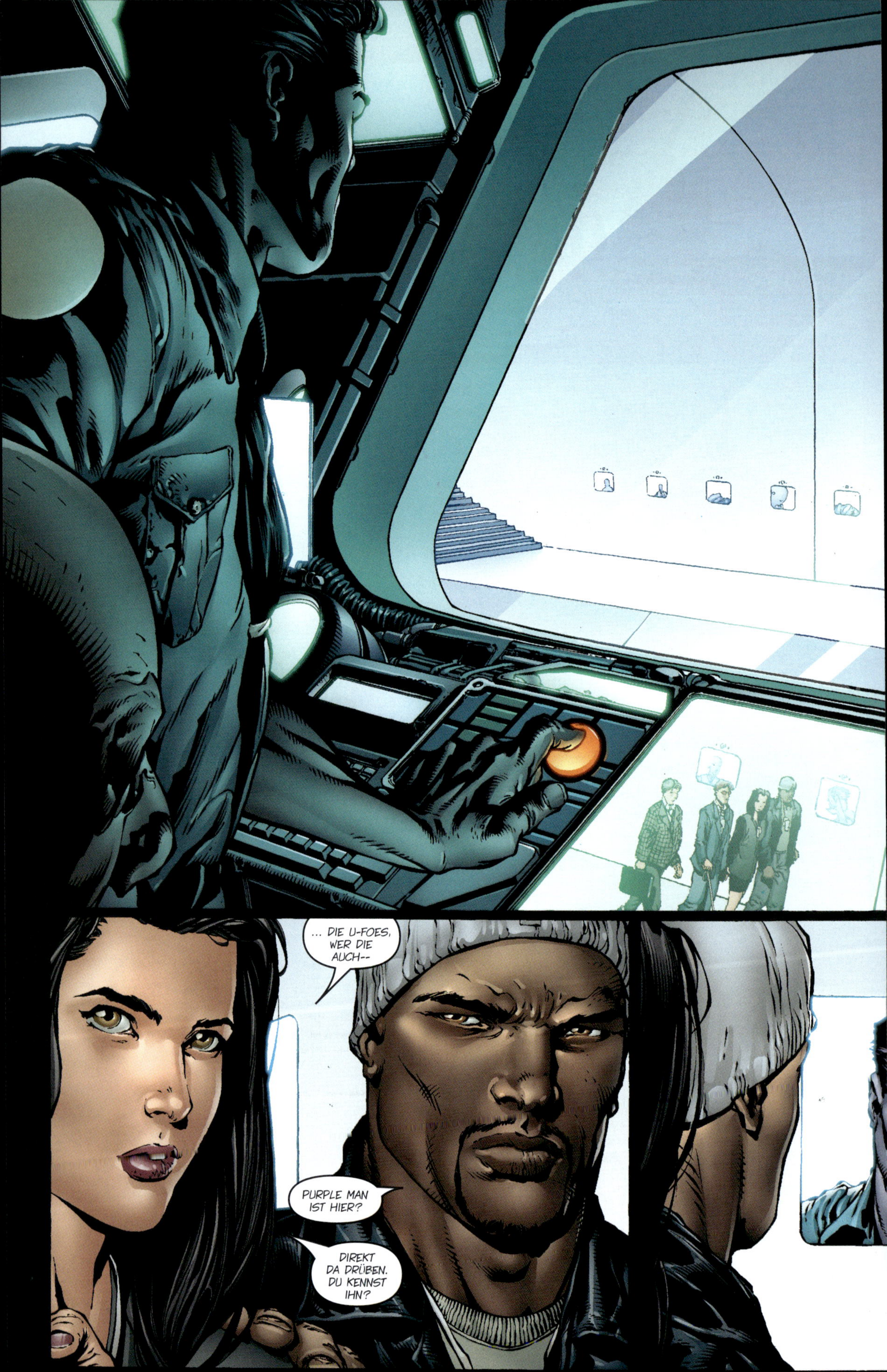
... DIE U-FOES, WER DIE AUCH--
PURPLE MAN IST HIER?
DIREKT DA DRÜBEN. DU KENNST IHN?

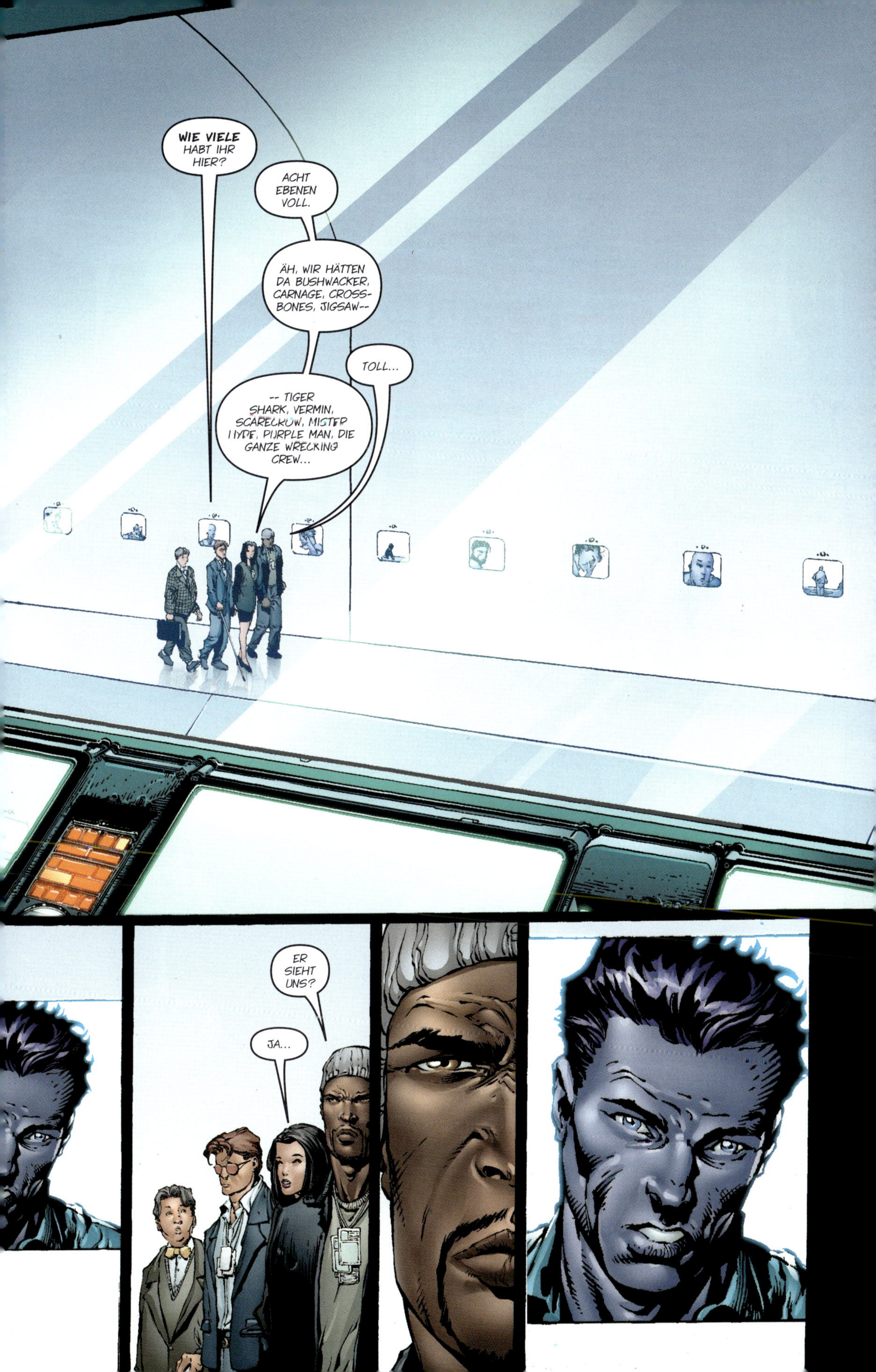
WIE VIELE HABT IHR HIER?
ACHT EBENEN VOLL.
ÄH, WIR HÄTTEN DA BUSHWACKER, CARNAGE, CROSS-BONES, JIGSAW--
TOLL...
-- TIGER SHARK, VERMIN, SCARECROW, MISTER HYDE, PURPLE MAN, DIE GANZE WRECKING CREW...
ER SIEHT UNS?
JA...

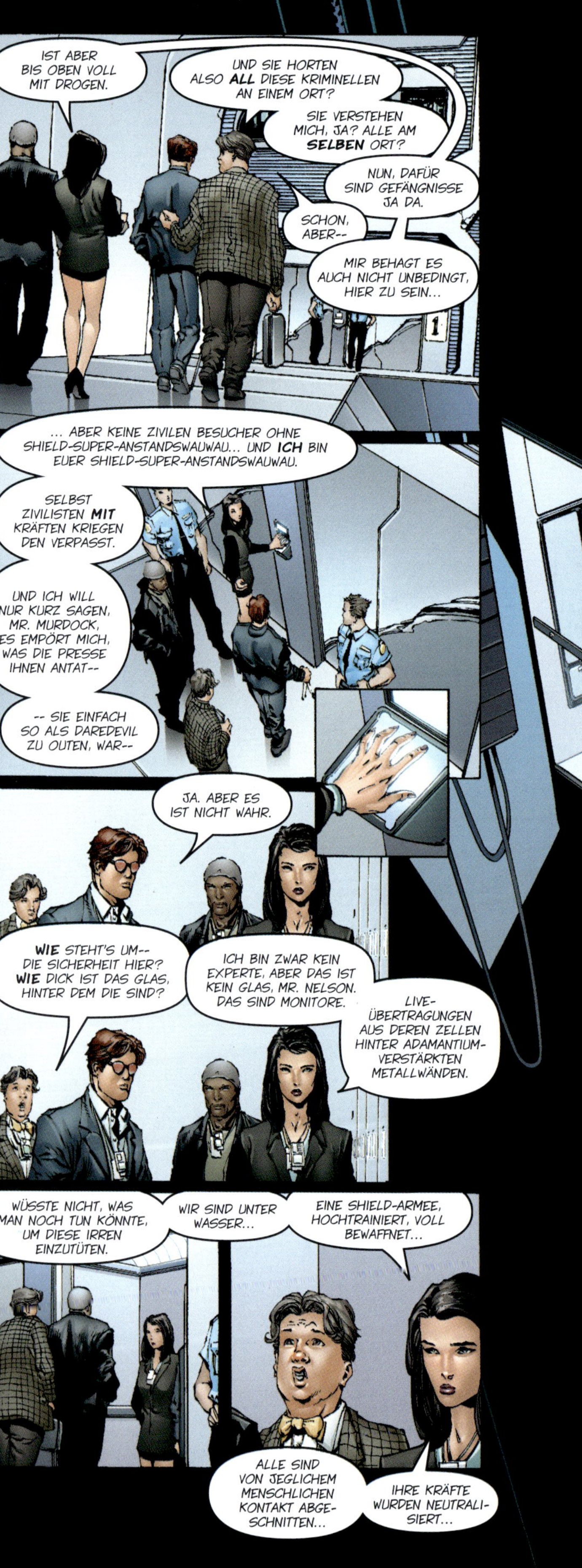
IST ABER BIS OBEN VOLL MIT DROGEN.
UND SIE HORTEN ALSO **ALL** DIESE KRIMINELLEN AN EINEM ORT?
SIE VERSTEHEN MICH, JA? ALLE AM **SELBEN** ORT?
NUN, DAFÜR SIND GEFÄNGNISSE JA DA.
SCHON, ABER--
MIR BEHAGT ES AUCH NICHT UNBEDINGT, HIER ZU SEIN...
... ABER KEINE ZIVILEN BESUCHER OHNE SHIELD-SUPER-ANSTANDSWAUWAU... UND **ICH** BIN EUER SHIELD-SUPER-ANSTANDSWAUWAU.
SELBST ZIVILISTEN **MIT** KRÄFTEN KRIEGEN DEN VERPASST.
UND ICH WILL NUR KURZ SAGEN, MR. MURDOCK, ES EMPÖRT MICH, WAS DIE PRESSE IHNEN ANTAT--
-- SIE EINFACH SO ALS DAREDEVIL ZU OUTEN, WAR--
JA. ABER ES IST NICHT WAHR.
WIE STEHT'S UM-- DIE SICHERHEIT HIER? **WIE** DICK IST DAS GLAS, HINTER DEM DIE SIND?
ICH BIN ZWAR KEIN EXPERTE, ABER DAS IST KEIN GLAS, MR. NELSON. DAS SIND MONITORE.
LIVE-ÜBERTRAGUNGEN AUS DEREN ZELLEN HINTER ADAMANTIUM-VERSTÄRKTEN METALLWÄNDEN.
WÜSSTE NICHT, WAS MAN NOCH TUN KÖNNTE, UM DIESE IRREN EINZUTÜTEN.
WIR SIND UNTER WASSER...
EINE SHIELD-ARMEE, HOCHTRAINIERT, VOLL BEWAFFNET...
ALLE SIND VON JEGLICHEM MENSCHLICHEN KONTAKT ABGESCHNITTEN...
IHRE KRÄFTE WURDEN NEUTRALISIERT...
BRINGT SIE EINFACH RAUS UND SCHIESST IHNEN IN DEN KOPF...
DIES **IST** AMERIKA... JEDER HAT RECHTE.
SELBST MÖRDERISCHE GEN-FREAKS, DIE STIMMEN HÖREN, DIE IHNEN SAGEN, WAS IMMER IRGENDWELCHE STIMMEN SAGEN MÖGEN.
MEINE INNERE STIMME SAGT, ICH SOLL SCHLEUNIGST SCHREIEND FLIEHEN.
OH BITTE, DENKEN SIE NACH...
DIES IST WOHL DER SICHERSTE ORT IN **GANZ** NEW YORK.

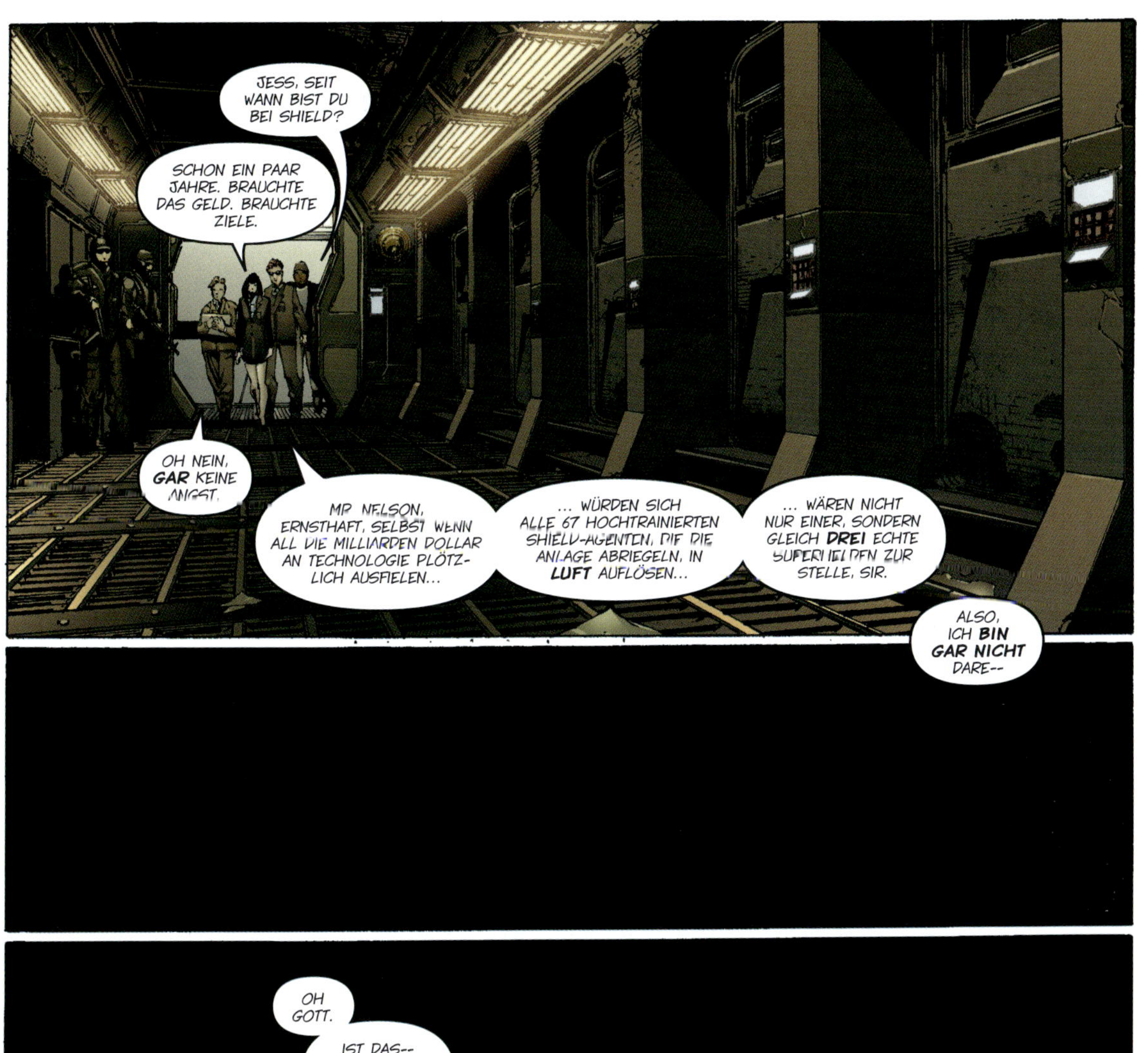

OH GOTT.

IST DAS-- DAS WAR DOCH ABSICHT, ODER? BITTE?

H-HÖRT IHR D-DAS?

U-UND-- W-WAS MACHEN DIE?

DAS SIND DIE GENERATOREN.

SIE FAHREN RUNTER--

OH-OH.

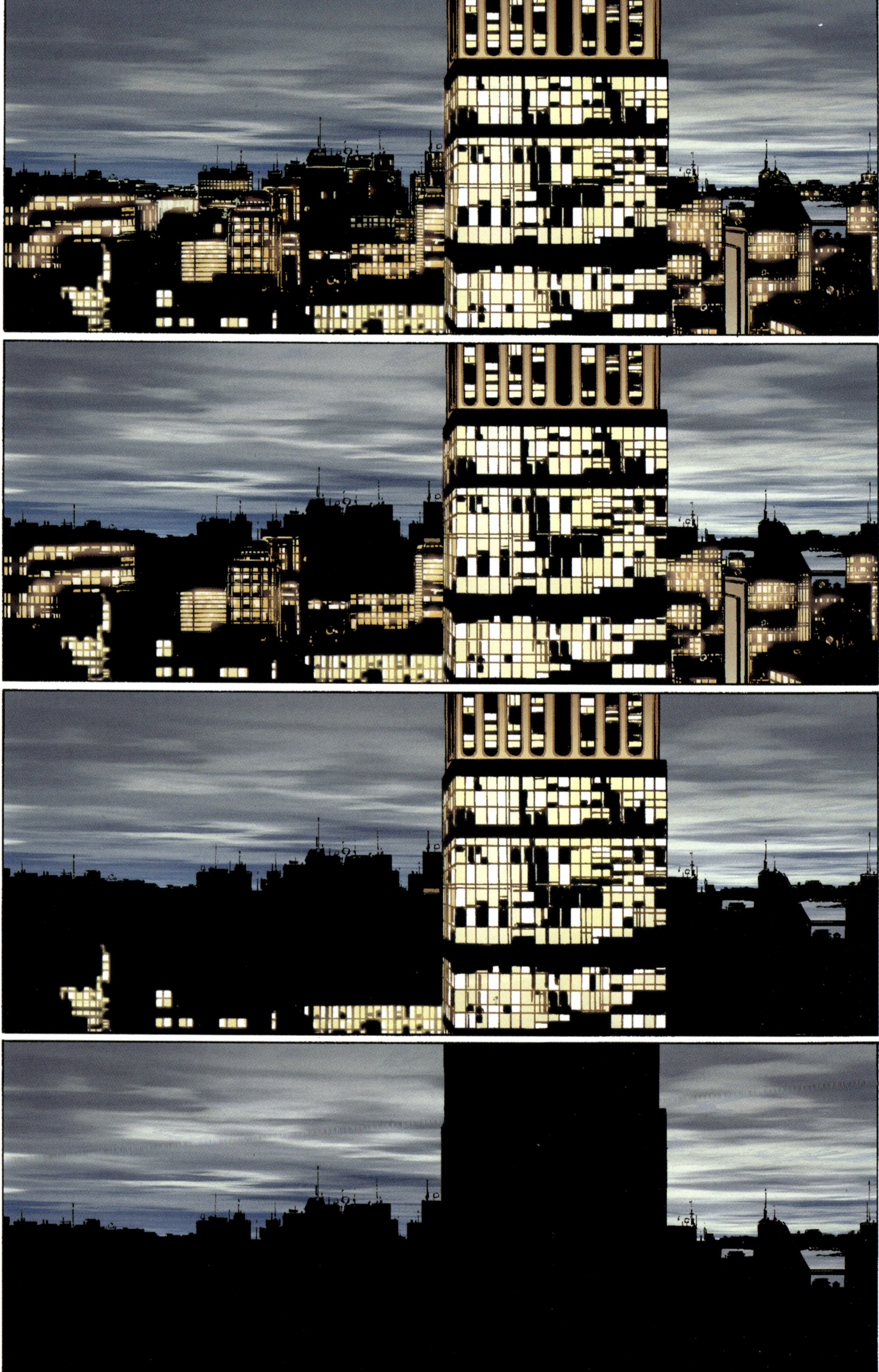

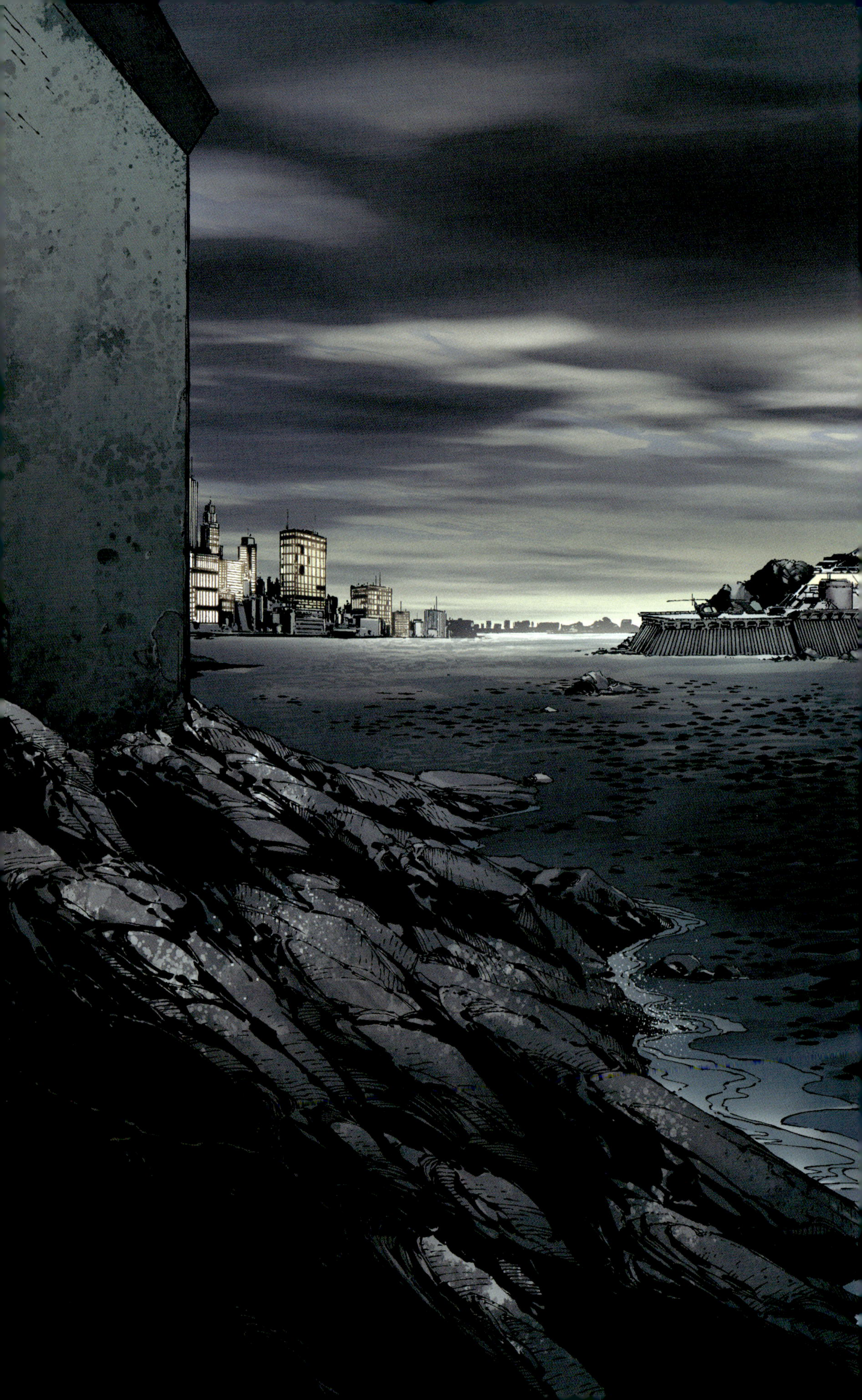

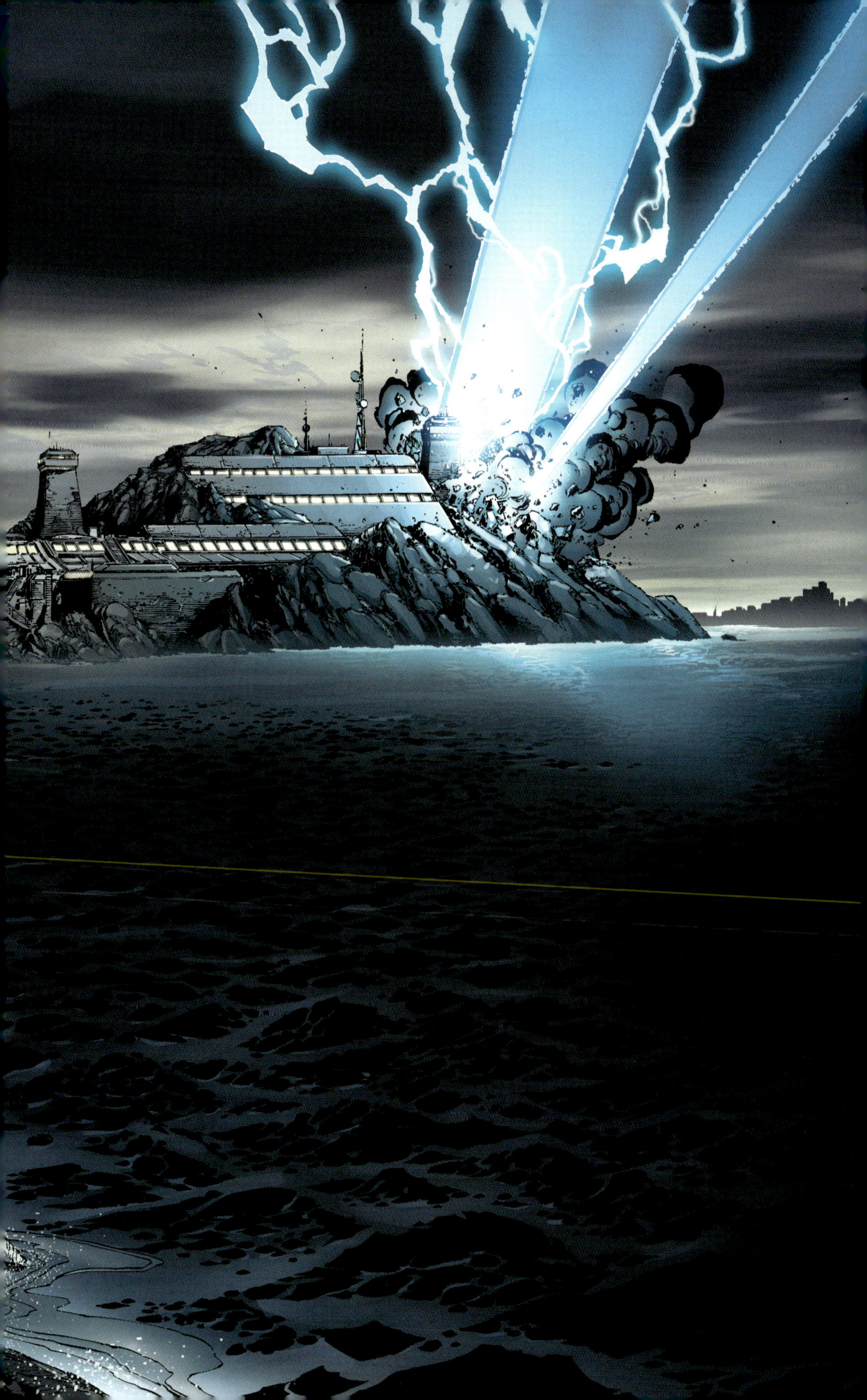

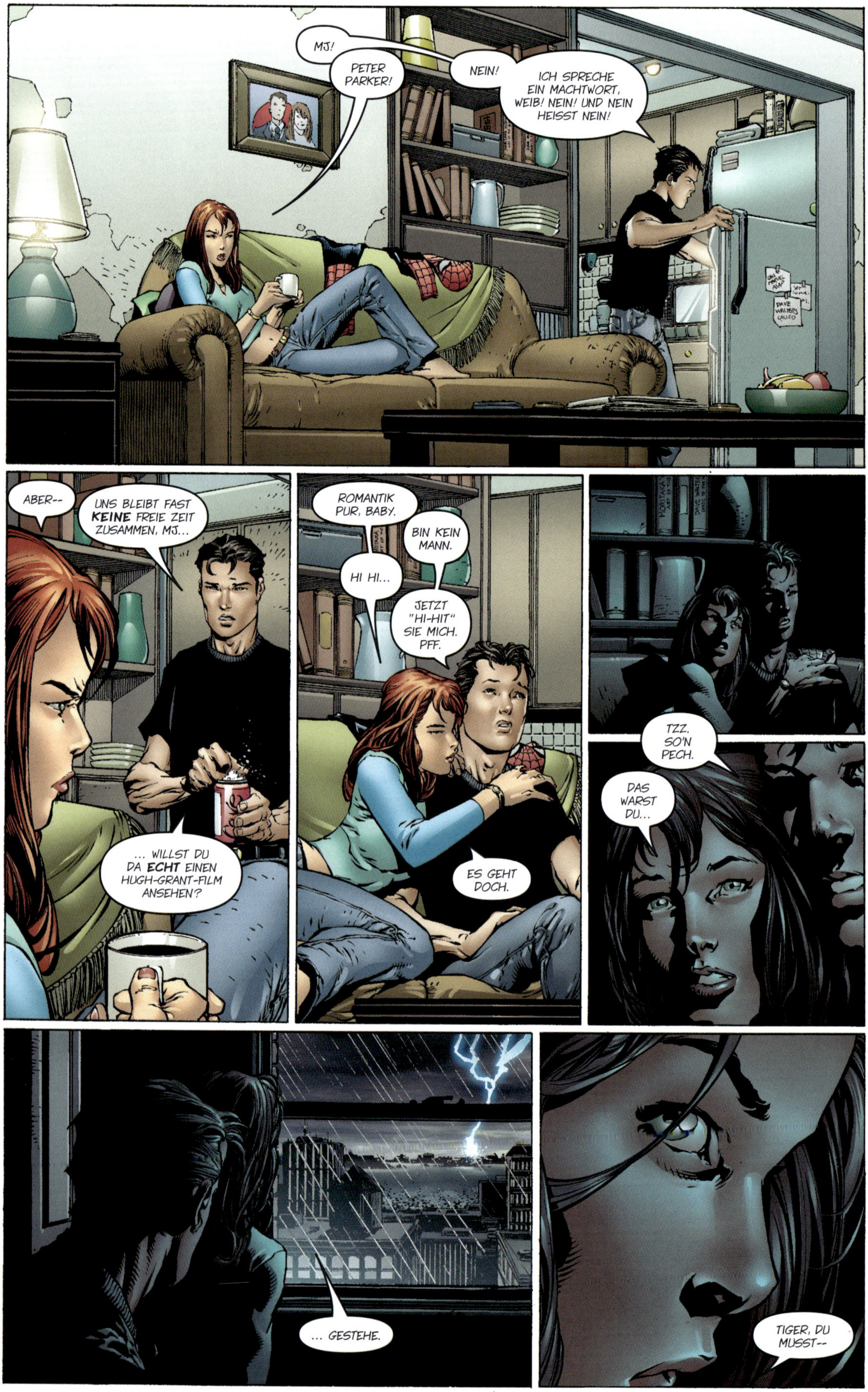

MJ!
PETER PARKER!
NEIN!
ICH SPRECHE EIN MACHTWORT, WEIB! NEIN! UND NEIN HEISST NEIN!

ABER--
UNS BLEIBT FAST **KEINE** FREIE ZEIT ZUSAMMEN, MJ...
... WILLST DU DA **ECHT** EINEN HUGH-GRANT-FILM ANSEHEN?

ROMANTIK PUR, BABY.
HI HI...
BIN KEIN MANN.
JETZT "HI-HIT" SIE MICH. PFF.
ES GEHT DOCH.

TZZ. SO'N PECH.
DAS WARST DU...

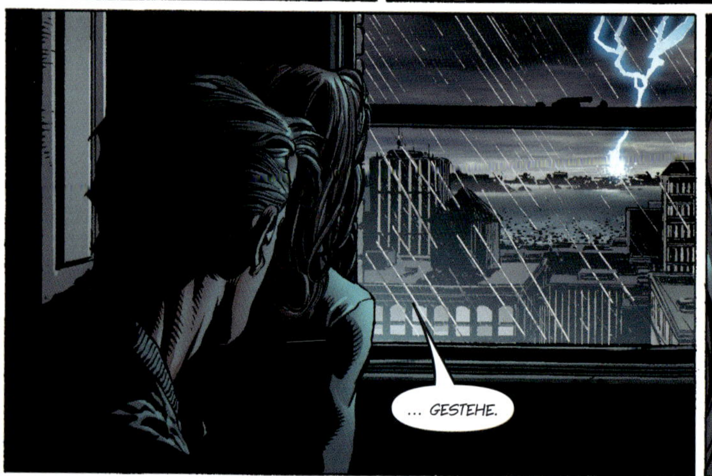

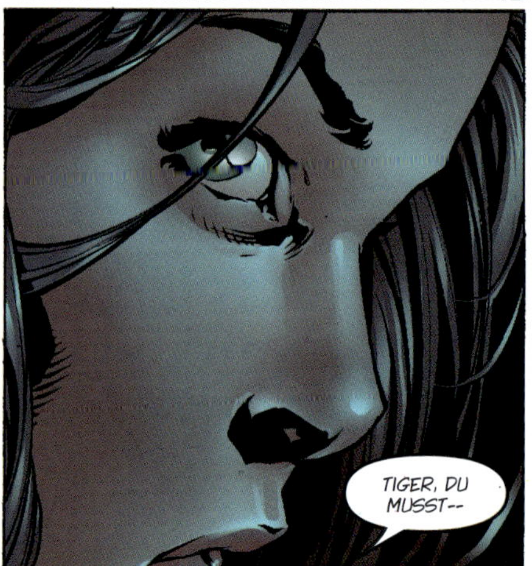

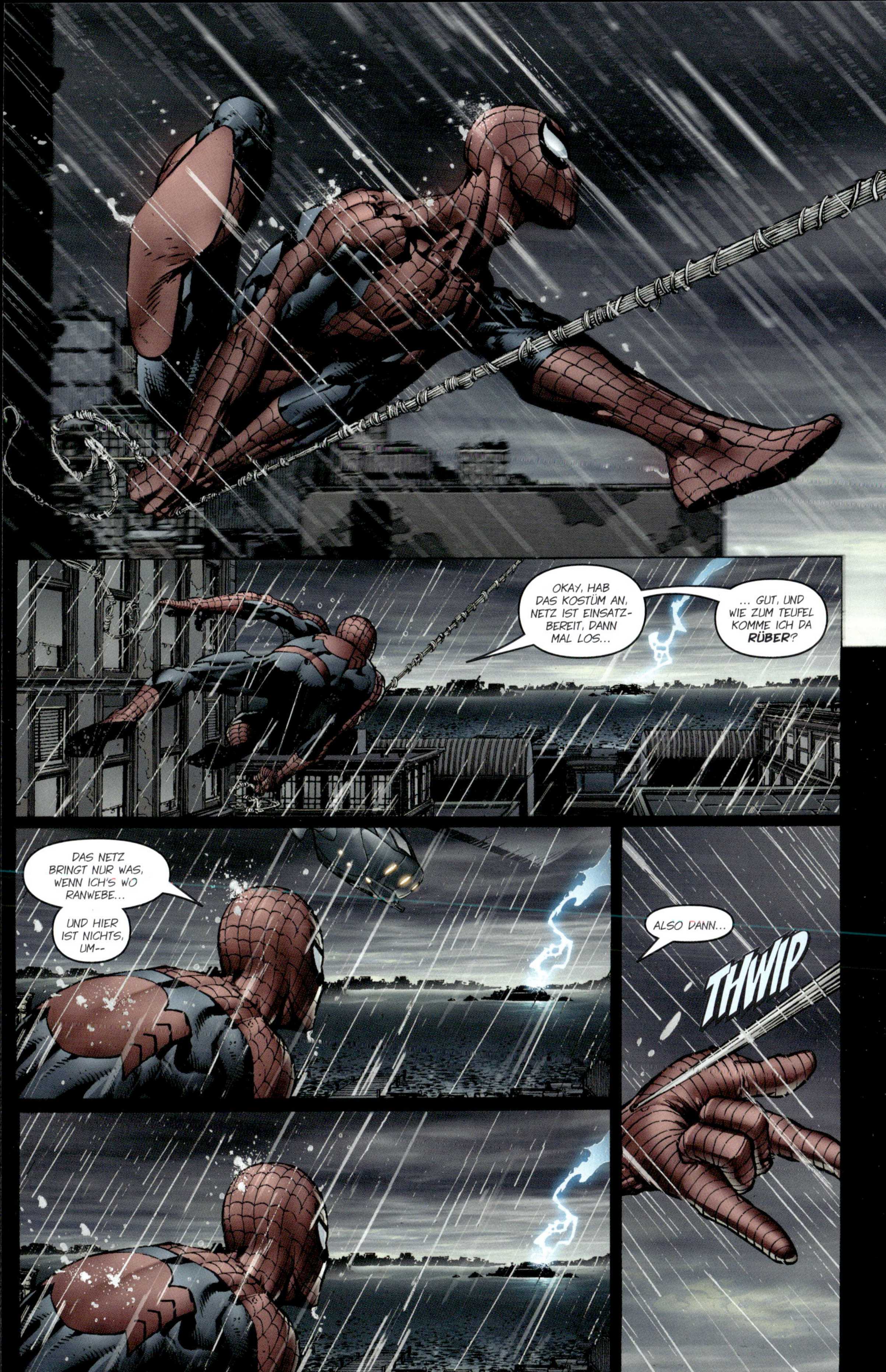
OKAY, HAB DAS KOSTÜM AN, NETZ IST EINSATZ-BEREIT, DANN MAL LOS...
... GUT, UND WIE ZUM TEUFEL KOMME ICH DA **RÜBER**?
DAS NETZ BRINGT NUR WAS, WENN ICH'S WO RANWEBE...
UND HIER IST NICHTS, UM--
ALSO DANN...
THWIP

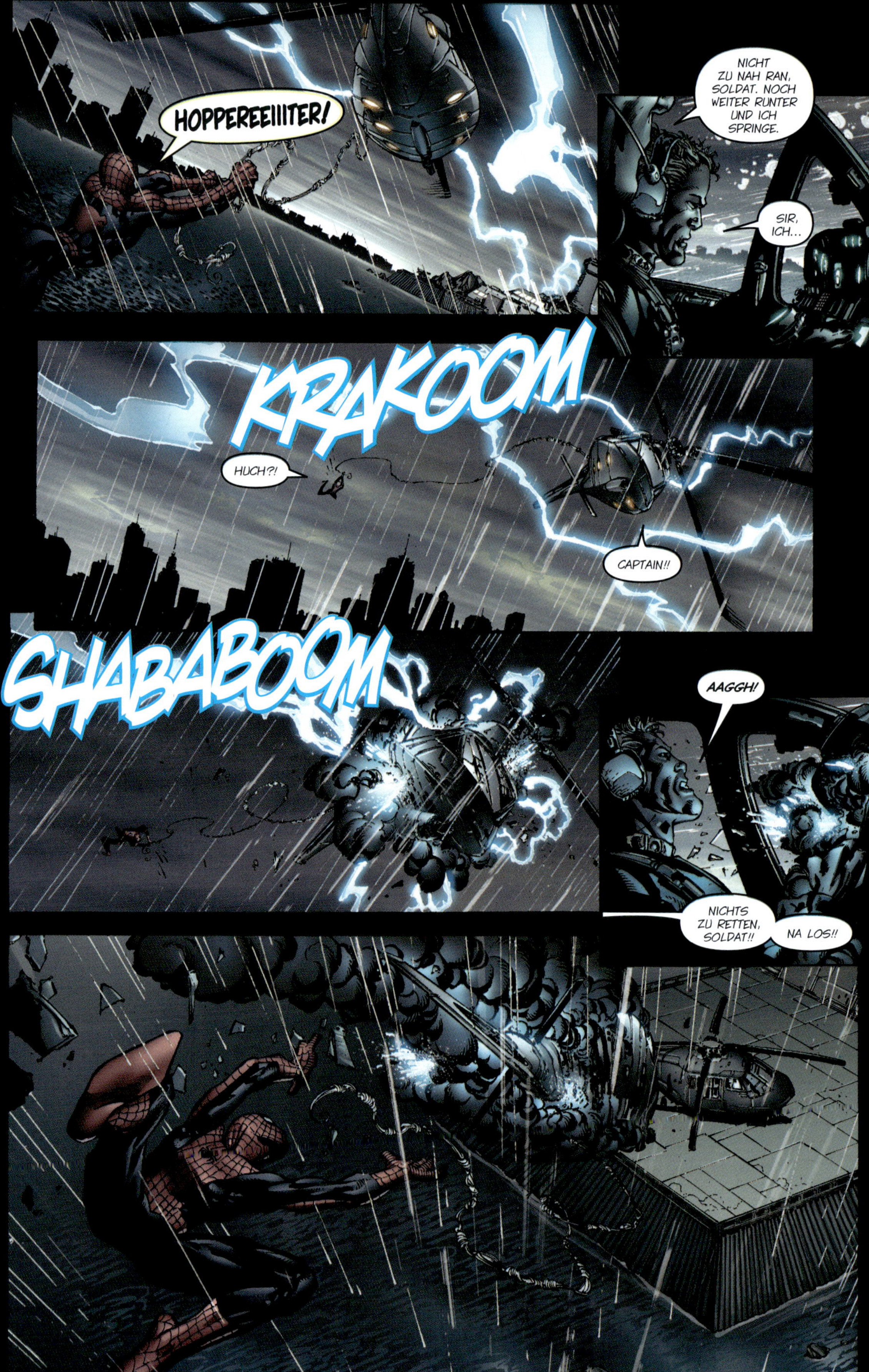
HOPPEREEIIITER!
NICHT ZU NAH RAN, SOLDAT. NOCH WEITER RUNTER UND ICH SPRINGE.
SIR, ICH...
KRAKOOM
HUCH?!
CAPTAIN!!
SHABABOOM
AAGGH!
NICHTS ZU RETTEN, SOLDAT!!
NA LOS!!

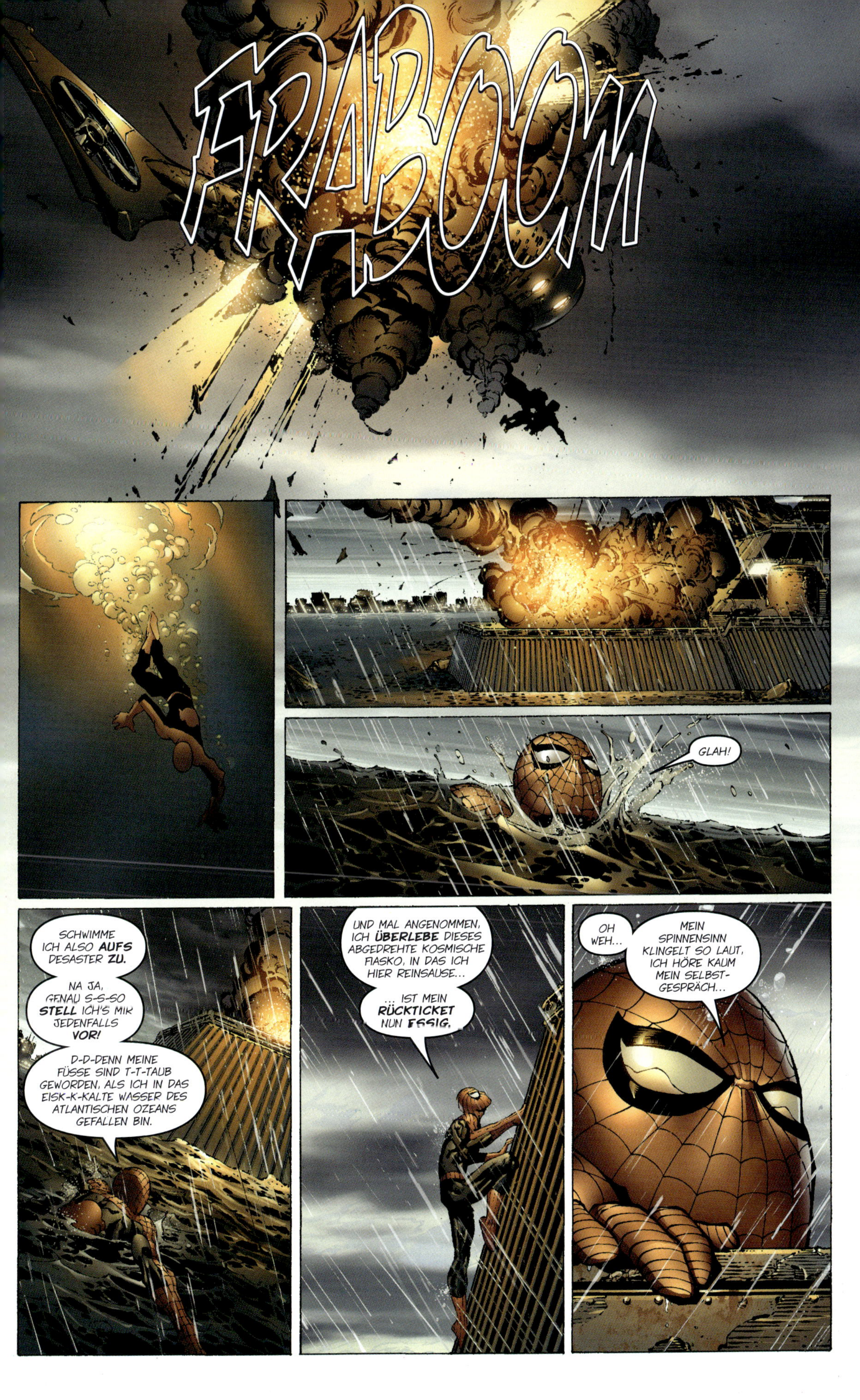
FRABOOM
GLAH!
SCHWIMME ICH ALSO AUFS DESASTER ZU.
NA JA, GENAU S-S-SO STELL ICH'S MIR JEDENFALLS VOR!
D-D-DENN MEINE FÜSSE SIND T-T-TAUB GEWORDEN, ALS ICH IN DAS EISK-K-KALTE WASSER DES ATLANTISCHEN OZEANS GEFALLEN BIN.
UND MAL ANGENOMMEN, ICH ÜBERLEBE DIESES ABGEDREHTE KOSMISCHE FIASKO, IN DAS ICH HIER REINSAUSE...
... IST MEIN RÜCKTICKET NUN ESSIG.
OH WEH...
MEIN SPINNENSINN KLINGELT SO LAUT, ICH HÖRE KAUM MEIN SELBST-GESPRÄCH...

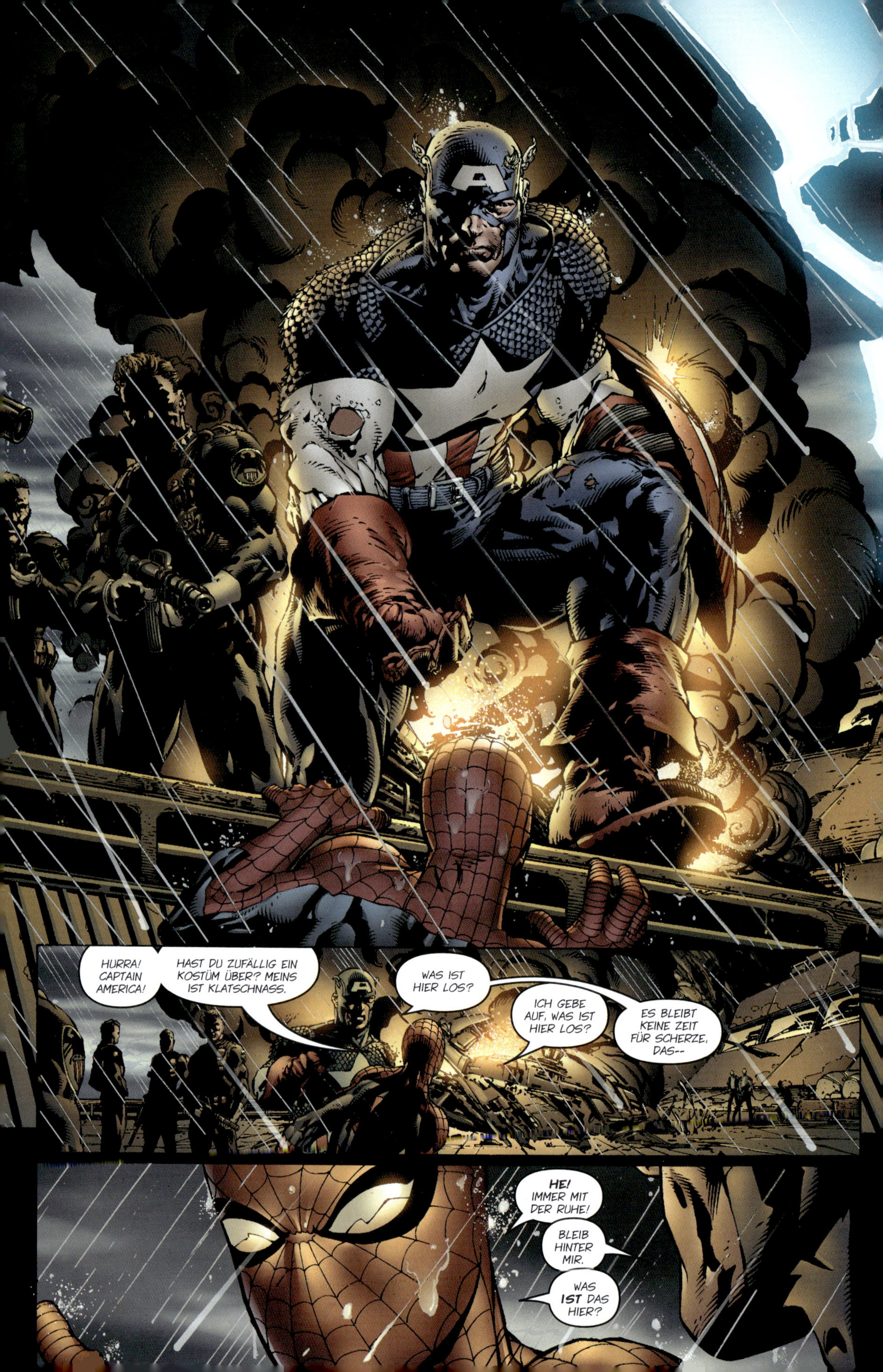
HURRA! CAPTAIN AMERICA!
HAST DU ZUFÄLLIG EIN KOSTÜM ÜBER? MEINS IST KLATSCHNASS.
WAS IST HIER LOS?
ICH GEBE AUF, WAS IST HIER LOS?
ES BLEIBT KEINE ZEIT FÜR SCHERZE, DAS--
HE! IMMER MIT DER RUHE!
BLEIB HINTER MIR.
WAS IST DAS HIER?

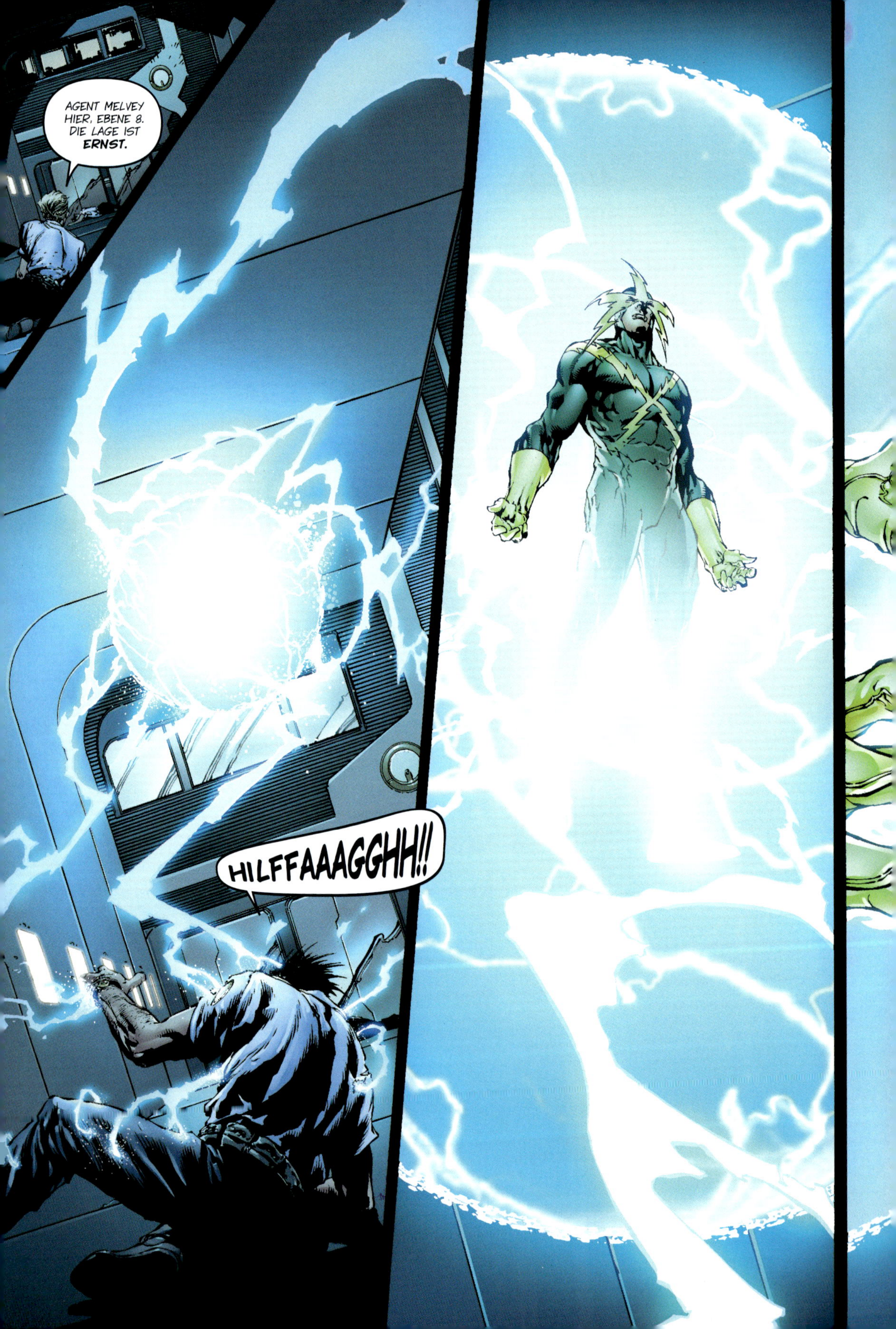

AGENT MELVEY HIER, EBENE 8. DIE LAGE IST **ERNST.**
HILFFAAAGGHH!!

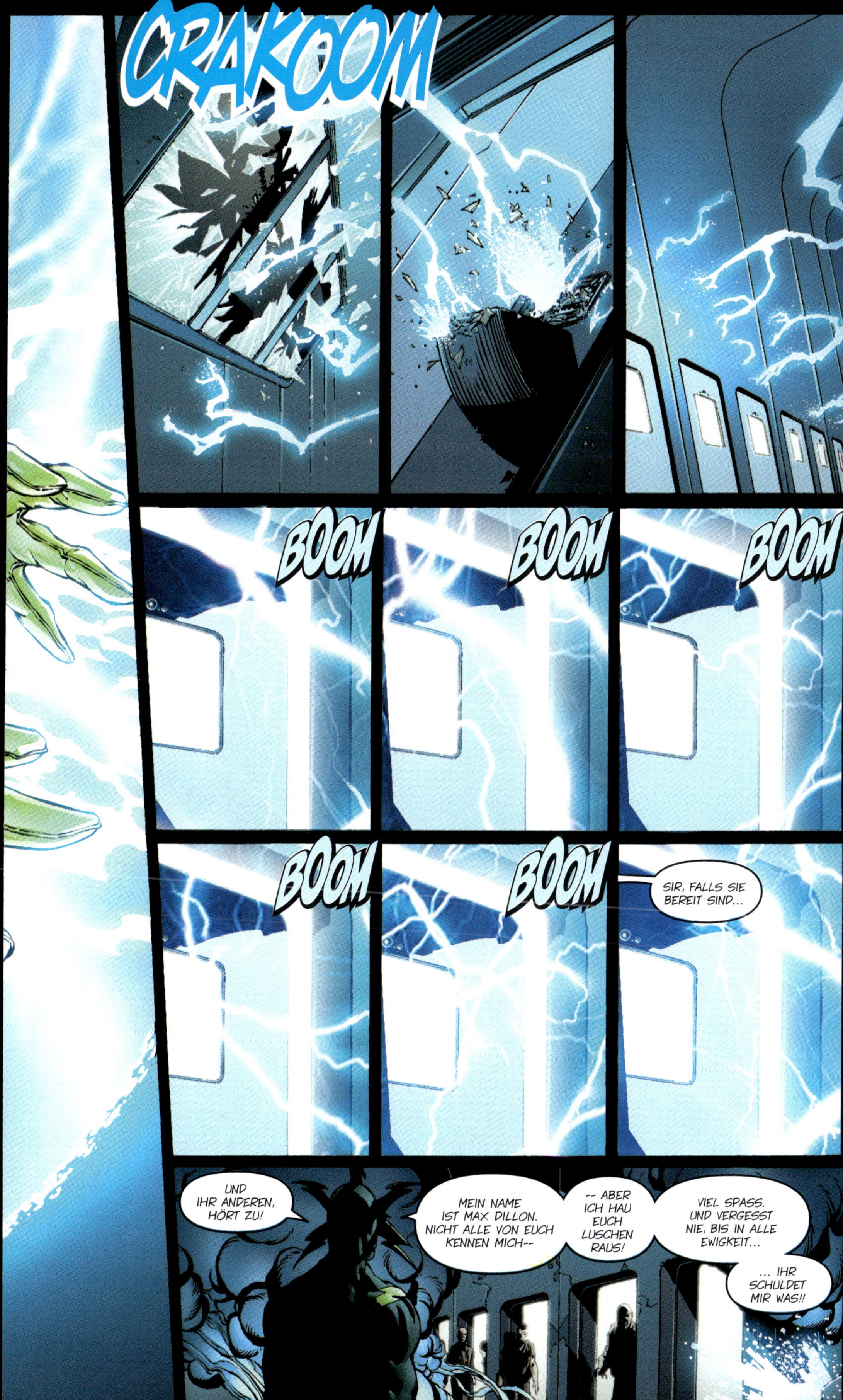
CRAKOOM
BOOM
BOOM
BOOM
BOOM
BOOM
SIR, FALLS SIE BEREIT SIND...
UND IHR ANDEREN, HÖRT ZU!
MEIN NAME IST MAX DILLON. NICHT ALLE VON EUCH KENNEN MICH--
-- ABER ICH HAU EUCH LUSCHEN RAUS!
VIEL SPASS. UND VERGESST NIE, BIS IN ALLE EWIGKEIT...
... IHR SCHULDET MIR WAS!!

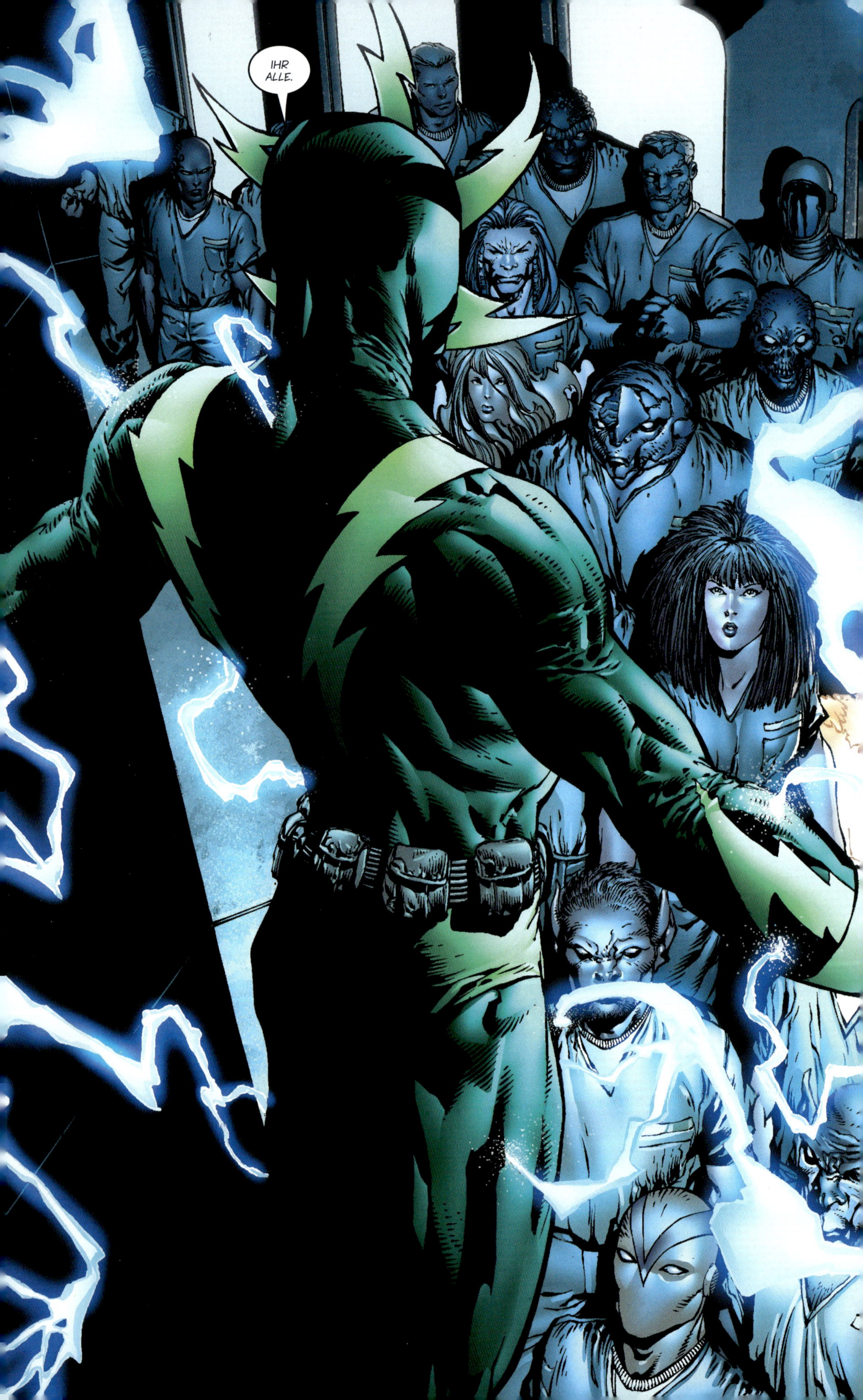
IHR ALLE.

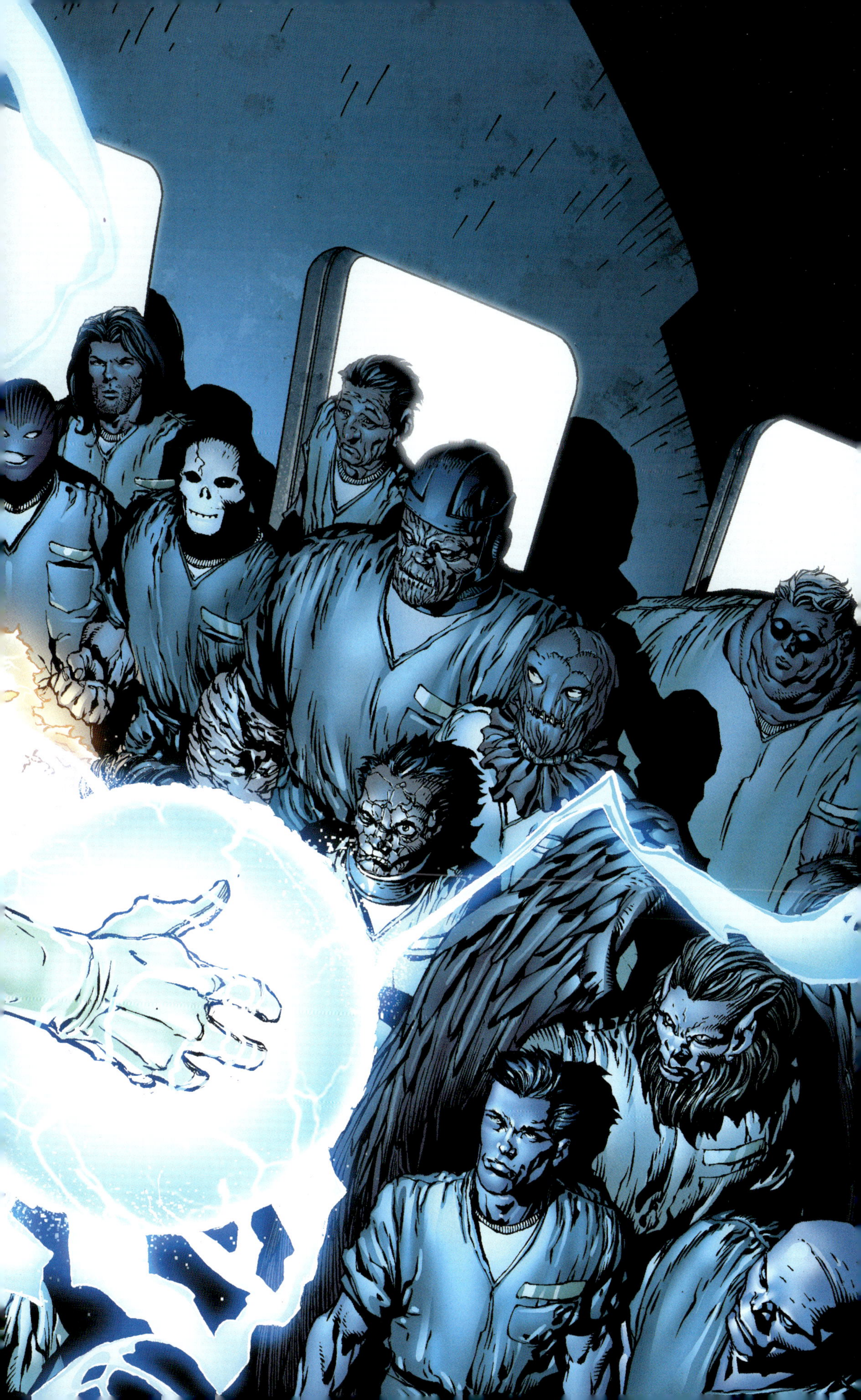

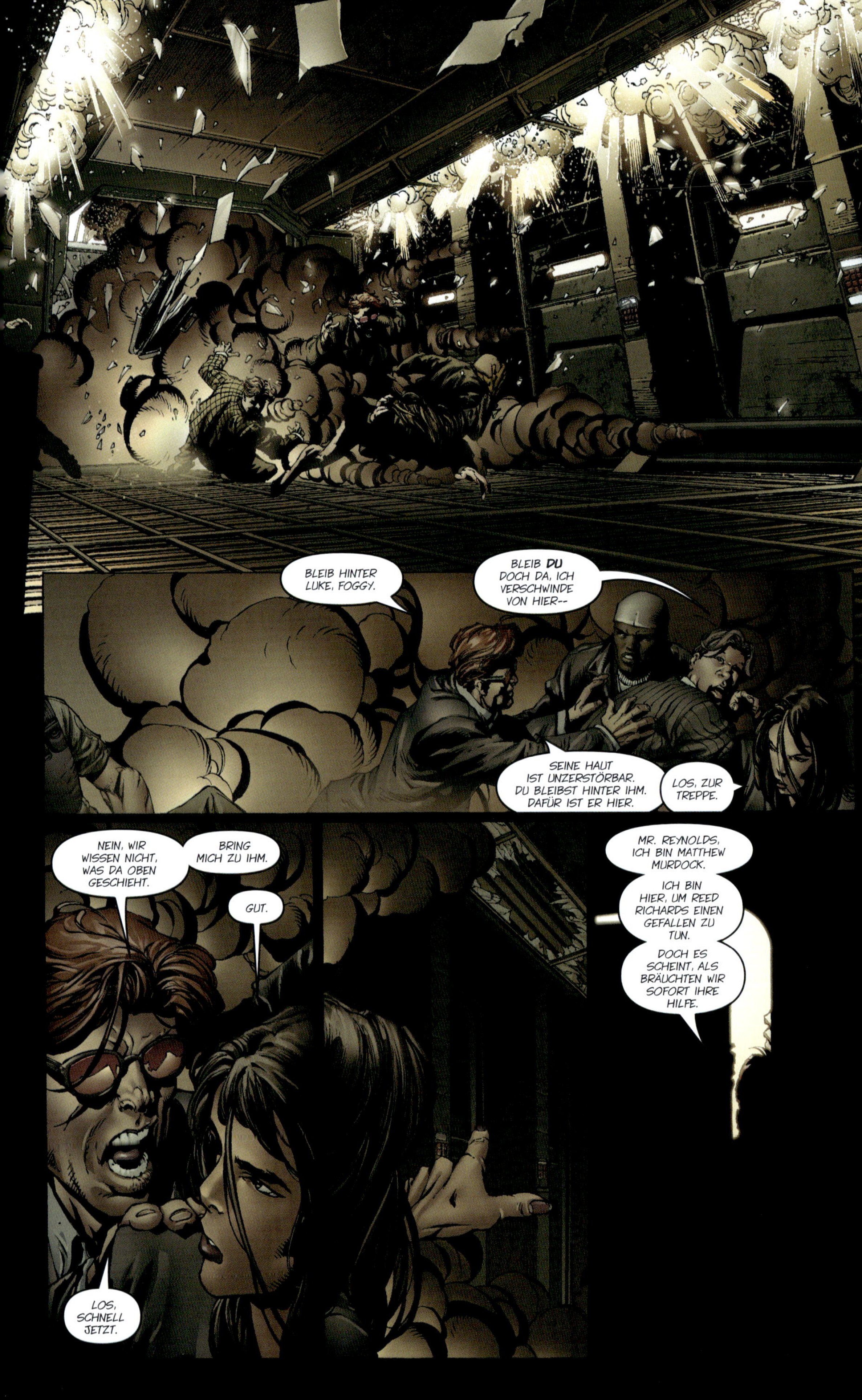
BLEIB HINTER LUKE, FOGGY.
BLEIB **DU** DOCH DA, ICH VERSCHWINDE VON HIER--
SEINE HAUT IST UNZERSTÖRBAR. DU BLEIBST HINTER IHM. DAFÜR IST ER HIER.
LOS, ZUR TREPPE.
NEIN, WIR WISSEN NICHT, WAS DA OBEN GESCHIEHT.
BRING MICH ZU IHM.
GUT.
LOS, SCHNELL JETZT.
MR. REYNOLDS, ICH BIN MATTHEW MURDOCK.
ICH BIN HIER, UM REED RICHARDS EINEN GEFALLEN ZU TUN.
DOCH ES SCHEINT, ALS BRÄUCHTEN WIR SOFORT IHRE HILFE.

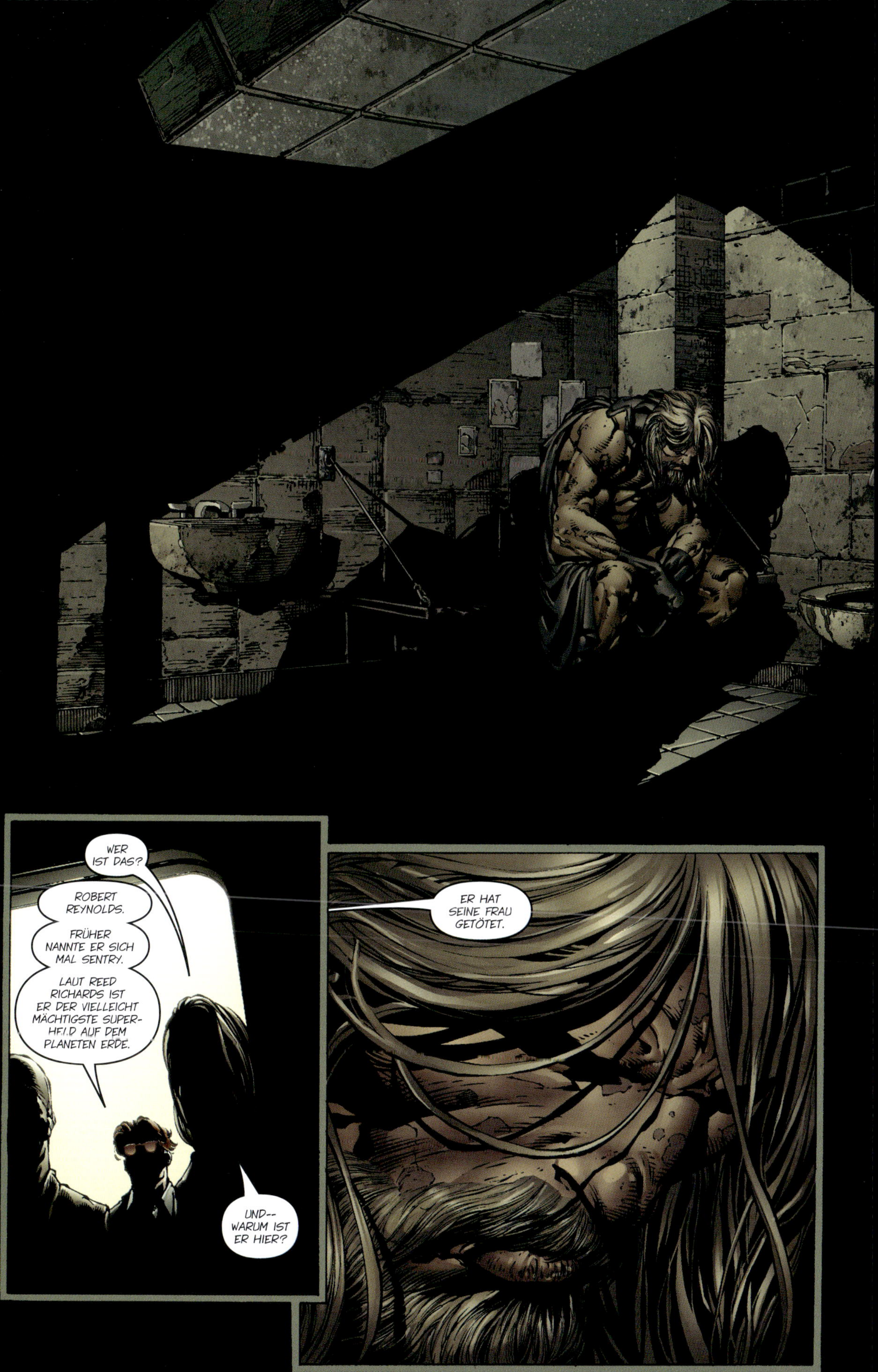

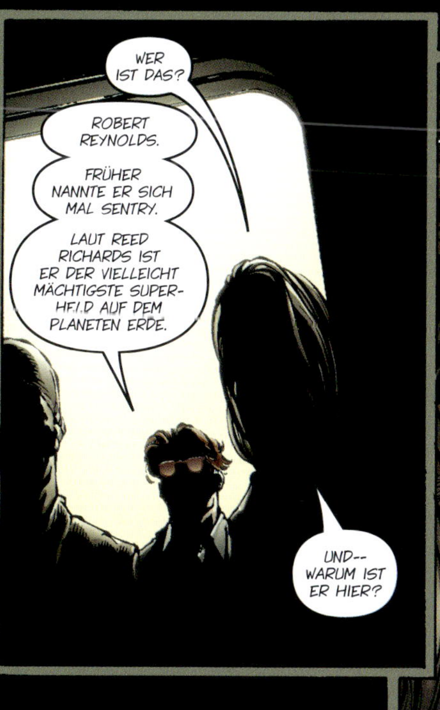
WER IST DAS?
ROBERT REYNOLDS.
FRÜHER NANNTE ER SICH MAL SENTRY.
LAUT REED RICHARDS IST ER DER VIELLEICHT MÄCHTIGSTE SUPER-HELD AUF DEM PLANETEN ERDE.
UND-- WARUM IST ER HIER?

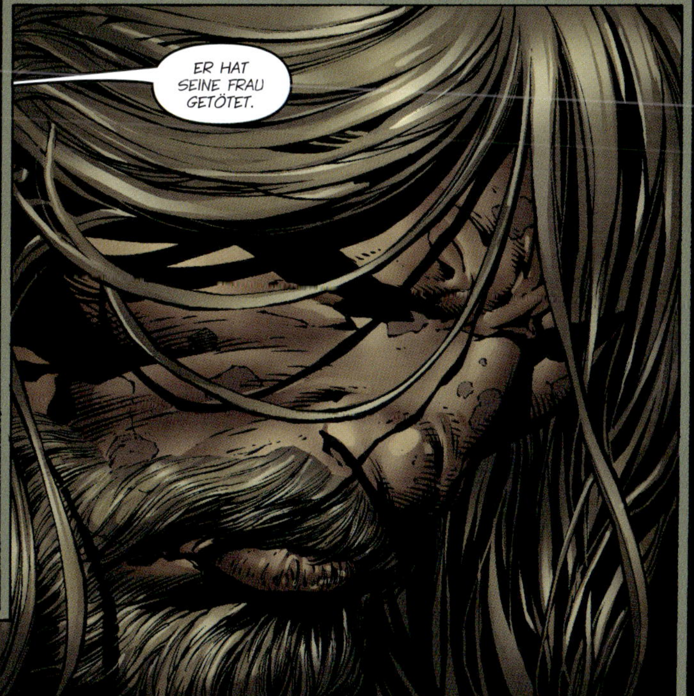
ER HAT SEINE FRAU GETÖTET.

AUSBRUCH, TEIL 2

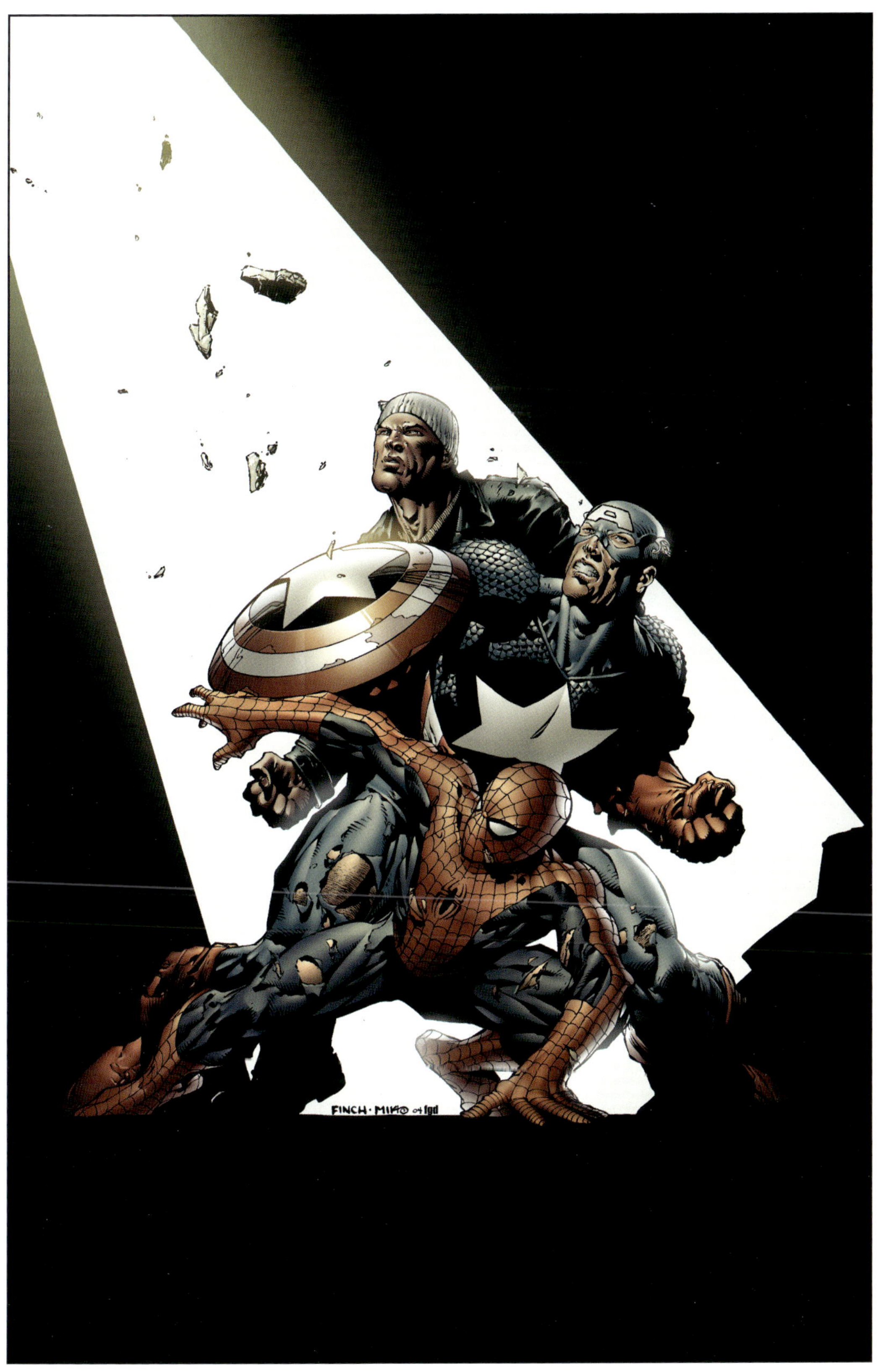

New Avengers (2005) 2
Cover von **DAVID FINCH**

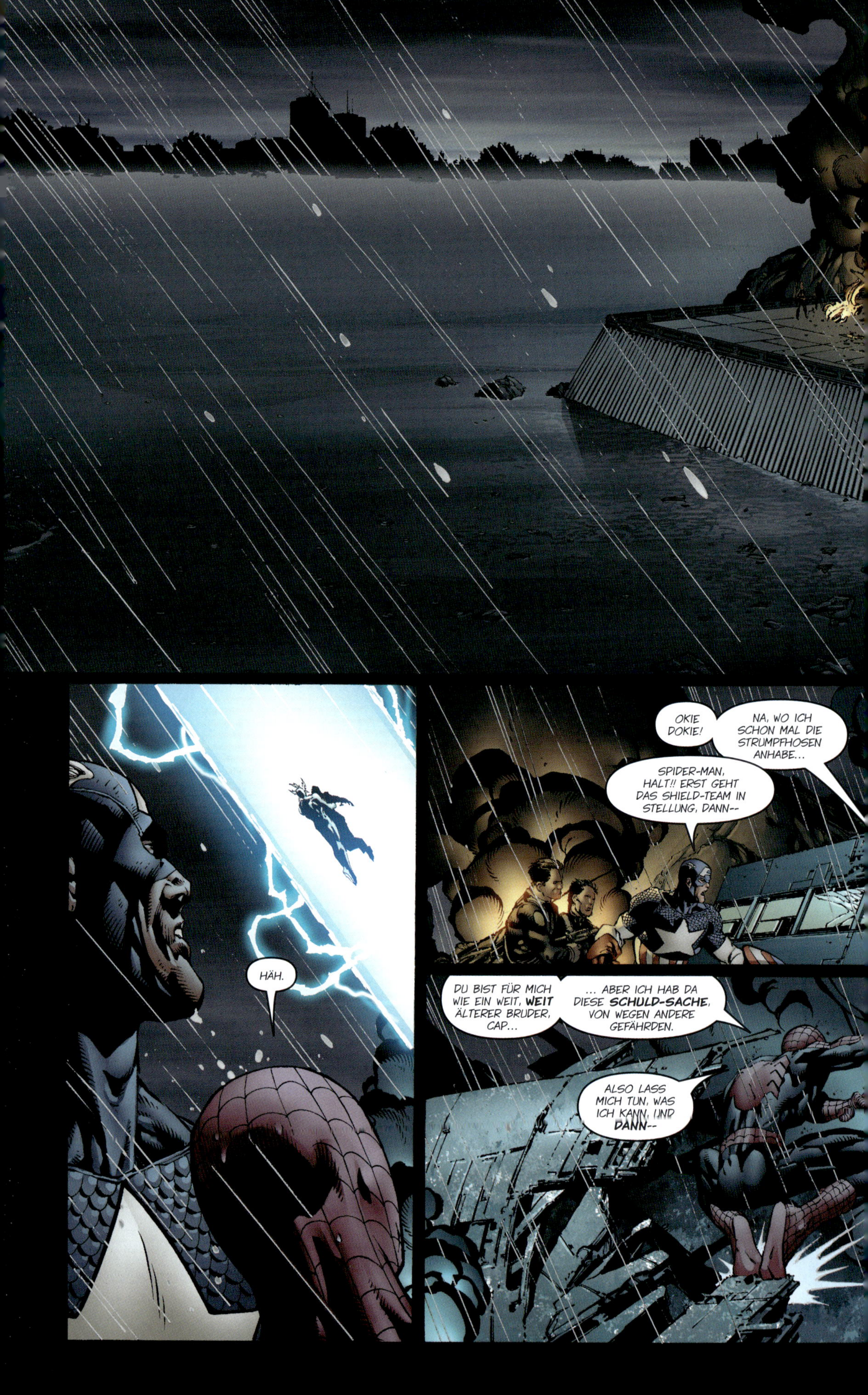
HÄH.
OKIE DOKIE!
NA, WO ICH SCHON MAL DIE STRUMPFHOSEN ANHABE...
SPIDER-MAN, HALT!! ERST GEHT DAS SHIELD-TEAM IN STELLUNG, DANN--
DU BIST FÜR MICH WIE EIN WEIT, WEIT ÄLTERER BRUDER, CAP...
... ABER ICH HAB DA DIESE SCHULD-SACHE, VON WEGEN ANDERE GEFÄHRDEN.
ALSO LASS MICH TUN, WAS ICH KANN, UND DANN--

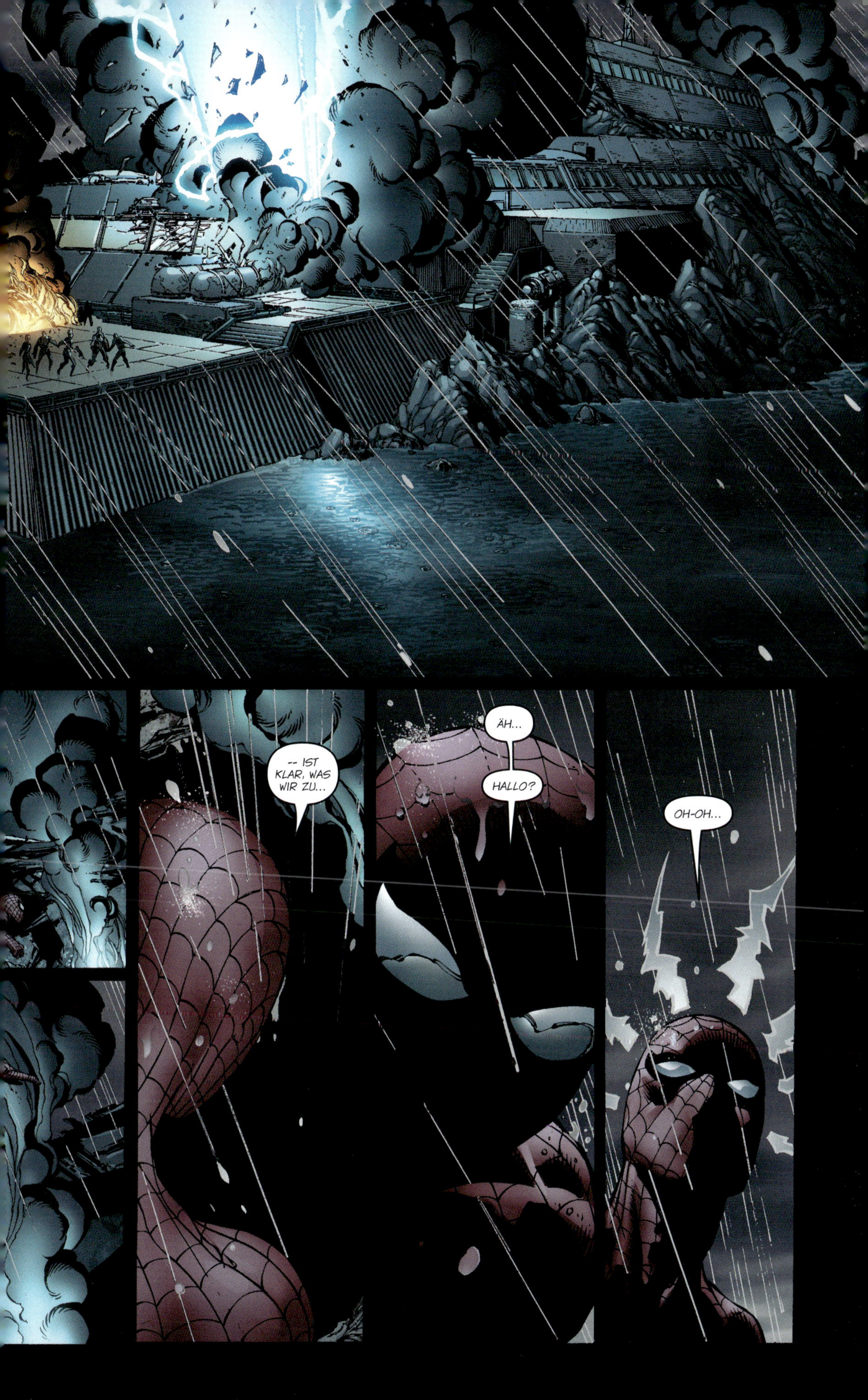
-- IST KLAR, WAS WIR ZU...
ÄH...
HALLO?
OH-OH...

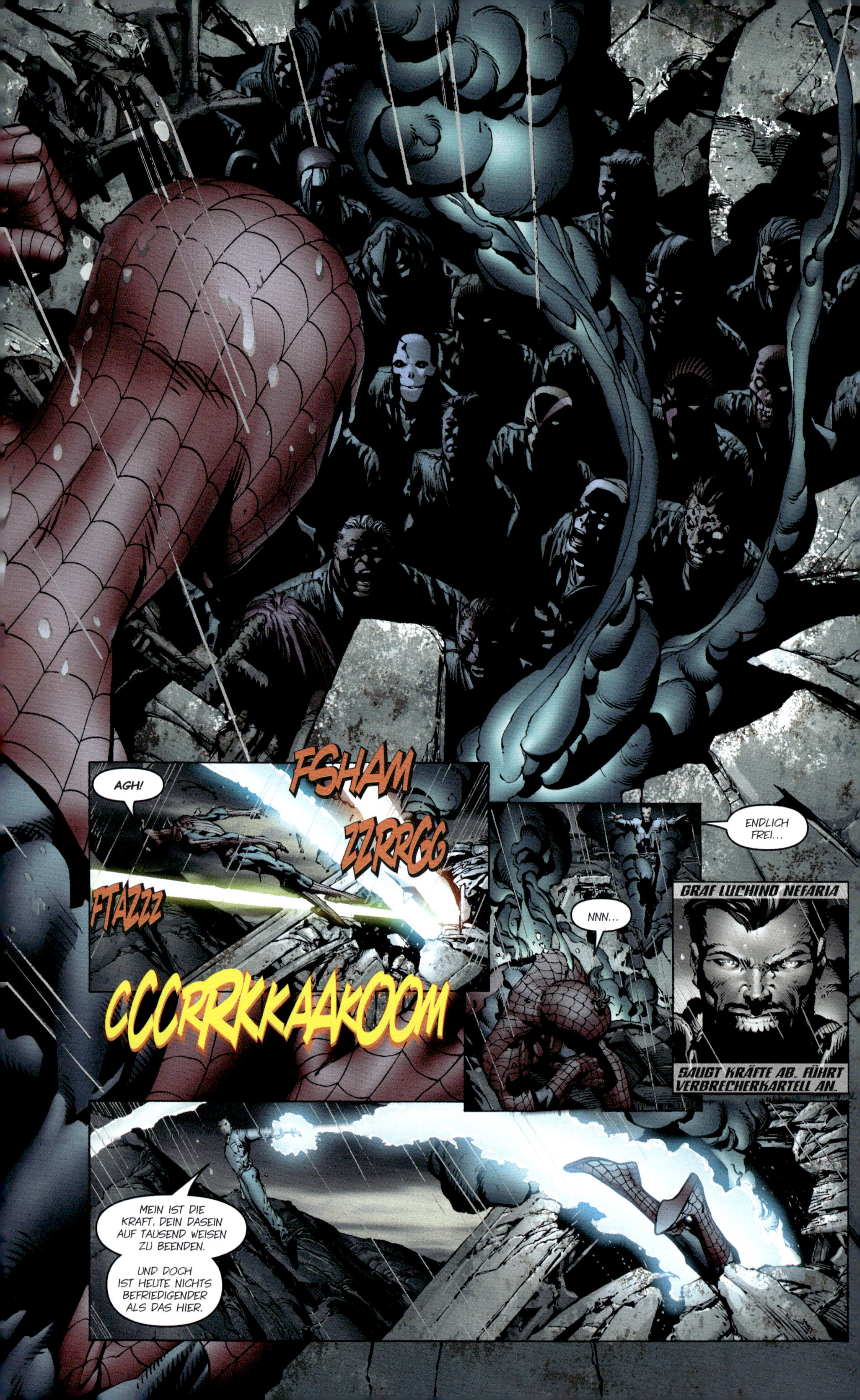
AGH!
FSHAM
ZZRRGG
FTAZZz
CCCRRRKKAAKOOM
ENDLICH FREI...
NNN...
GRAF LUCHINO NEFARIA
SAUGT KRÄFTE AB. FÜHRT VERBRECHERKARTELL AN.
MEIN IST DIE KRAFT, DEIN DASEIN AUF TAUSEND WEISEN ZU BEENDEN.
UND DOCH IST HEUTE NICHTS BEFRIEDIGENDER ALS DAS HIER.

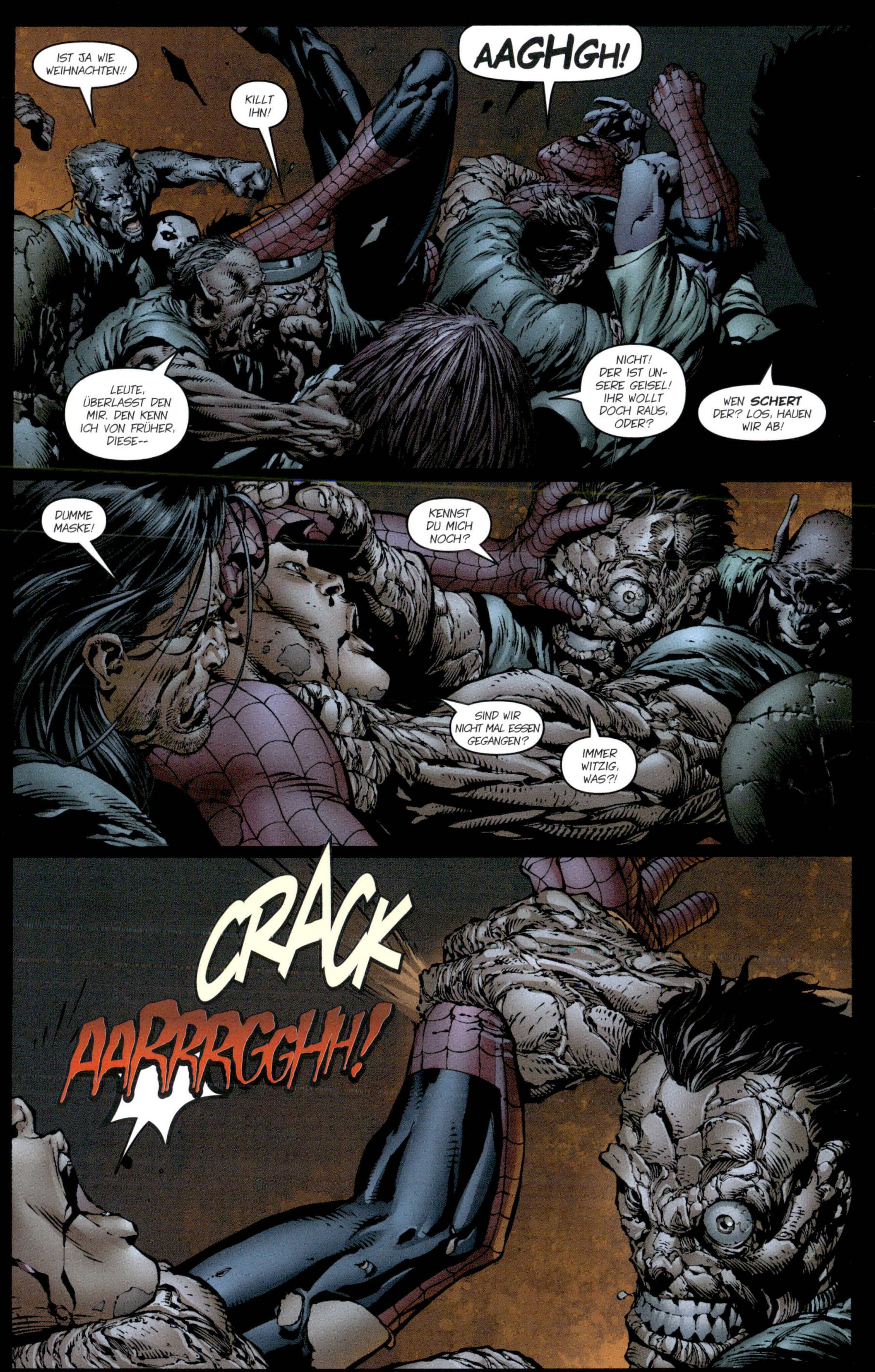
IST JA WIE WEIHNACHTEN!!
KILLT IHN!
AAGHGH!
LEUTE, ÜBERLASST DEN MIR. DEN KENN ICH VON FRÜHER, DIESE--
NICHT! DER IST UNSERE GEISEL! IHR WOLLT DOCH RAUS, ODER?
WEN **SCHERT** DER? LOS, HAUEN WIR AB!
DUMME MASKE!
KENNST DU MICH NOCH?
SIND WIR NICHT MAL ESSEN GEGANGEN?
IMMER WITZIG, WAS?!
CRACK
AARRRGGHH!

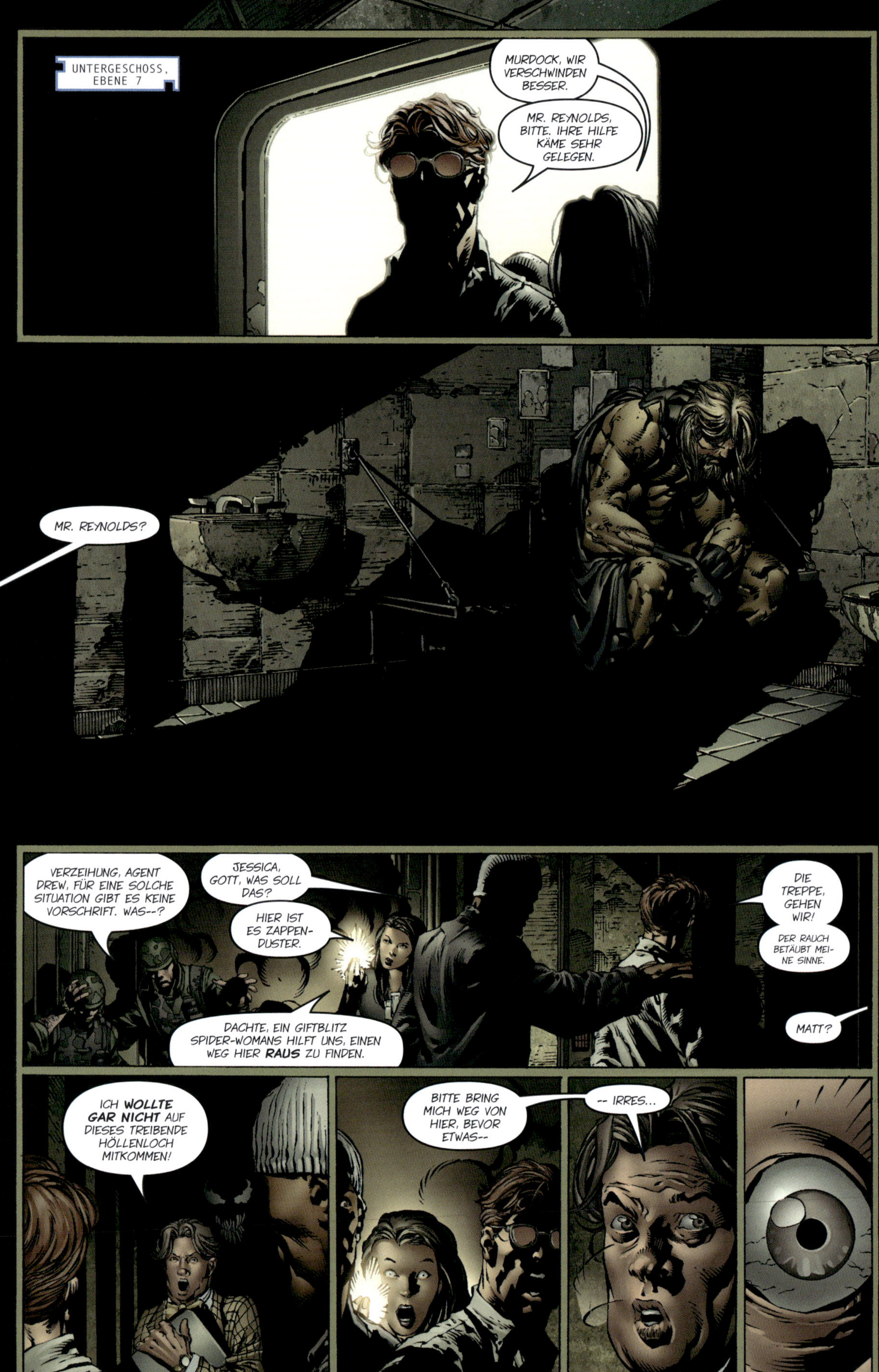
UNTERGESCHOSS, EBENE 7
MURDOCK, WIR VERSCHWINDEN BESSER.
MR. REYNOLDS, BITTE. IHRE HILFE KÄME SEHR GELEGEN.
MR. REYNOLDS?
VERZEIHUNG, AGENT DREW, FÜR EINE SOLCHE SITUATION GIBT ES KEINE VORSCHRIFT. WAS--?
JESSICA, GOTT, WAS SOLL DAS?
HIER IST ES ZAPPEN-DUSTER.
DACHTE, EIN GIFTBLITZ SPIDER-WOMANS HILFT UNS, EINEN WEG HIER RAUS ZU FINDEN.
DIE TREPPE, GEHEN WIR!
DER RAUCH BETÄUBT MEI-NE SINNE.
MATT?
ICH WOLLTE GAR NICHT AUF DIESES TREIBENDE HÖLLENLOCH MITKOMMEN!
BITTE BRING MICH WEG VON HIER, BEVOR ETWAS--
-- IRRES...

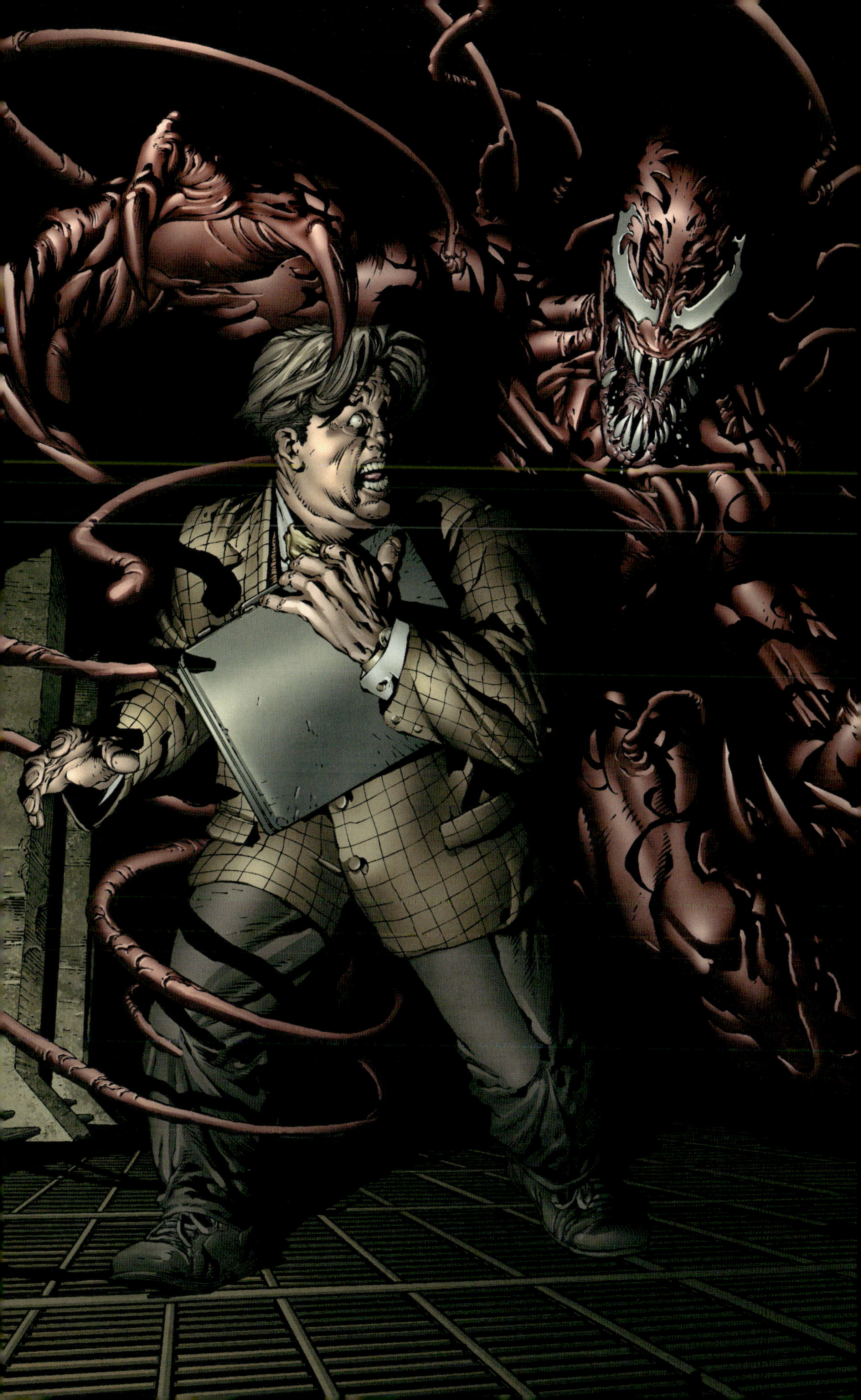

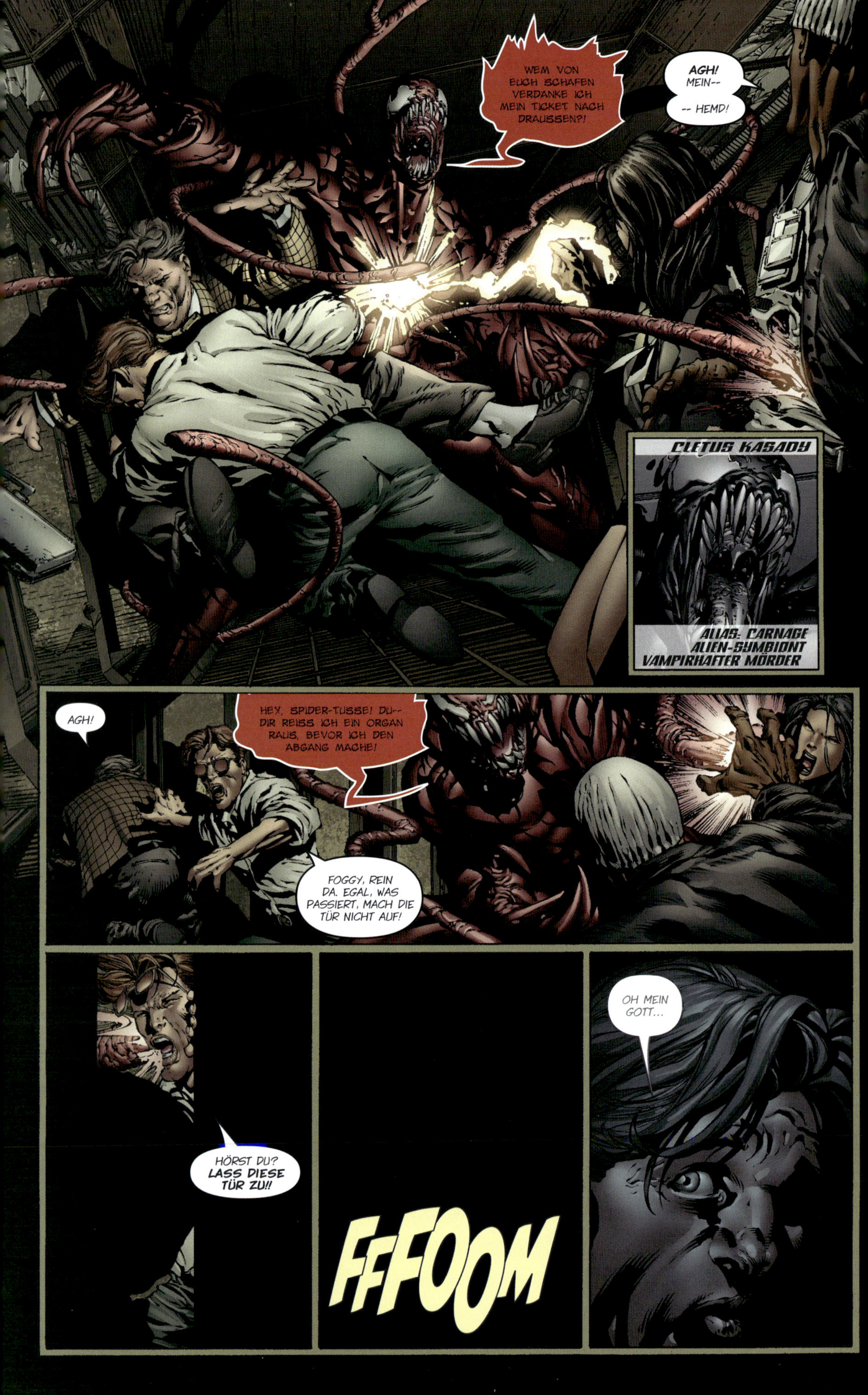
WEM VON EUCH SCHAFEN VERDANKE ICH MEIN TICKET NACH DRAUSSEN?!
AGH! MEIN--
-- HEMD!
CLETUS KASADY
ALIAS: CARNAGE
ALIEN-SYMBIONT
VAMPIRHAFTER MÖRDER
AGH!
HEY, SPIDER-TUSSE! DU-- DIR REISS ICH EIN ORGAN RAUS, BEVOR ICH DEN ABGANG MACHE!
FOGGY, REIN DA. EGAL, WAS PASSIERT, MACH DIE TÜR NICHT AUF!
HÖRST DU? LASS DIESE TÜR ZU!!
FFFOOM
OH MEIN GOTT...

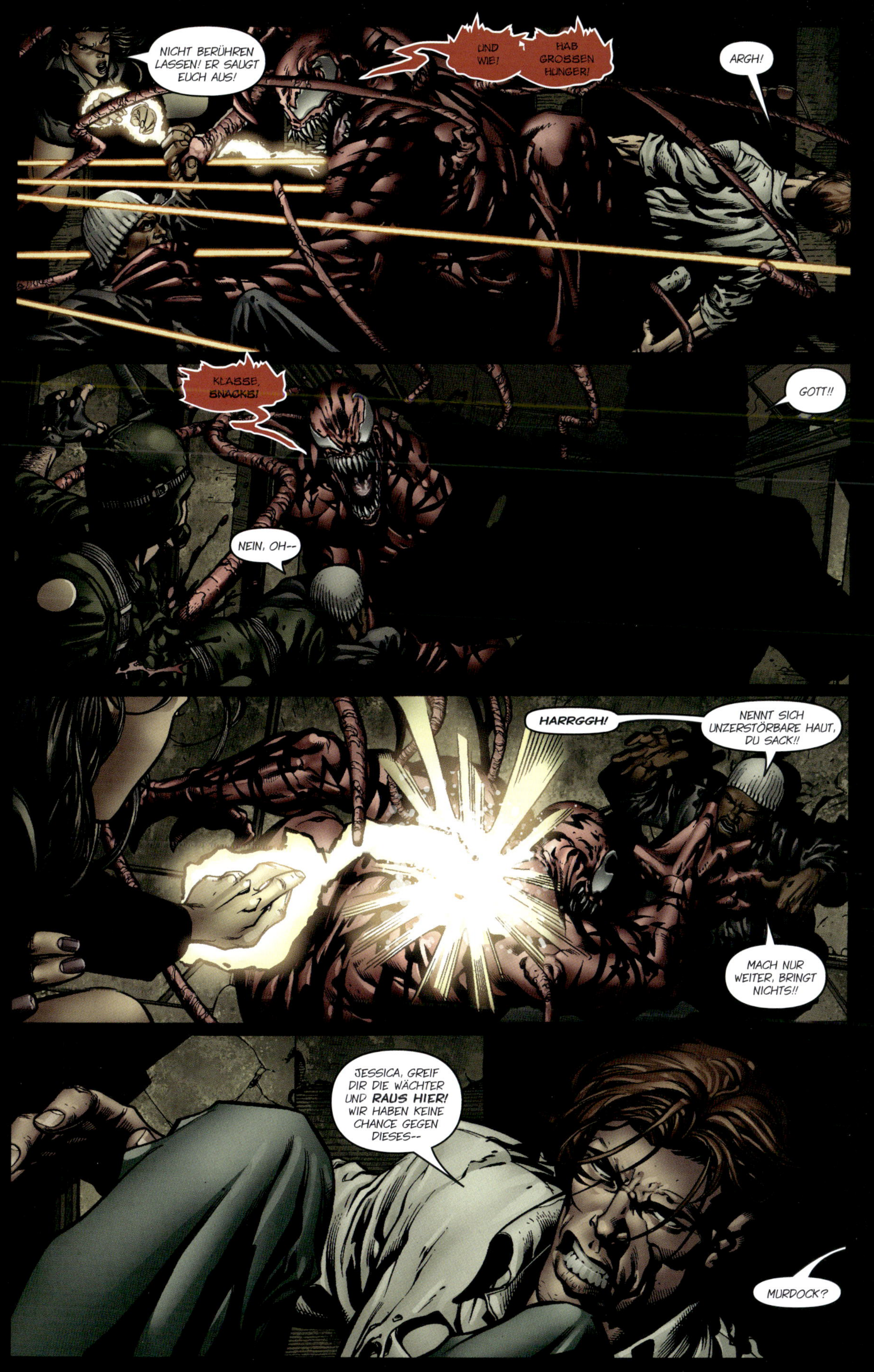
NICHT BERÜHREN LASSEN! ER SAUGT EUCH AUS!
UND WIE!
HAB GROSSEN HUNGER!
ARGH!
KLASSE, SNACKS!
GOTT!!
NEIN, OH--
HARRGGH!
NENNT SICH UNZERSTÖRBARE HAUT, DU SACK!!
MACH NUR WEITER, BRINGT NICHTS!!
JESSICA, GREIF DIR DIE WÄCHTER UND RAUS HIER! WIR HABEN KEINE CHANCE GEGEN DIESES--
MURDOCK?

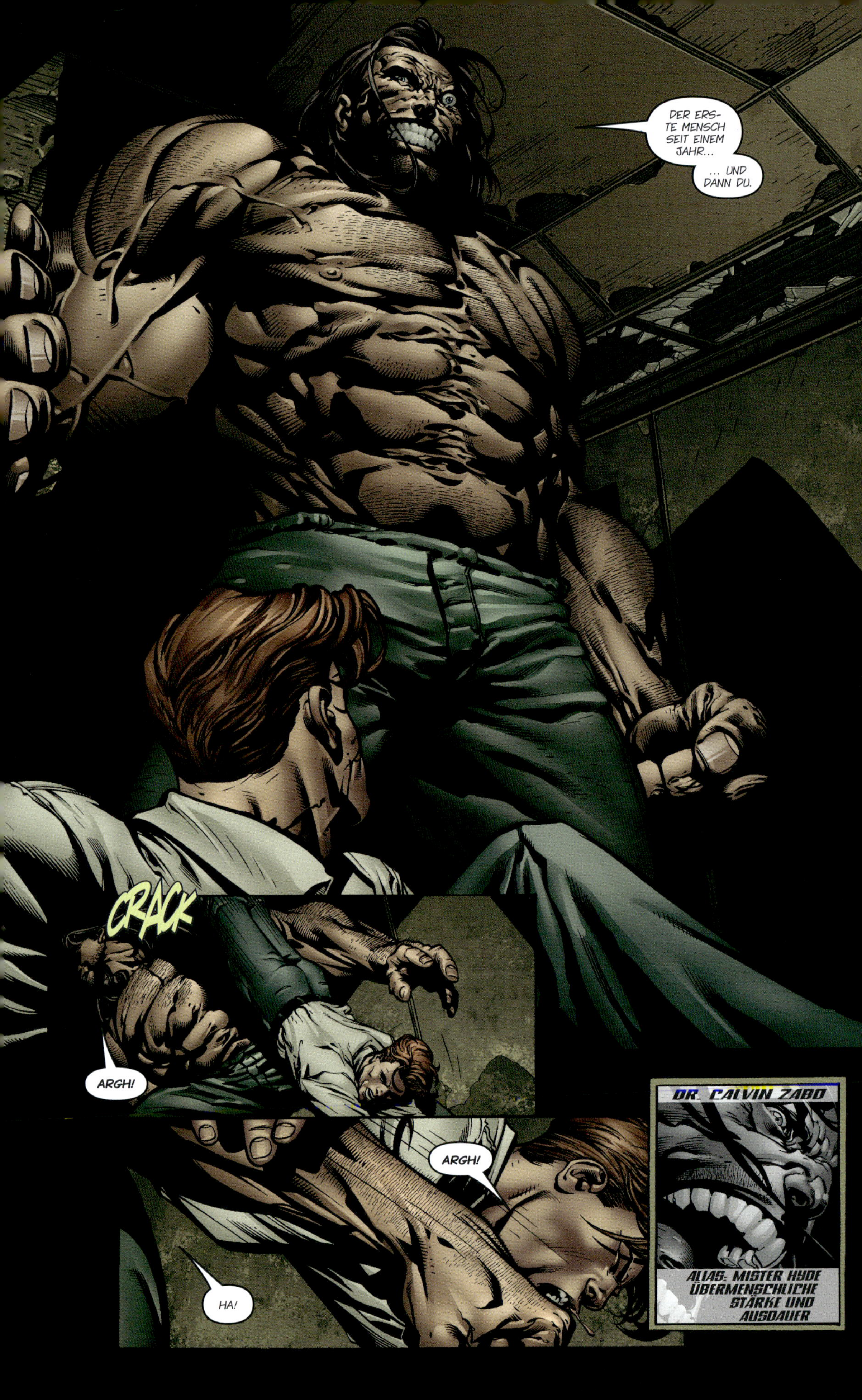

DER ERSTE MENSCH SEIT EINEM JAHR...
... UND DANN DU.
CRACK
ARGH!
ARGH!
HA!
DR. CALVIN ZABO
ALIAS: MISTER HYDE
ÜBERMENSCHLICHE STÄRKE UND AUSDAUER

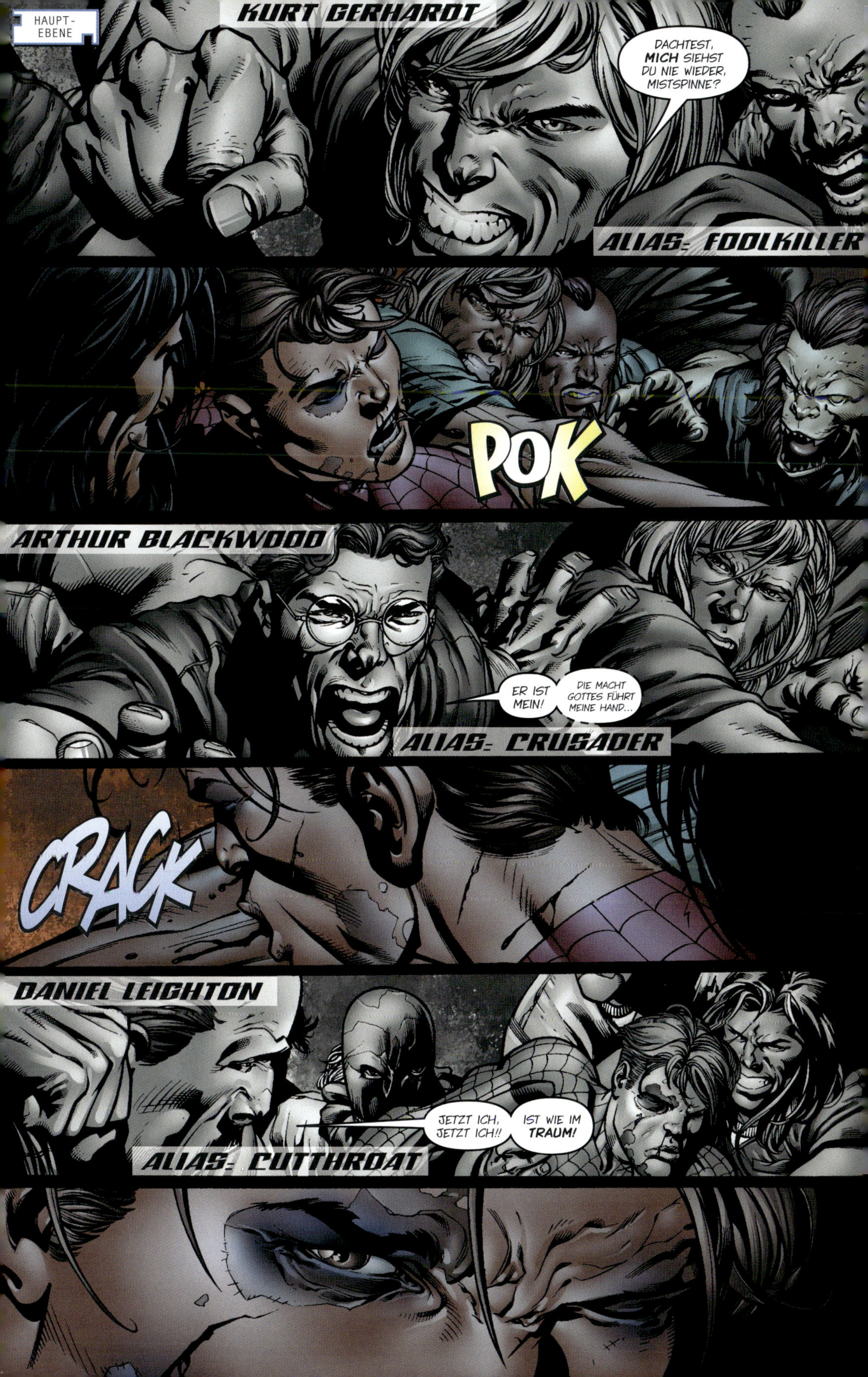
HAUPT-
EBENE
KURT GERHARDT
DACHTEST, MICH SIEHST DU NIE WIEDER, MISTSPINNE?
ALIAS: FOOLKILLER
POK
ARTHUR BLACKWOOD
ER IST MEIN!
DIE MACHT GOTTES FÜHRT MEINE HAND...
ALIAS: CRUSADER
CRACK
DANIEL LEIGHTON
JETZT ICH, JETZT ICH!!
IST WIE IM TRAUM!
ALIAS: CUTTHROAT

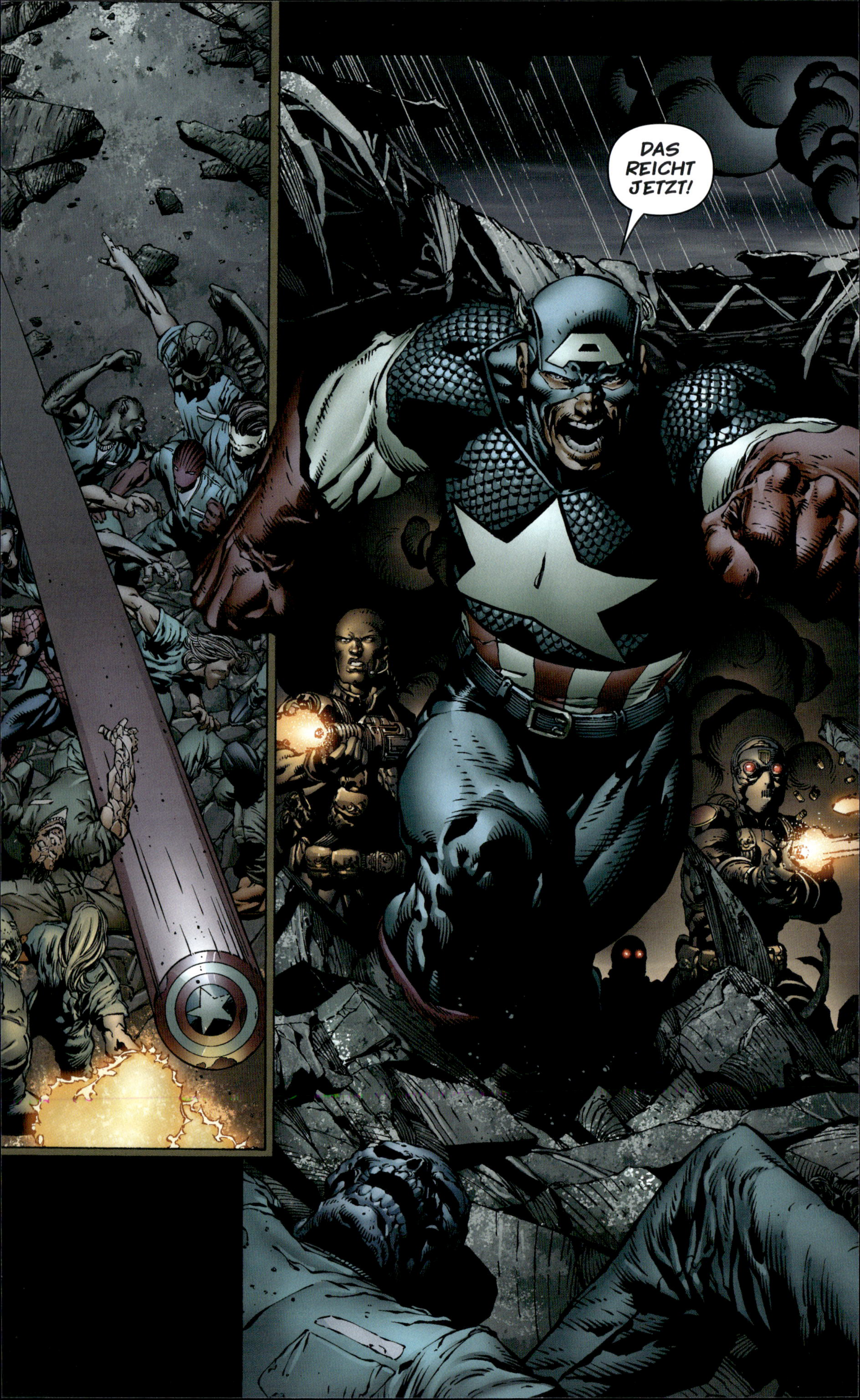
DAS REICHT JETZT!

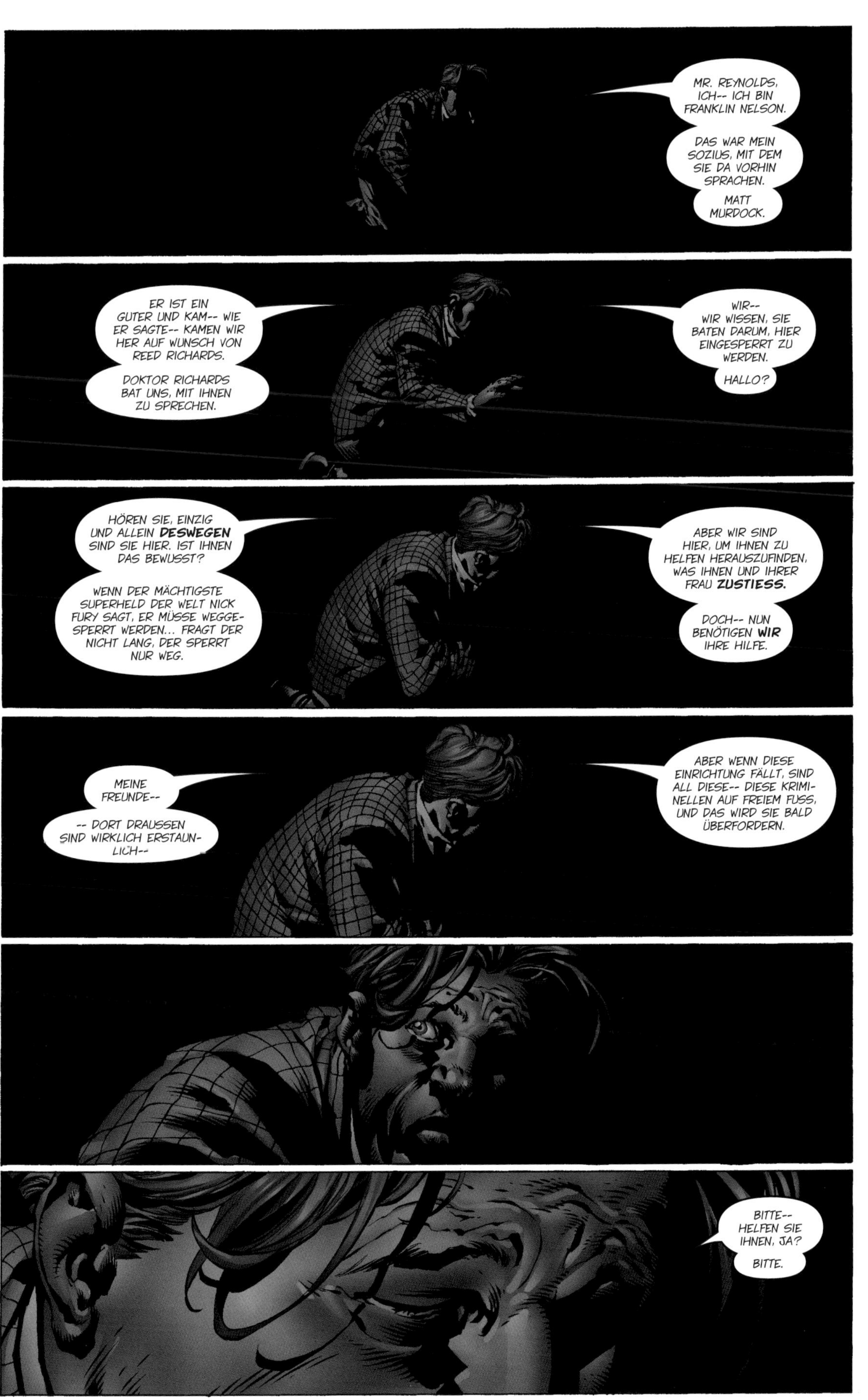
MR. REYNOLDS, ICH-- ICH BIN FRANKLIN NELSON.
DAS WAR MEIN SOZIUS, MIT DEM SIE DA VORHIN SPRACHEN.
MATT MURDOCK.
ER IST EIN GUTER UND KAM-- WIE ER SAGTE-- KAMEN WIR HER AUF WUNSCH VON REED RICHARDS.
DOKTOR RICHARDS BAT UNS, MIT IHNEN ZU SPRECHEN.
WIR-- WIR WISSEN, SIE BATEN DARUM, HIER EINGESPERRT ZU WERDEN.
HALLO?
HÖREN SIE, EINZIG UND ALLEIN **DESWEGEN** SIND SIE HIER. IST IHNEN DAS BEWUSST?
WENN DER MÄCHTIGSTE SUPERHELD DER WELT NICK FURY SAGT, ER MÜSSE WEGGESPERRT WERDEN... FRAGT DER NICHT LANG, DER SPERRT NUR WEG.
ABER WIR SIND HIER, UM IHNEN ZU HELFEN HERAUSZUFINDEN, WAS IHNEN UND IHRER FRAU **ZUSTIESS.**
DOCH-- NUN BENÖTIGEN **WIR** IHRE HILFE.
MEINE FREUNDE--
-- DORT DRAUSSEN SIND WIRKLICH ERSTAUNLICH--
ABER WENN DIESE EINRICHTUNG FÄLLT, SIND ALL DIESE-- DIESE KRIMINELLEN AUF FREIEM FUSS, UND DAS WIRD SIE BALD ÜBERFORDERN.
BITTE-- HELFEN SIE IHNEN, JA?
BITTE.

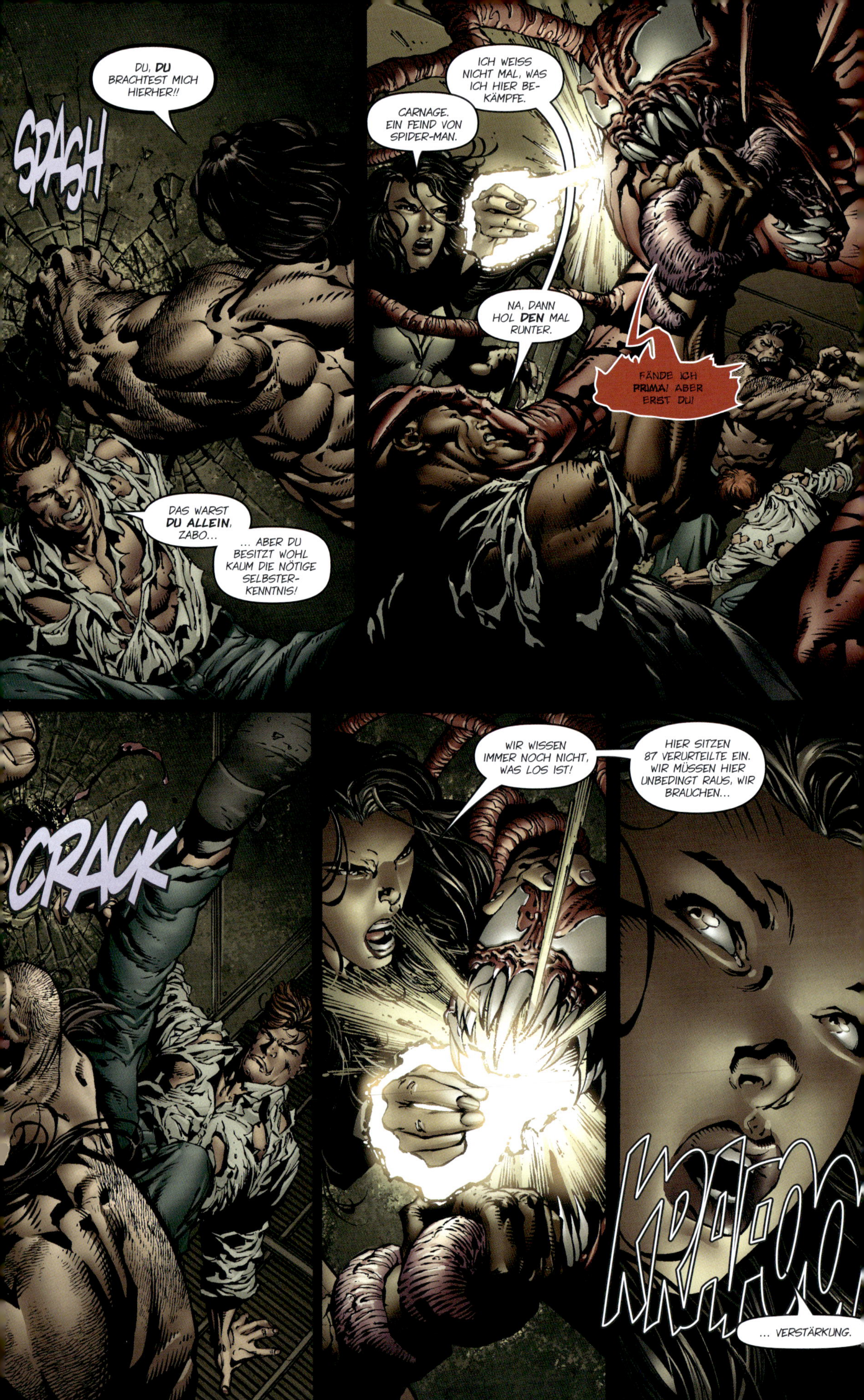
DU, DU BRACHTEST MICH HIERHER!!
SPASH
DAS WARST DU ALLEIN, ZABO...
... ABER DU BESITZT WOHL KAUM DIE NÖTIGE SELBSTER-KENNTNIS!
CARNAGE. EIN FEIND VON SPIDER-MAN.
ICH WEISS NICHT MAL, WAS ICH HIER BE-KÄMPFE.
NA, DANN HOL DEN MAL RUNTER.
FÄNDE ICH PRIMA! ABER ERST DU!
CRACK
WIR WISSEN IMMER NOCH NICHT, WAS LOS IST!
HIER SITZEN 87 VERURTEILTE EIN. WIR MÜSSEN HIER UNBEDINGT RAUS, WIR BRAUCHEN...
... VERSTÄRKUNG.

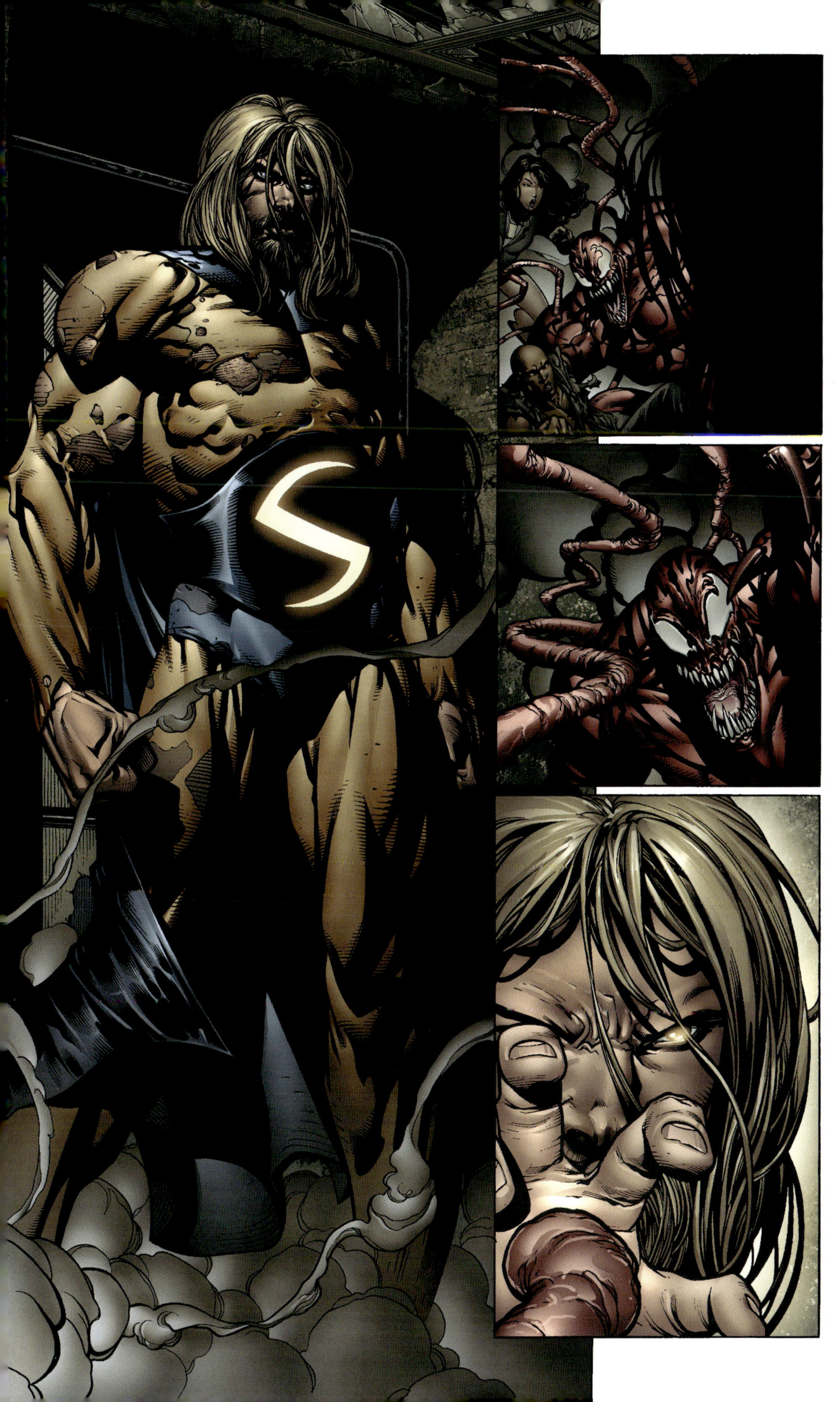

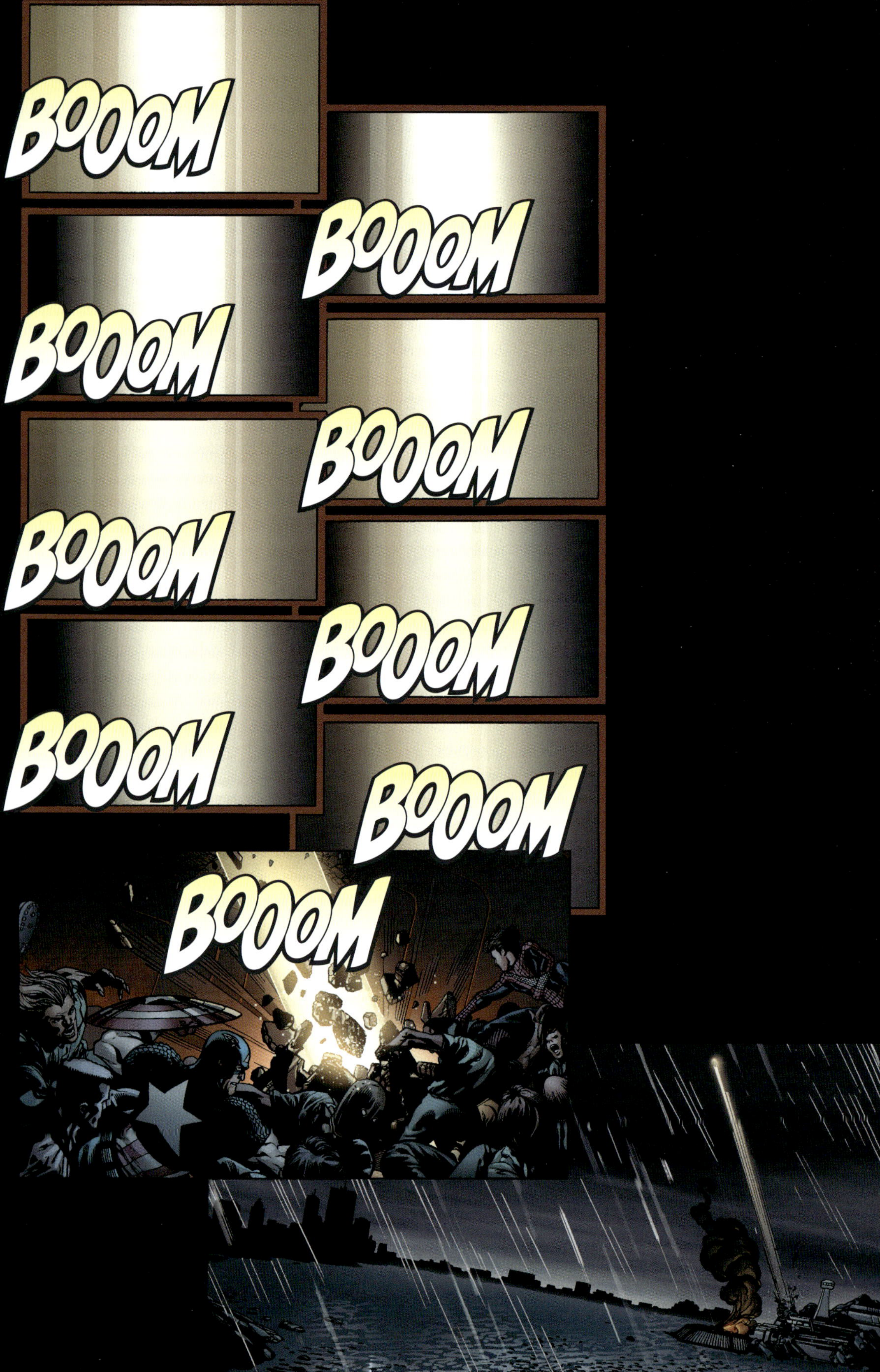
BOOOM
BOOOM
BOOOM
BOOOM
BOOOM
BOOOM
BOOOM
BOOOM
BOOOM

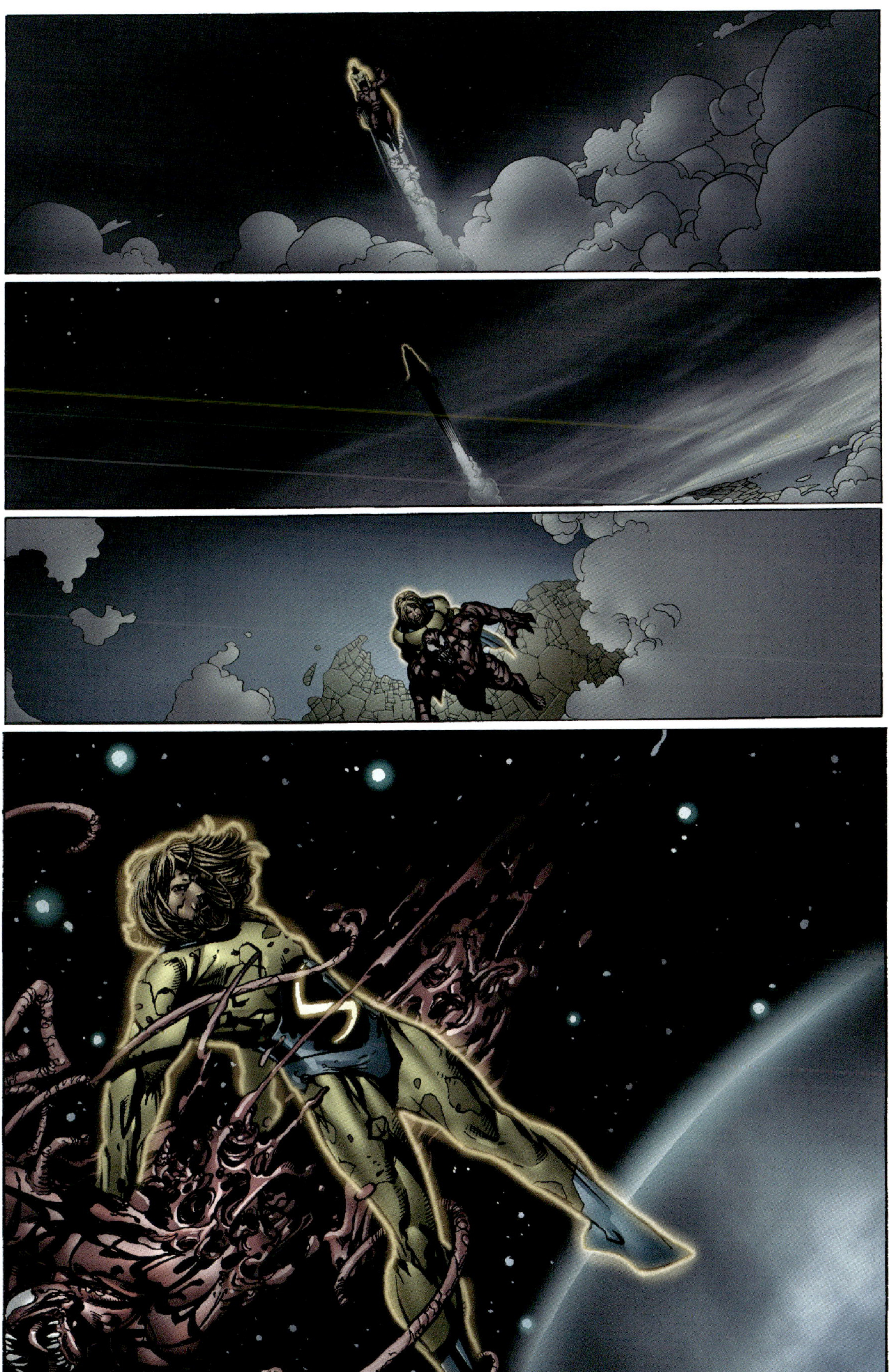

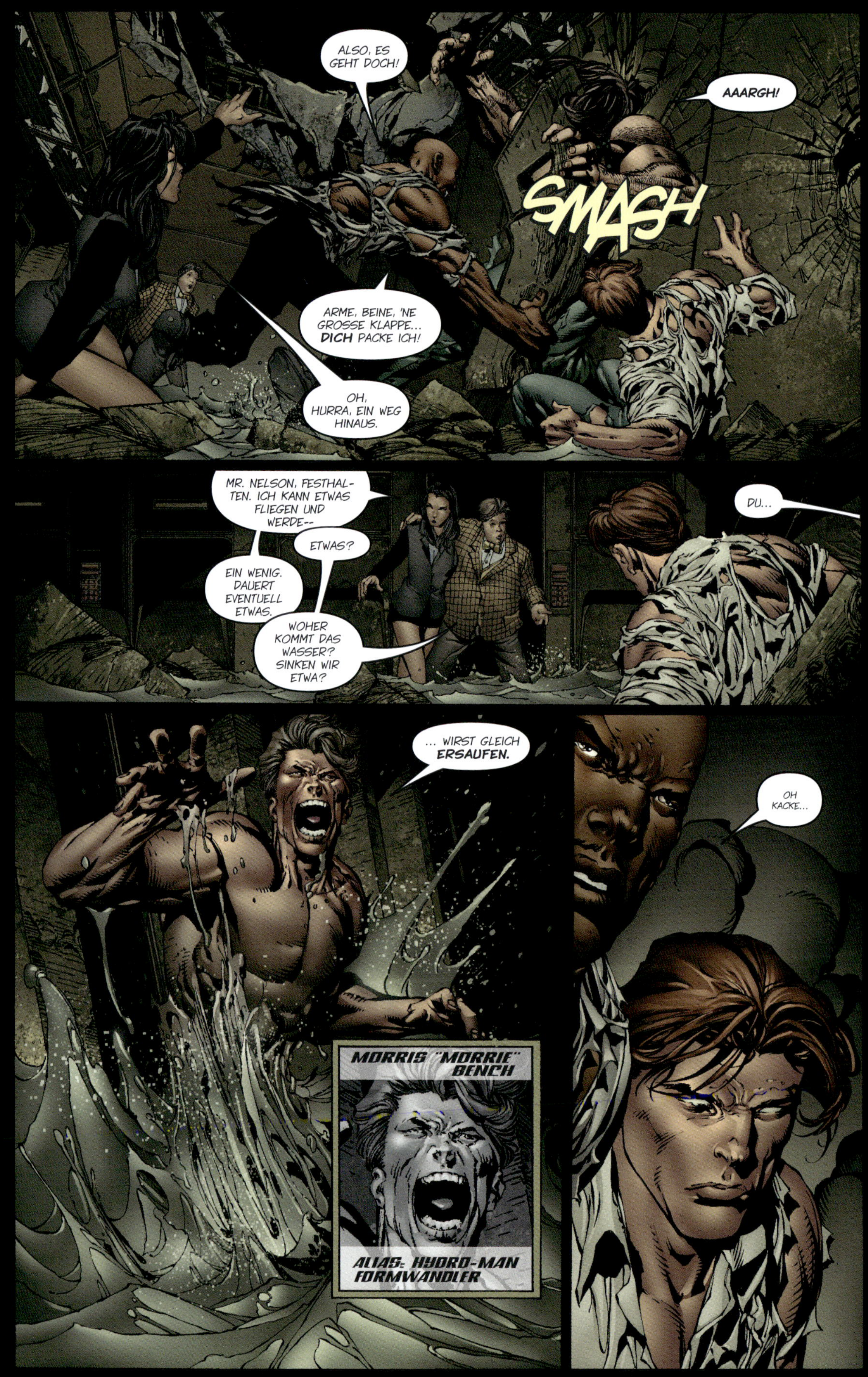
ALSO, ES GEHT DOCH!
AAARGH!
SMASH
ARME, BEINE, 'NE GROSSE KLAPPE... DICH PACKE ICH!
OH, HURRA, EIN WEG HINAUS.
MR. NELSON, FESTHALTEN. ICH KANN ETWAS FLIEGEN UND WERDE--
ETWAS?
EIN WENIG. DAUERT EVENTUELL ETWAS.
WOHER KOMMT DAS WASSER? SINKEN WIR ETWA?
DU...
... WIRST GLEICH ERSAUFEN.
OH KACKE...
MORRIS "MORRIE" BENCH
ALIAS: HYDRO-MAN FORMWANDLER

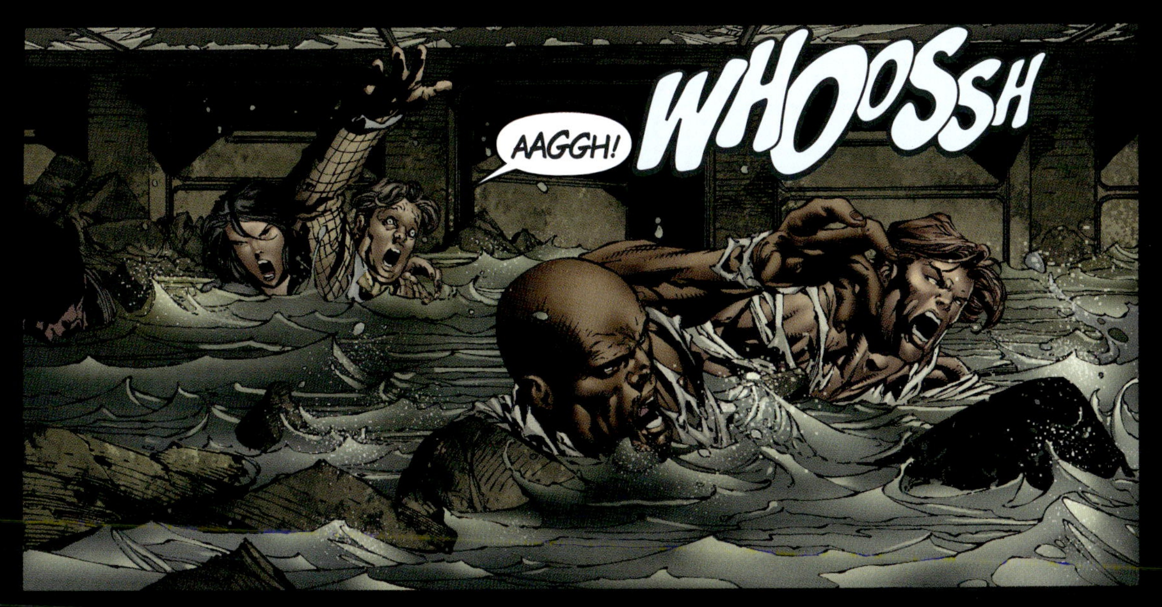
AAGGH!
WHOOSSH

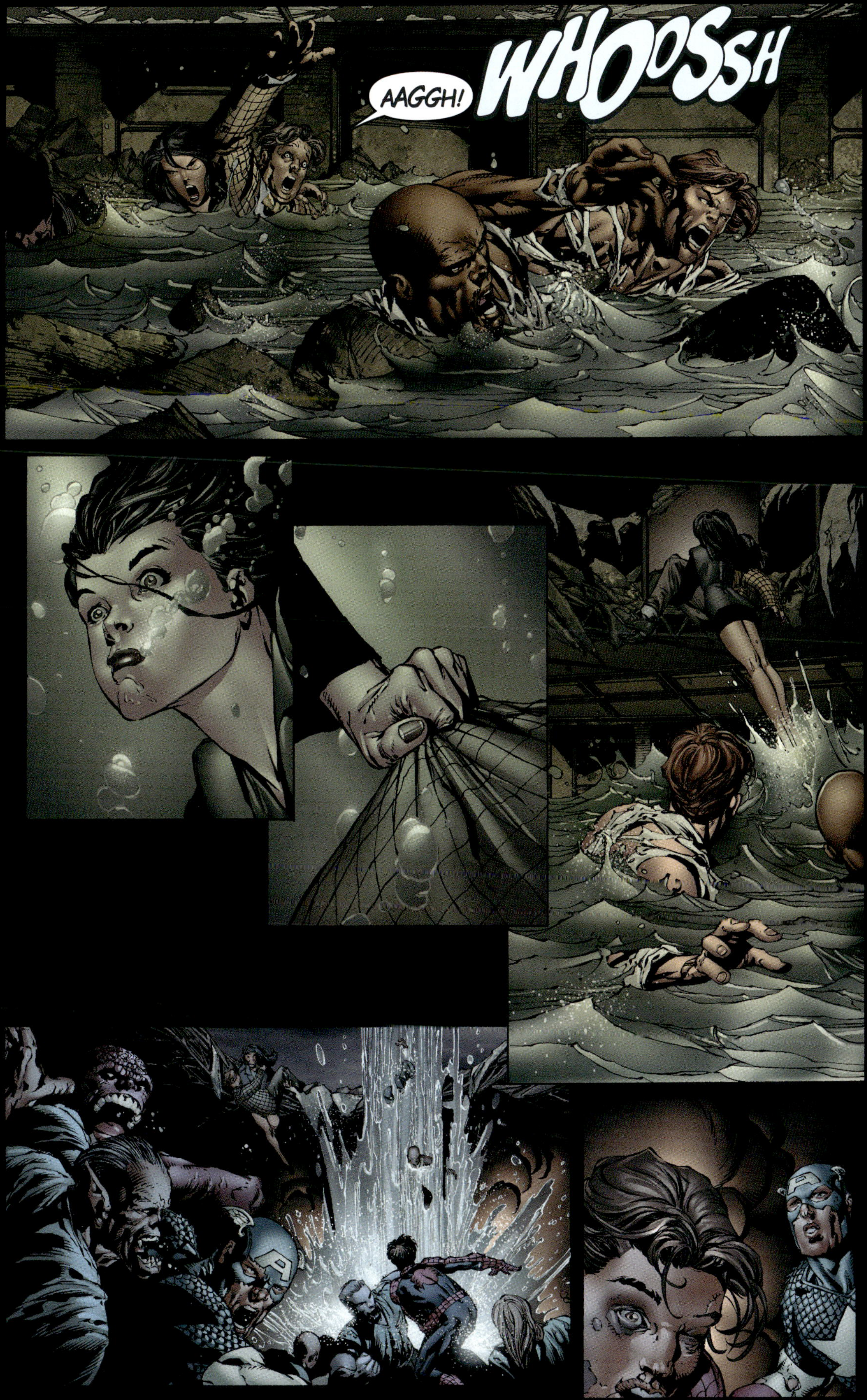

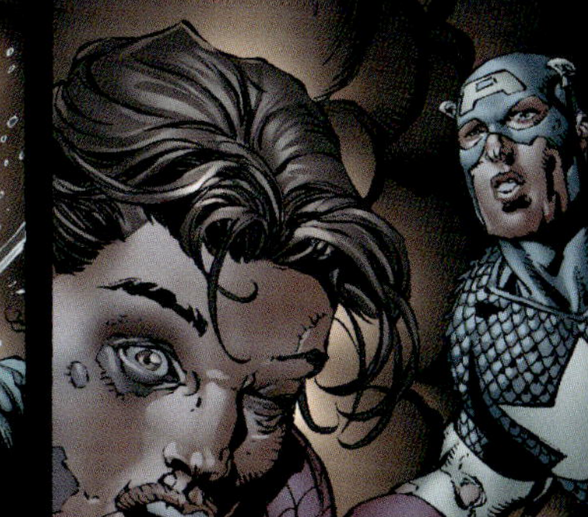

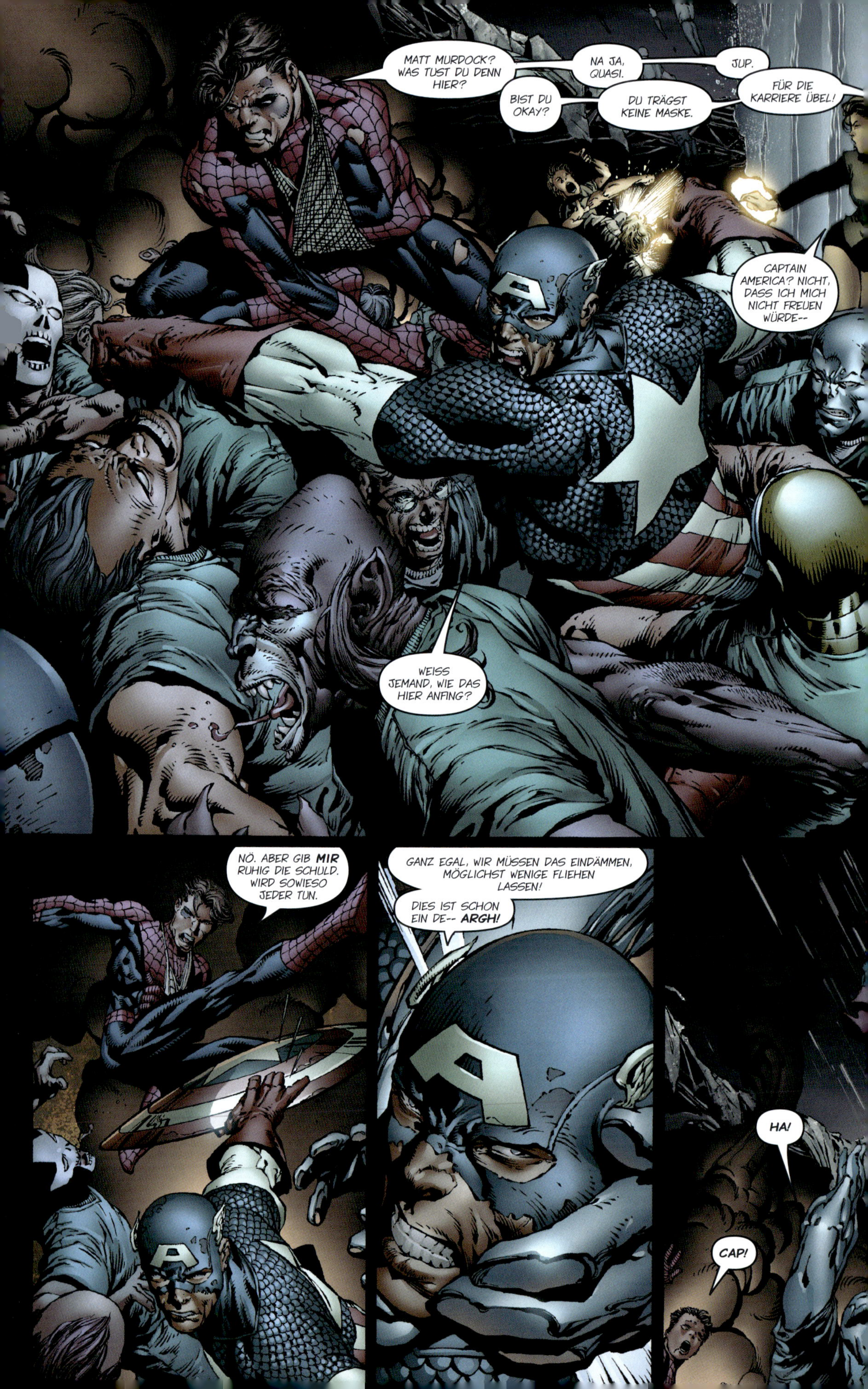

MATT MURDOCK? WAS TUST DU DENN HIER?
NA JA, QUASI.
JUP.
BIST DU OKAY?
DU TRÄGST KEINE MASKE.
FÜR DIE KARRIERE ÜBEL!
CAPTAIN AMERICA? NICHT, DASS ICH MICH NICHT FREUEN WÜRDE--
WEISS JEMAND, WIE DAS HIER ANFING?
NÖ. ABER GIB **MIR** RUHIG DIE SCHULD. WIRD SOWIESO JEDER TUN.
GANZ EGAL, WIR MÜSSEN DAS EINDÄMMEN, MÖGLICHST WENIGE FLIEHEN LASSEN!
DIES IST SCHON EIN DE-- **ARGH!**
HA!
CAP!

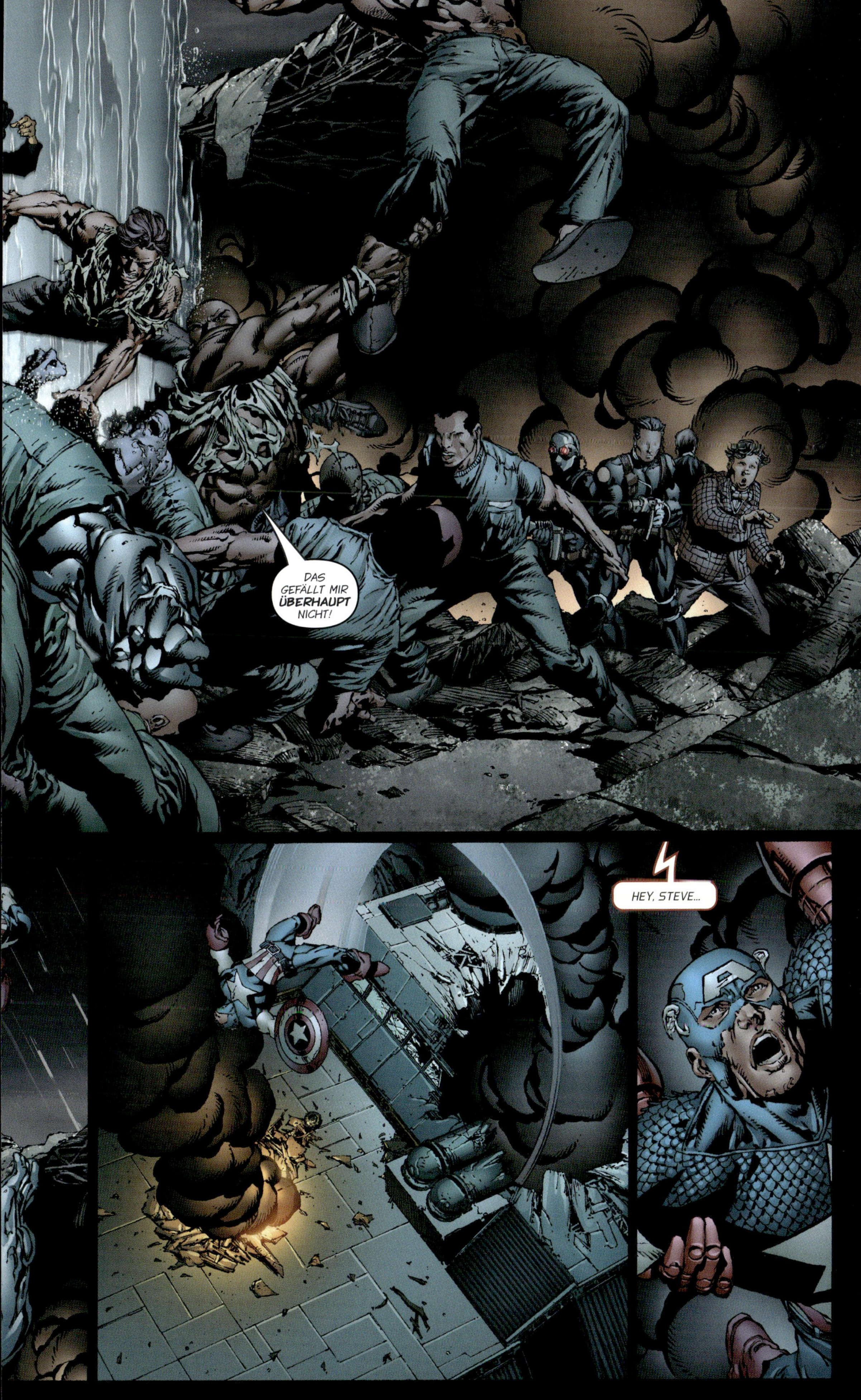
DAS GEFÄLLT MIR ÜBERHAUPT NICHT!
HEY, STEVE...

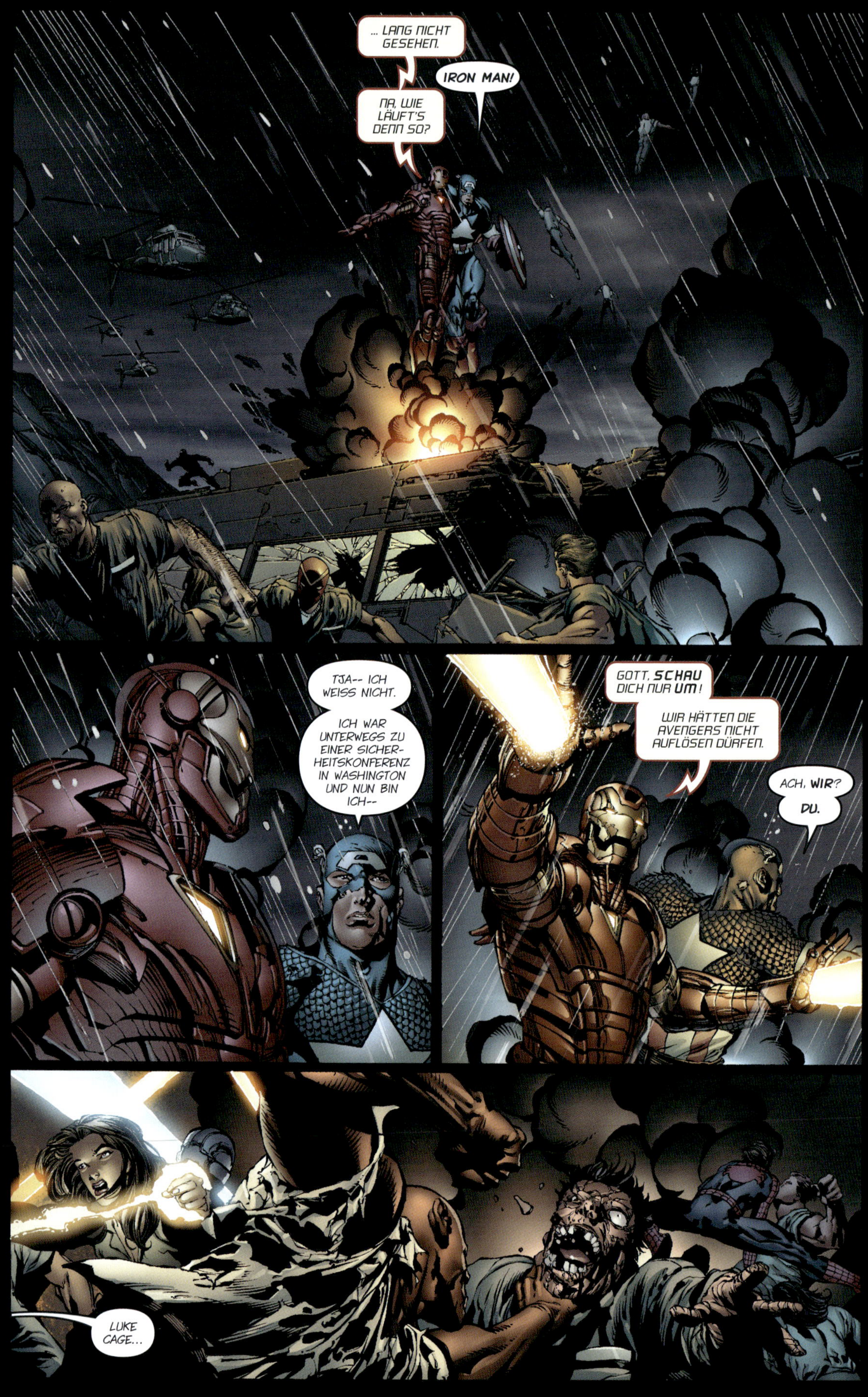
IRON MAN!
... LANG NICHT GESEHEN.
NA, WIE LÄUFT'S DENN SO?
TJA-- ICH WEISS NICHT.
ICH WAR UNTERWEGS ZU EINER SICHERHEITSKONFERENZ IN WASHINGTON UND NUN BIN ICH--
GOTT, SCHAU DICH NUR UM!
WIR HÄTTEN DIE AVENGERS NICHT AUFLÖSEN DÜRFEN.
ACH, WIR?
DU.
LUKE CAGE...

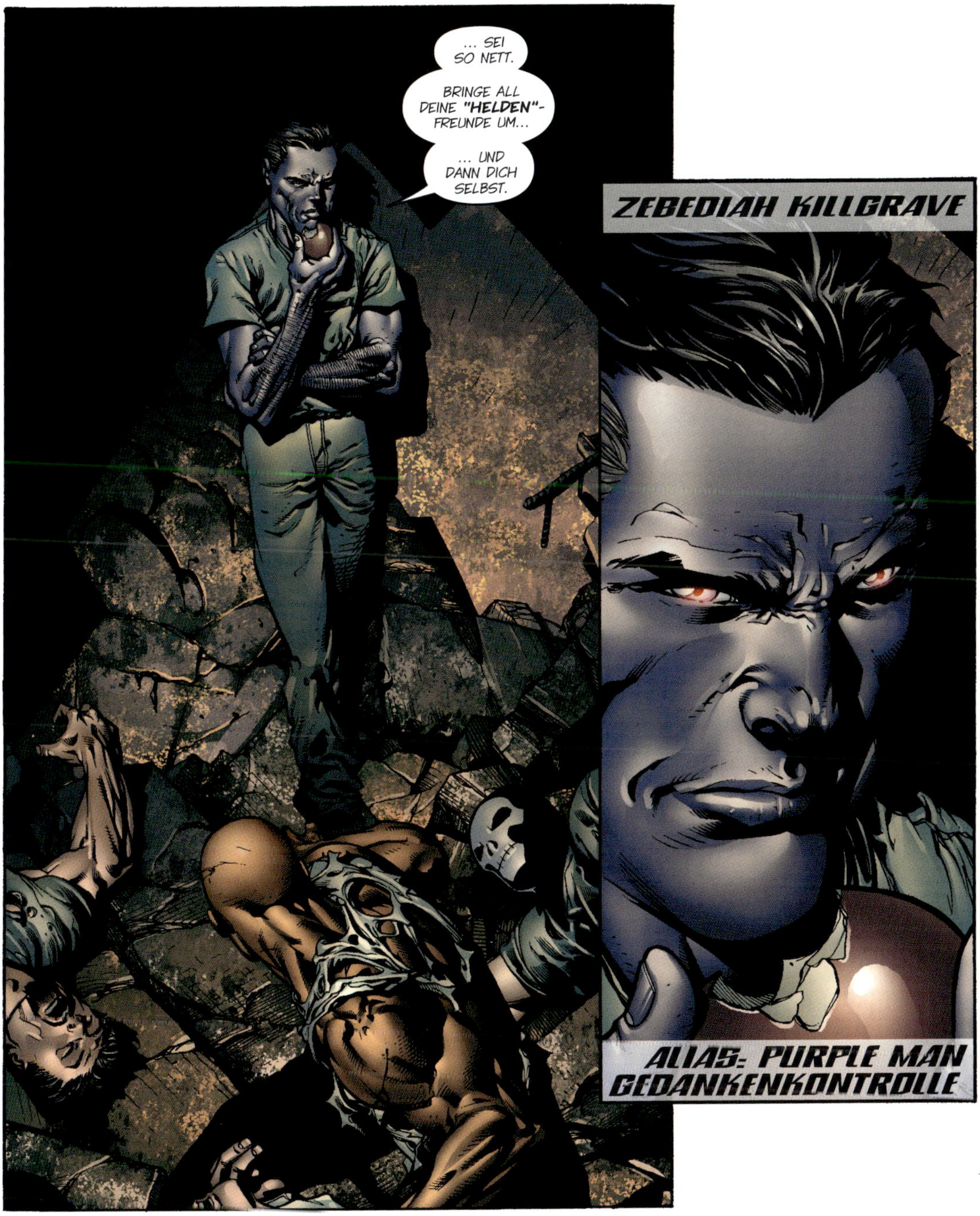

... SEI SO NETT.
BRINGE ALL DEINE **"HELDEN"**-FREUNDE UM...
... UND DANN DICH SELBST.
ZEBEDIAH KILLGRAVE
ALIAS: PURPLE MAN
GEDANKENKONTROLLE

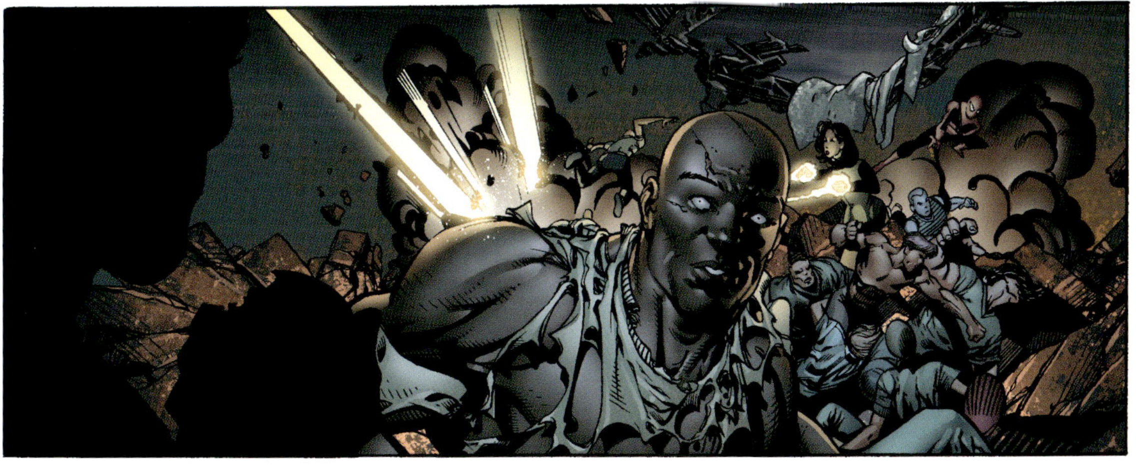

AUSBRUCH, TEIL 3

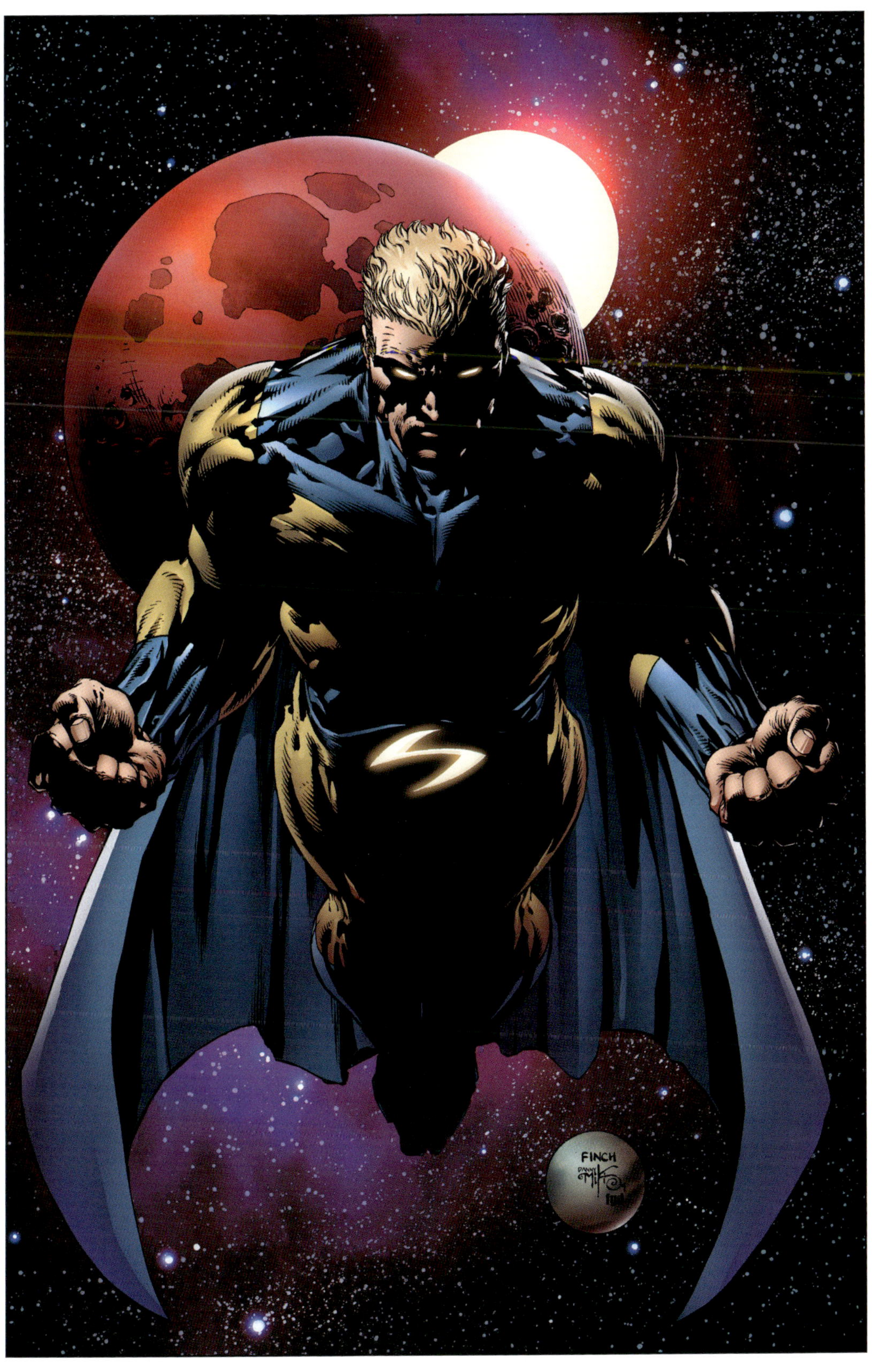

New Avengers (2005) 3
Cover von **DAVID FINCH**

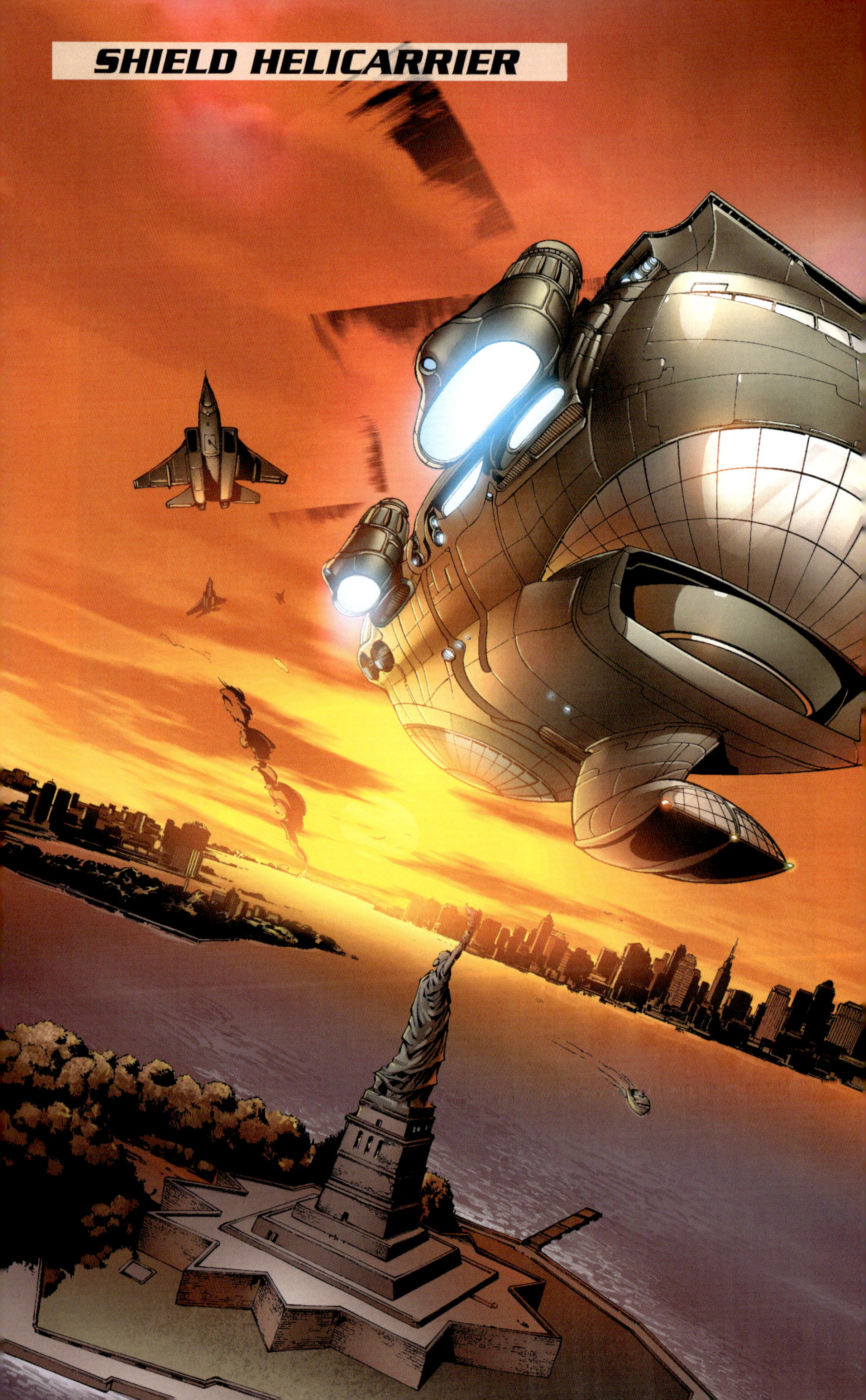
SHIELD HELICARRIER

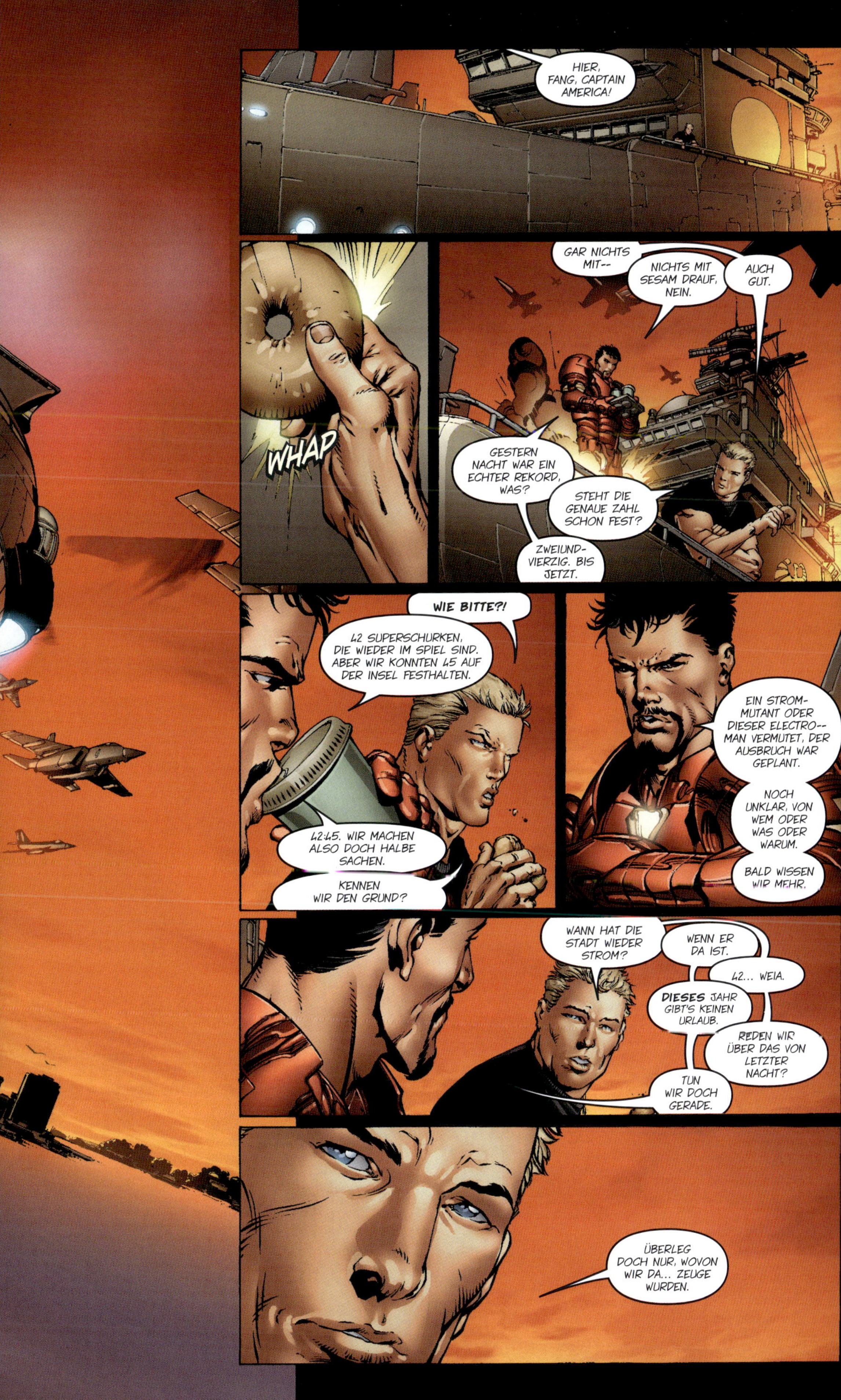
HIER, FANG, CAPTAIN AMERICA!
WHAP
GAR NICHTS MIT--
NICHTS MIT SESAM DRAUF, NEIN.
AUCH GUT.
GESTERN NACHT WAR EIN ECHTER REKORD, WAS?
STEHT DIE GENAUE ZAHL SCHON FEST?
ZWEIUND-VIERZIG. BIS JETZT.
WIE BITTE?!
42 SUPERSCHURKEN, DIE WIEDER IM SPIEL SIND. ABER WIR KONNTEN 45 AUF DER INSEL FESTHALTEN.
42:45. WIR MACHEN ALSO DOCH HALBE SACHEN.
KENNEN WIR DEN GRUND?
EIN STROM-MUTANT ODER DIESER ELECTRO--MAN VERMUTET, DER AUSBRUCH WAR GEPLANT.
NOCH UNKLAR, VON WEM ODER WAS ODER WARUM.
BALD WISSEN WIR MEHR.
WANN HAT DIE STADT WIEDER STROM?
WENN ER DA IST.
42... WEIA.
DIESES JAHR GIBT'S KEINEN URLAUB.
REDEN WIR ÜBER DAS VON LETZTER NACHT?
TUN WIR DOCH GERADE.
ÜBERLEG DOCH NUR, WOVON WIR DA... ZEUGE WURDEN.

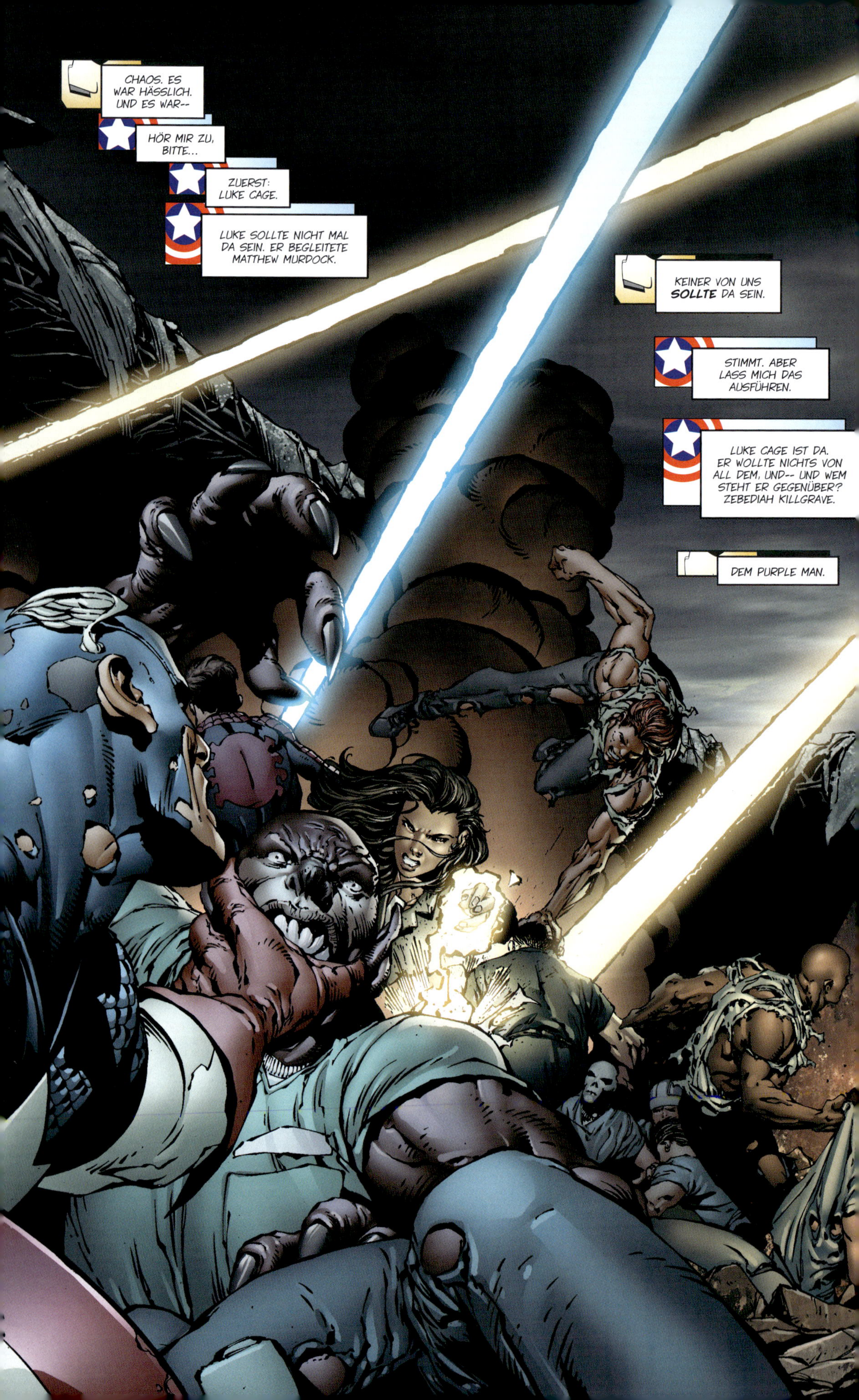

CHAOS. ES WAR HÄSSLICH. UND ES WAR--
HÖR MIR ZU, BITTE...
ZUERST: LUKE CAGE.
LUKE SOLLTE NICHT MAL DA SEIN. ER BEGLEITETE MATTHEW MURDOCK.
KEINER VON UNS **SOLLTE** DA SEIN.
STIMMT. ABER LASS MICH DAS AUSFÜHREN.
LUKE CAGE IST DA. ER WOLLTE NICHTS VON ALL DEM, UND-- UND WEM STEHT ER GEGENÜBER? ZEBEDIAH KILLGRAVE.
DEM PURPLE MAN.

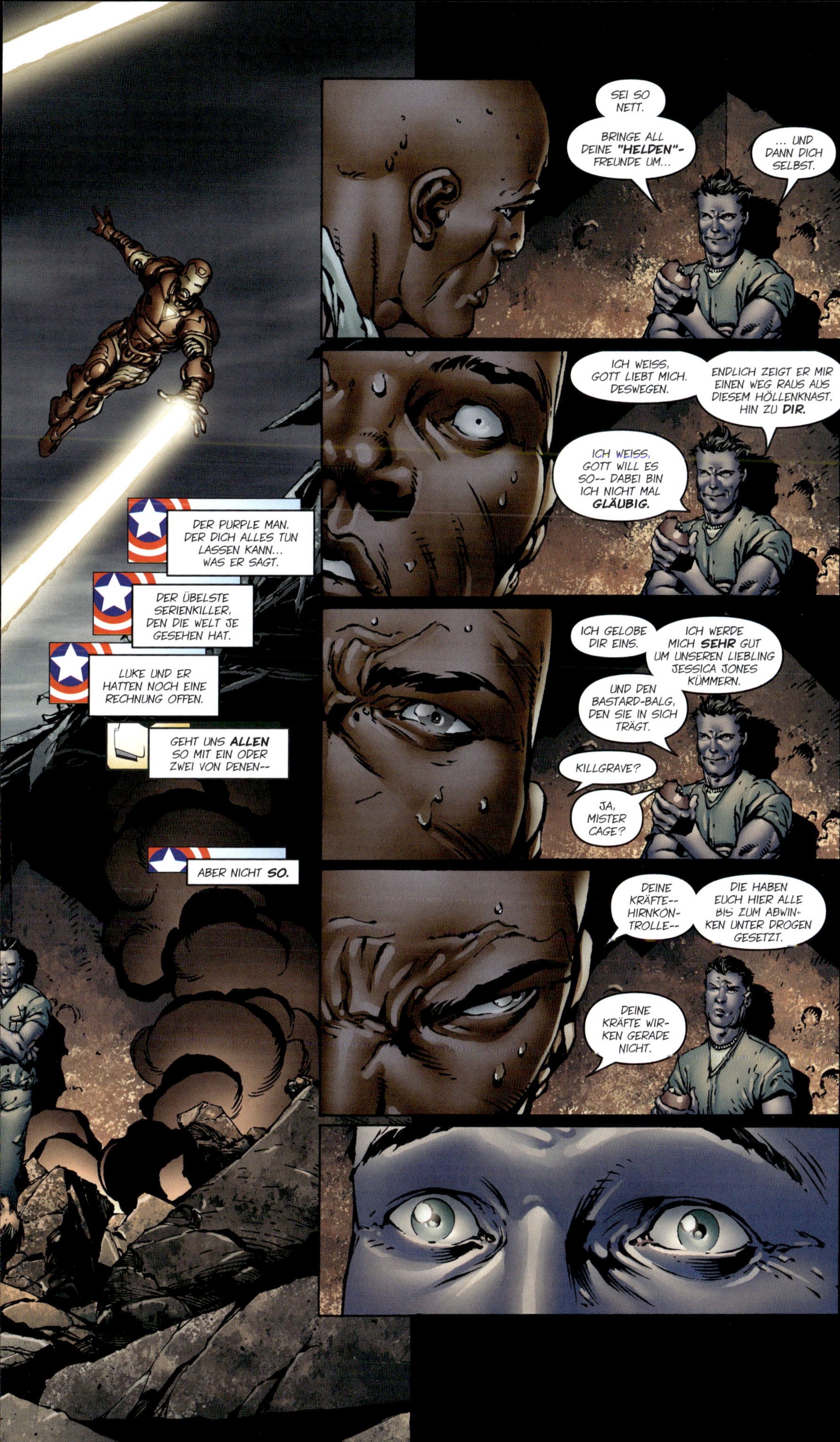

SEI SO NETT.
BRINGE ALL DEINE **"HELDEN"**-FREUNDE UM...
... UND DANN DICH SELBST.
ICH WEISS, GOTT LIEBT MICH. DESWEGEN.
ENDLICH ZEIGT ER MIR EINEN WEG RAUS AUS DIESEM HÖLLENKNAST. HIN ZU **DIR.**
ICH WEISS, GOTT WILL ES SO-- DABEI BIN ICH NICHT MAL **GLÄUBIG.**
DER PURPLE MAN. DER DICH ALLES TUN LASSEN KANN... WAS ER SAGT.
DER ÜBELSTE SERIENKILLER, DEN DIE WELT JE GESEHEN HAT.
LUKE UND ER HATTEN NOCH EINE RECHNUNG OFFEN.
GEHT UNS **ALLEN** SO MIT EIN ODER ZWEI VON DENEN--
ICH GELOBE DIR EINS.
ICH WERDE MICH **SEHR** GUT UM UNSEREN LIEBLING JESSICA JONES KÜMMERN.
UND DEN BASTARD-BALG, DEN SIE IN SICH TRÄGT.
KILLGRAVE?
JA, MISTER CAGE?
ABER NICHT **SO.**
DEINE KRÄFTE-- HIRNKON-TROLLE--
DIE HABEN EUCH HIER ALLE BIS ZUM ABWIN-KEN UNTER DROGEN GESETZT.
DEINE KRÄFTE WIR-KEN GERADE NICHT.

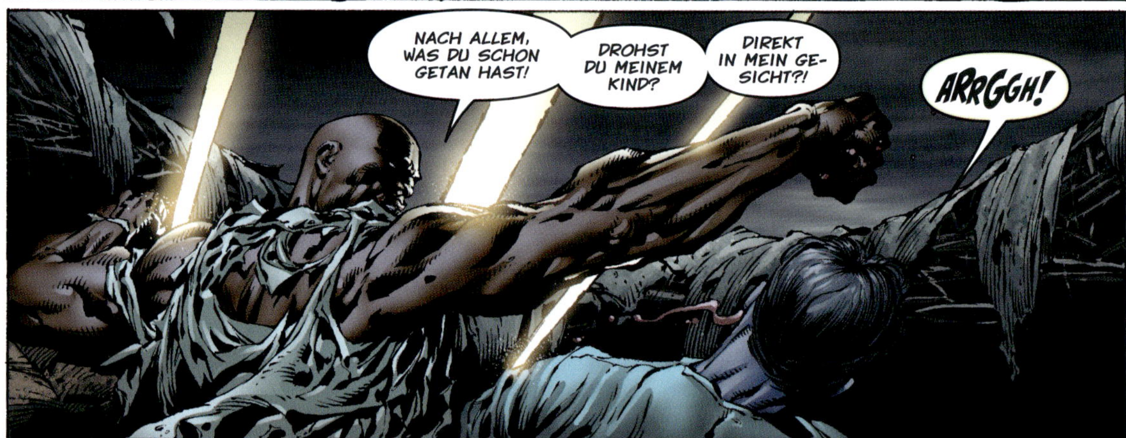
NACH ALLEM, WAS DU SCHON GETAN HAST!
DROHST DU MEINEM KIND?
DIREKT IN MEIN GESICHT?!
ARRGGH!

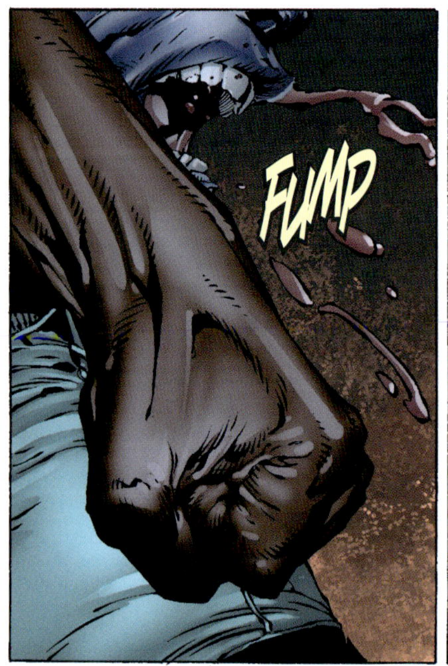
FUMP

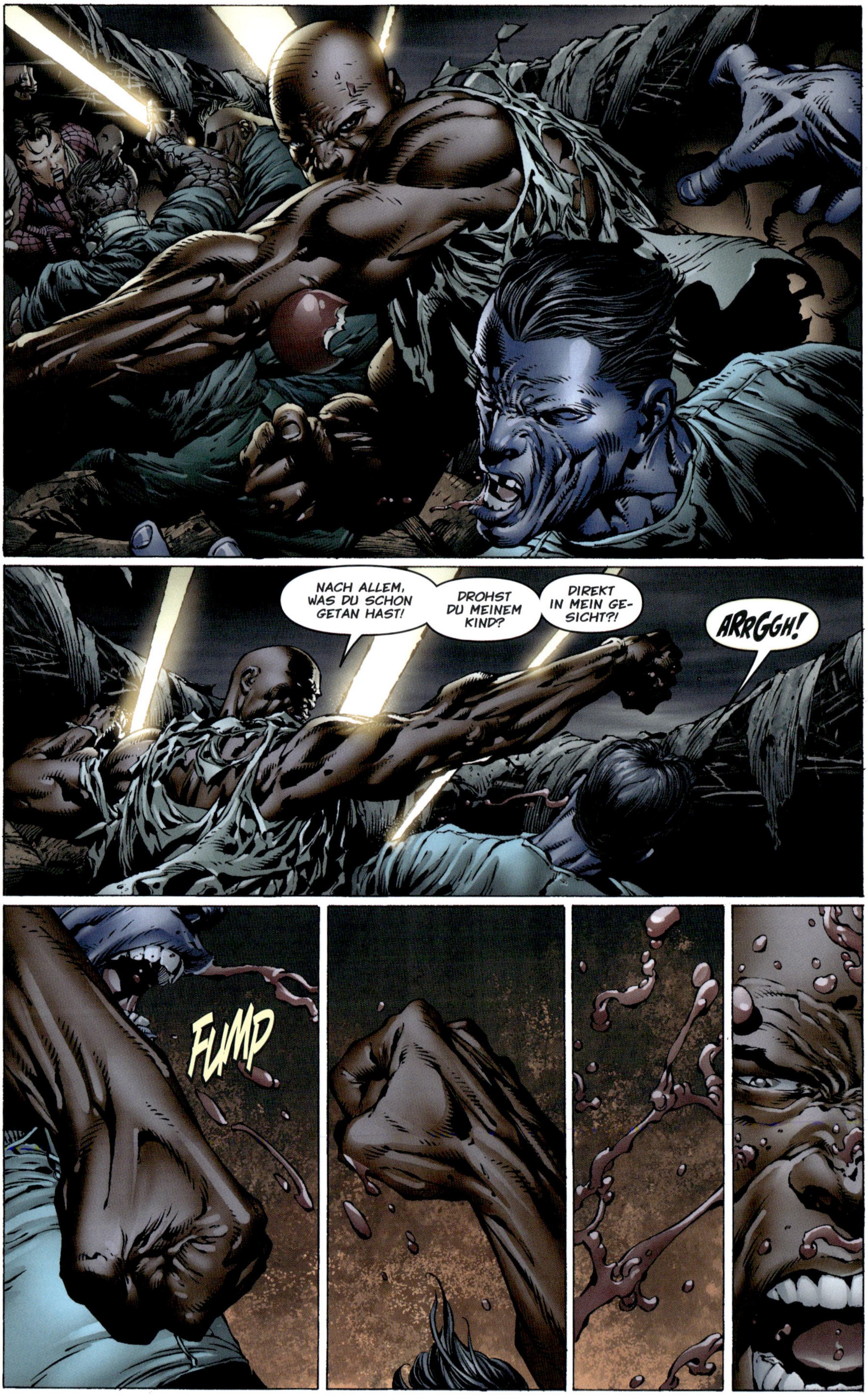

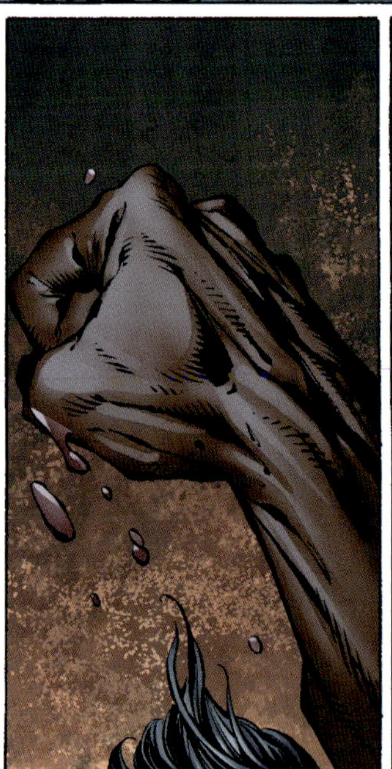

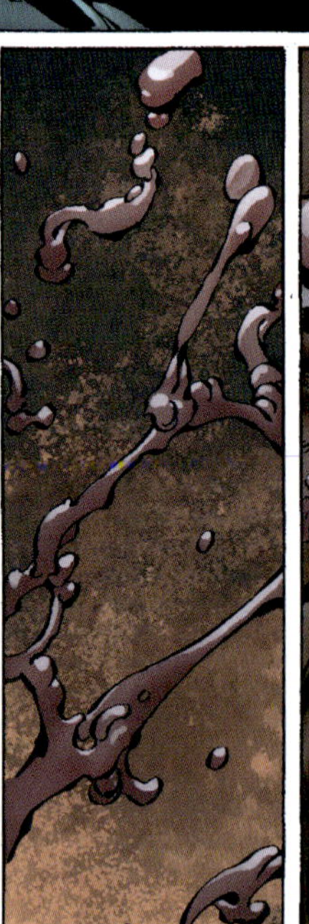

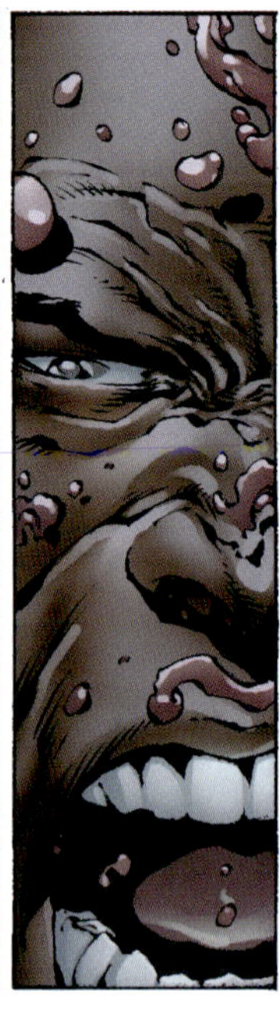

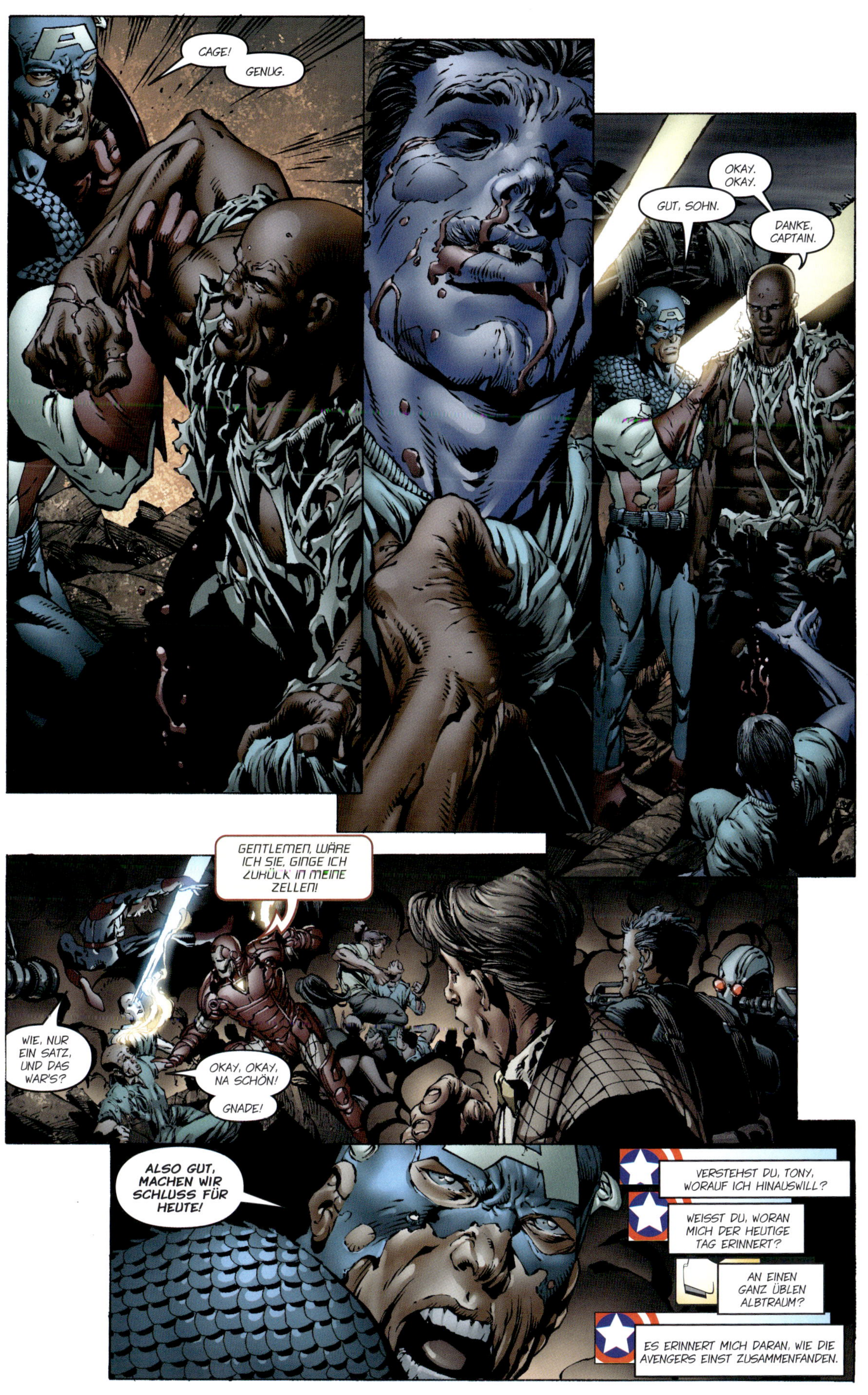
CAGE!
GENUG.
GUT, SOHN.
OKAY. OKAY.
DANKE, CAPTAIN.
GENTLEMEN, WÄRE ICH SIE, GINGE ICH ZURÜCK IN MEINE ZELLEN!
WIE, NUR EIN SATZ, UND DAS WAR'S?
OKAY, OKAY, NA SCHÖN!
GNADE!
ALSO GUT, MACHEN WIR SCHLUSS FÜR HEUTE!
VERSTEHST DU, TONY, WORAUF ICH HINAUSWILL?
WEISST DU, WORAN MICH DER HEUTIGE TAG ERINNERT?
AN EINEN GANZ ÜBLEN ALBTRAUM?
ES ERINNERT MICH DARAN, WIE DIE AVENGERS EINST ZUSAMMENFANDEN.

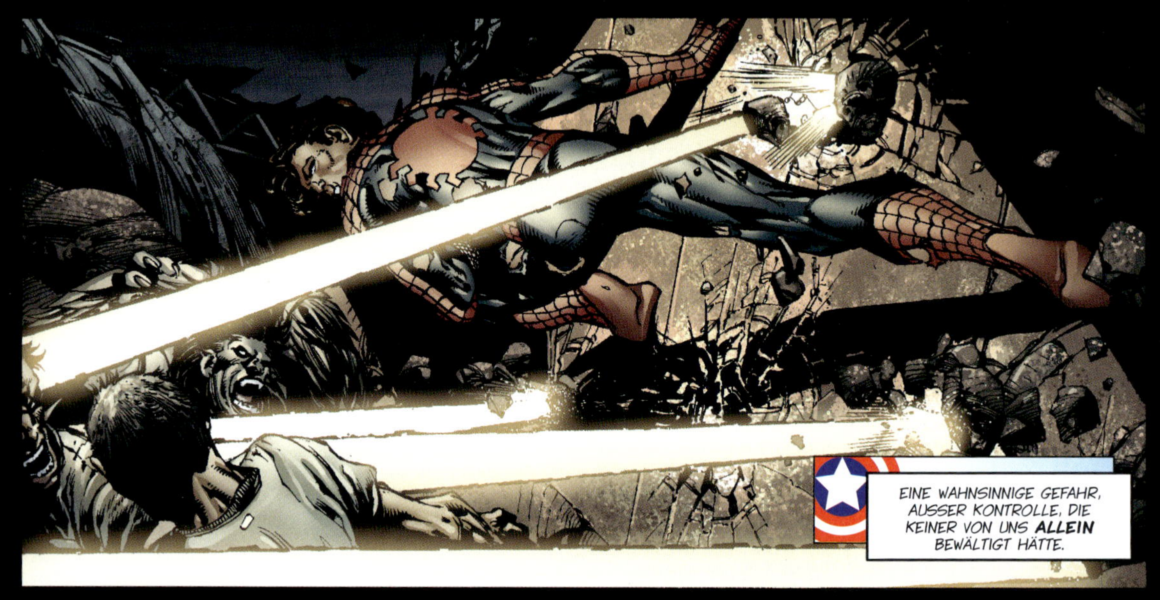
EINE WAHNSINNIGE GEFAHR, AUSSER KONTROLLE, DIE KEINER VON UNS **ALLEIN** BEWÄLTIGT HÄTTE.

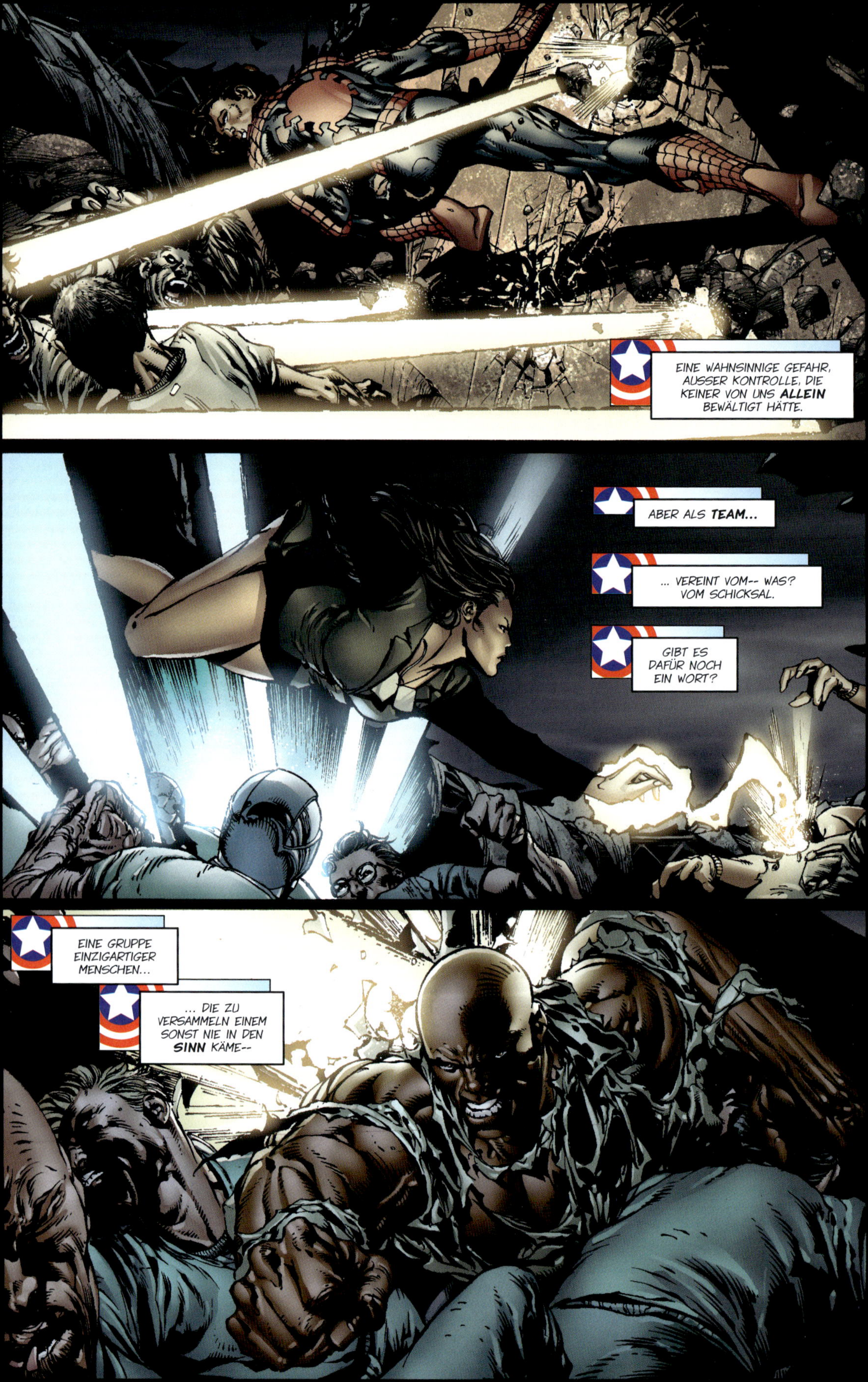

ABER ALS **TEAM**...
... VEREINT VOM-- WAS? VOM SCHICKSAL.
GIBT ES DAFÜR NOCH EIN WORT?
EINE GRUPPE EINZIGARTIGER MENSCHEN...
... DIE ZU VERSAMMELN EINEM SONST NIE IN DEN **SINN** KÄME--

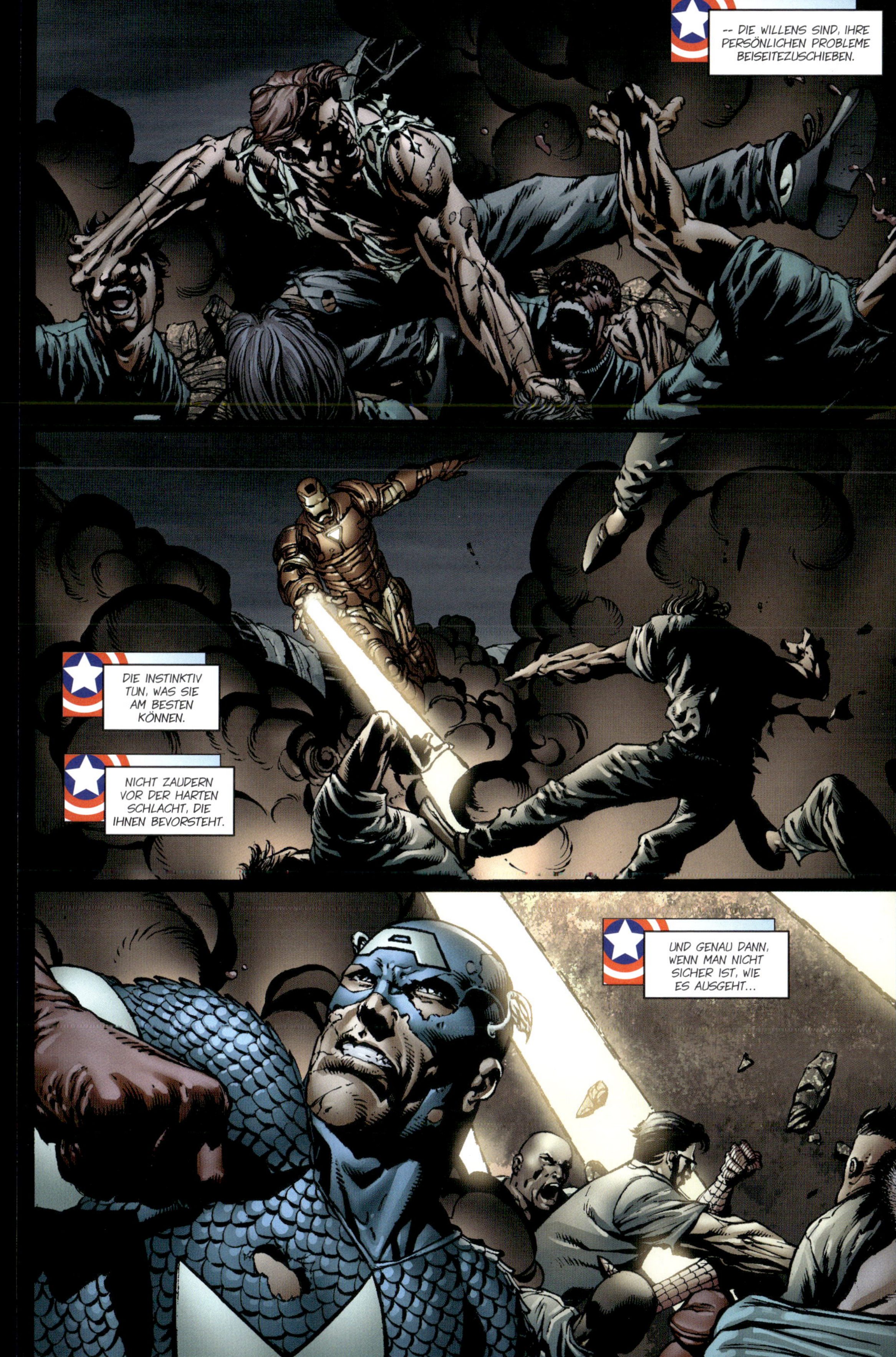
-- DIE WILLENS SIND, IHRE PERSÖNLICHEN PROBLEME BEISEITEZUSCHIEBEN.
DIE INSTINKTIV TUN, WAS SIE AM BESTEN KÖNNEN.
NICHT ZAUDERN VOR DER HARTEN SCHLACHT, DIE IHNEN BEVORSTEHT.
UND GENAU DANN, WENN MAN NICHT SICHER IST, WIE ES AUSGEHT...

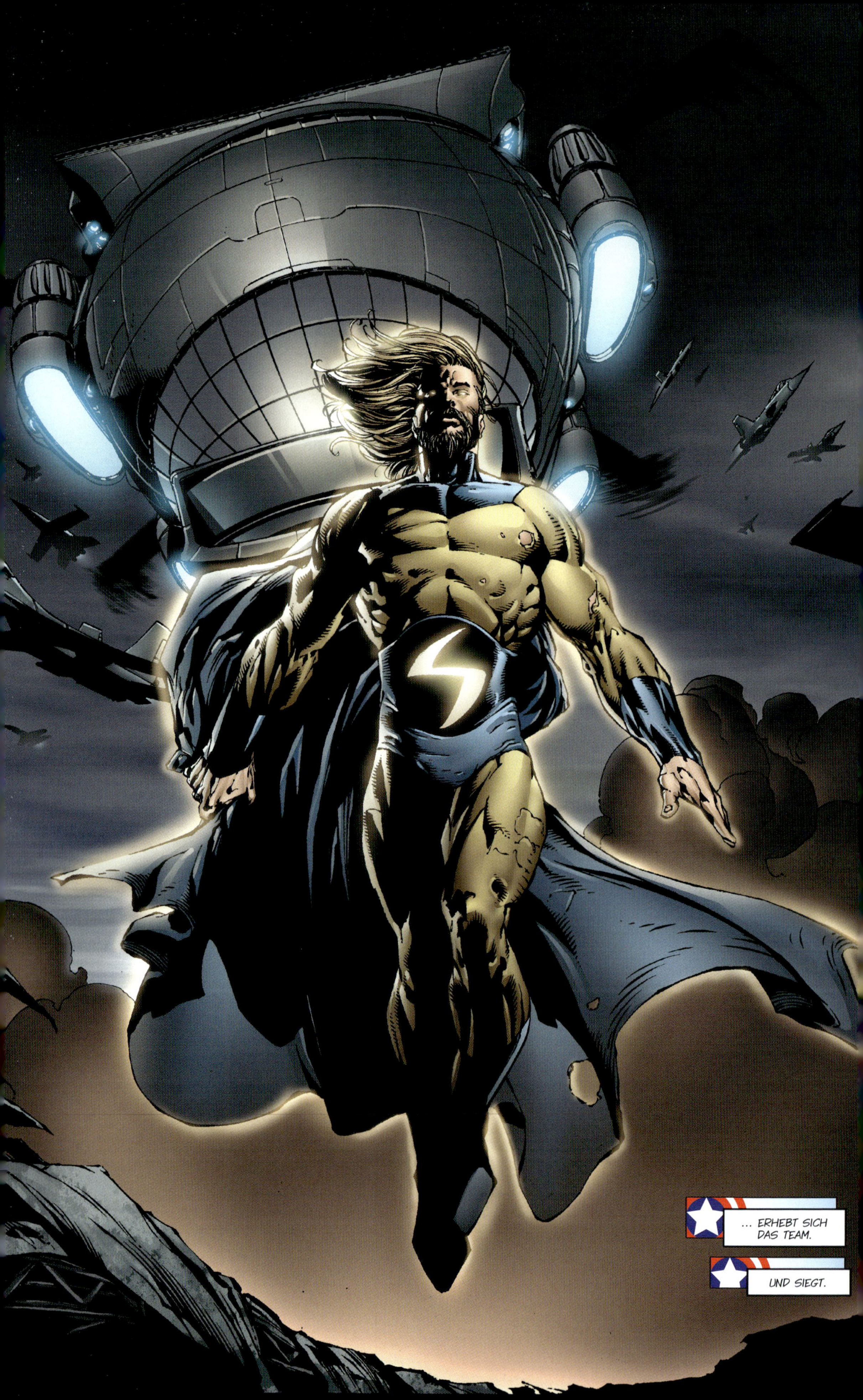
… ERHEBT SICH DAS TEAM.
UND SIEGT.

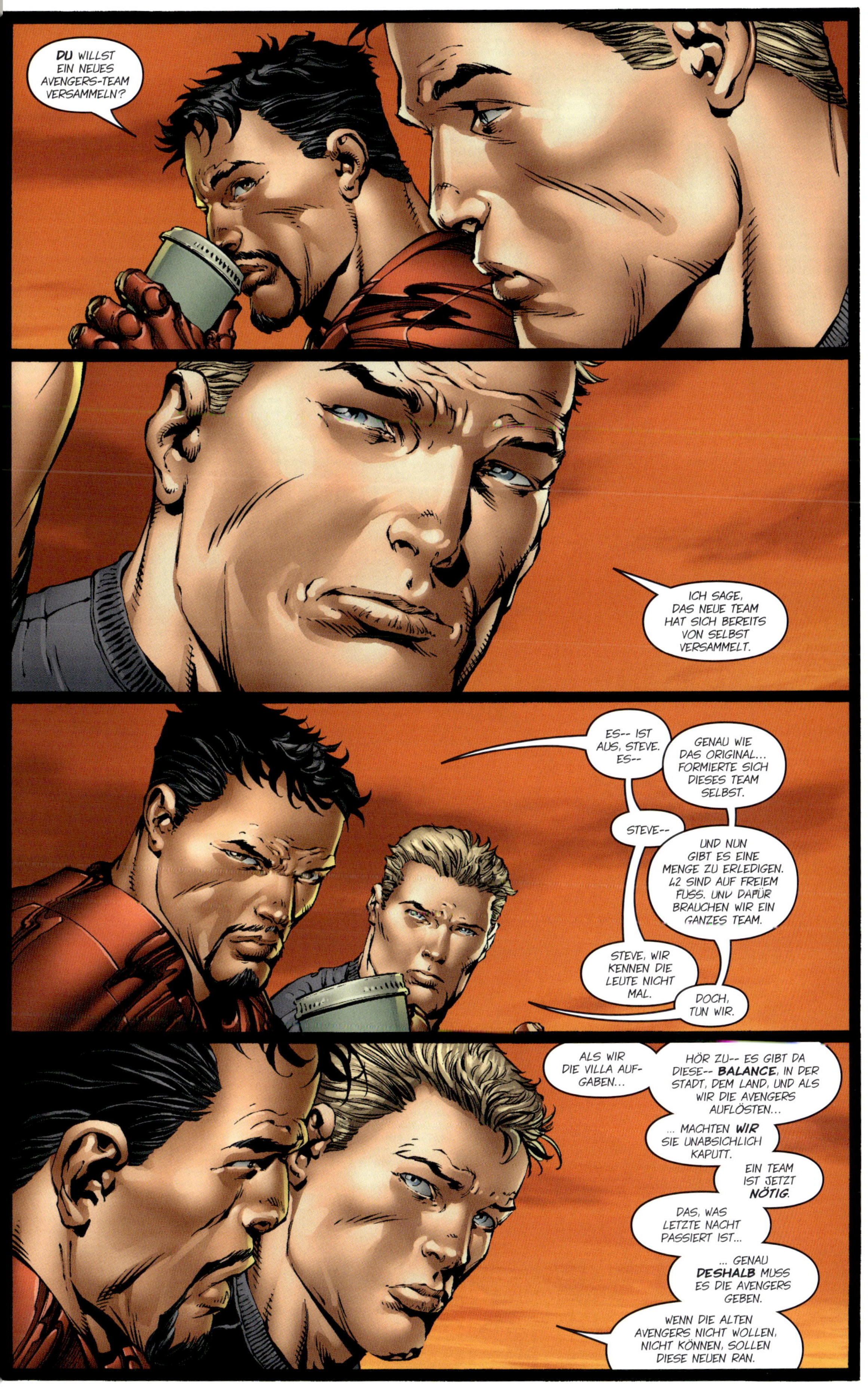
DU WILLST EIN NEUES AVENGERS-TEAM VERSAMMELN?
ICH SAGE, DAS NEUE TEAM HAT SICH BEREITS VON SELBST VERSAMMELT.
ES-- IST AUS, STEVE. ES--
GENAU WIE DAS ORIGINAL... FORMIERTE SICH DIESES TEAM SELBST.
STEVE--
UND NUN GIBT ES EINE MENGE ZU ERLEDIGEN. 42 SIND AUF FREIEM FUSS. UND DAFÜR BRAUCHEN WIR EIN GANZES TEAM.
STEVE, WIR KENNEN DIE LEUTE NICHT MAL.
DOCH, TUN WIR.
ALS WIR DIE VILLA AUFGABEN...
HÖR ZU-- ES GIBT DA DIESE-- **BALANCE**, IN DER STADT, DEM LAND, UND ALS WIR DIE AVENGERS AUFLÖSTEN...
... MACHTEN **WIR** SIE UNABSICHLICH KAPUTT.
EIN TEAM IST JETZT **NÖTIG**.
DAS, WAS LETZTE NACHT PASSIERT IST...
... GENAU **DESHALB** MUSS ES DIE AVENGERS GEBEN.
WENN DIE ALTEN AVENGERS NICHT WOLLEN, NICHT KÖNNEN, SOLLEN DIESE NEUEN RAN.

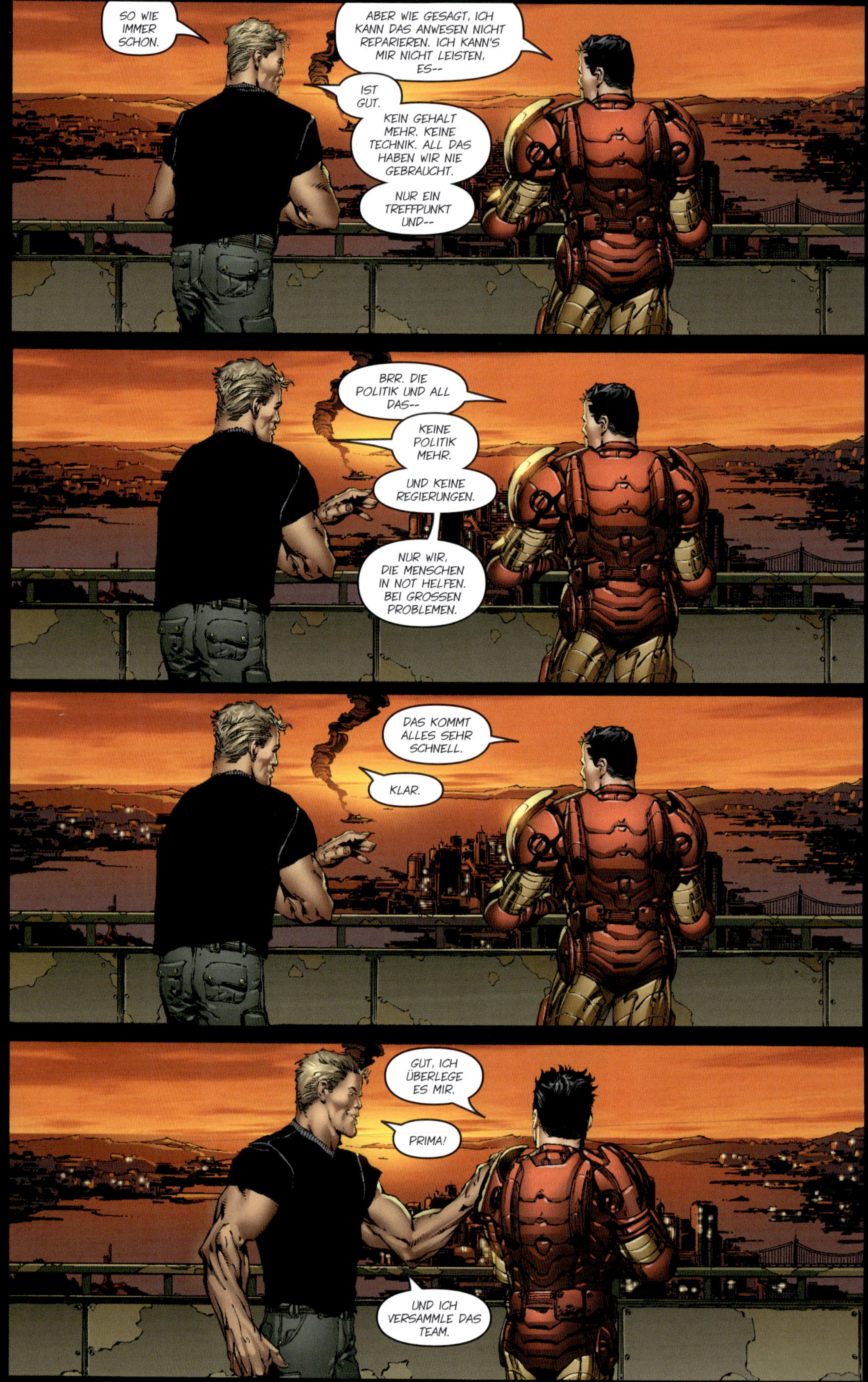
SO WIE IMMER SCHON.
ABER WIE GESAGT, ICH KANN DAS ANWESEN NICHT REPARIEREN. ICH KANN'S MIR NICHT LEISTEN, ES--
IST GUT.
KEIN GEHALT MEHR. KEINE TECHNIK. ALL DAS HABEN WIR NIE GEBRAUCHT.
NUR EIN TREFFPUNKT UND--
BRR. DIE POLITIK UND ALL DAS--
KEINE POLITIK MEHR.
UND KEINE REGIERUNGEN.
NUR WIR, DIE MENSCHEN IN NOT HELFEN. BEI GROSSEN PROBLEMEN.
DAS KOMMT ALLES SEHR SCHNELL.
KLAR.
GUT, ICH ÜBERLEGE ES MIR.
PRIMA!
UND ICH VERSAMMLE DAS TEAM.

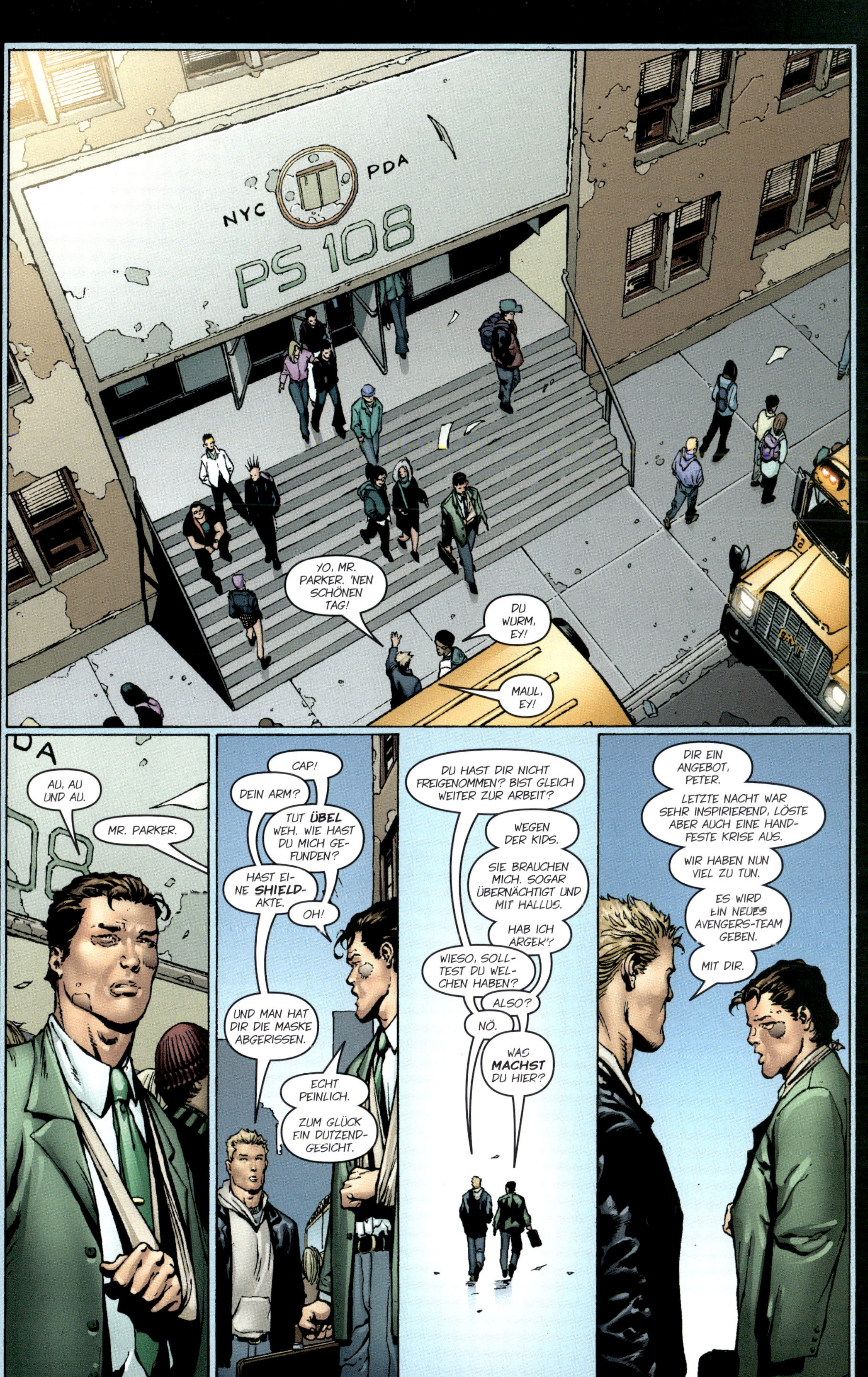
NYC PDA
PS 108
YO, MR. PARKER. 'NEN SCHÖNEN TAG!
DU WURM, EY!
MAUL, EY!
AU, AU UND AU.
MR. PARKER.
CAP!
DEIN ARM?
TUT **ÜBEL** WEH. WIE HAST DU MICH GEFUNDEN?
HAST EINE **SHIELD**-AKTE.
OH!
UND MAN HAT DIR DIE MASKE ABGERISSEN.
ECHT PEINLICH.
ZUM GLÜCK EIN DUTZENDGESICHT.
DU HAST DIR NICHT FREIGENOMMEN? BIST GLEICH WEITER ZUR ARBEIT?
WEGEN DER KIDS.
SIE BRAUCHEN MICH. SOGAR ÜBERNÄCHTIGT UND MIT HALLUS.
HAB ICH ÄRGER?
WIESO, SOLLTEST DU WELCHEN HABEN?
ALSO?
NÖ.
WAS **MACHST** DU HIER?
DIR EIN ANGEBOT, PETER.
LETZTE NACHT WAR SEHR INSPIRIEREND, LÖSTE ABER AUCH EINE HANDFESTE KRISE AUS.
WIR HABEN NUN VIEL ZU TUN.
ES WIRD EIN NEUES AVENGERS-TEAM GEBEN.
MIT DIR.

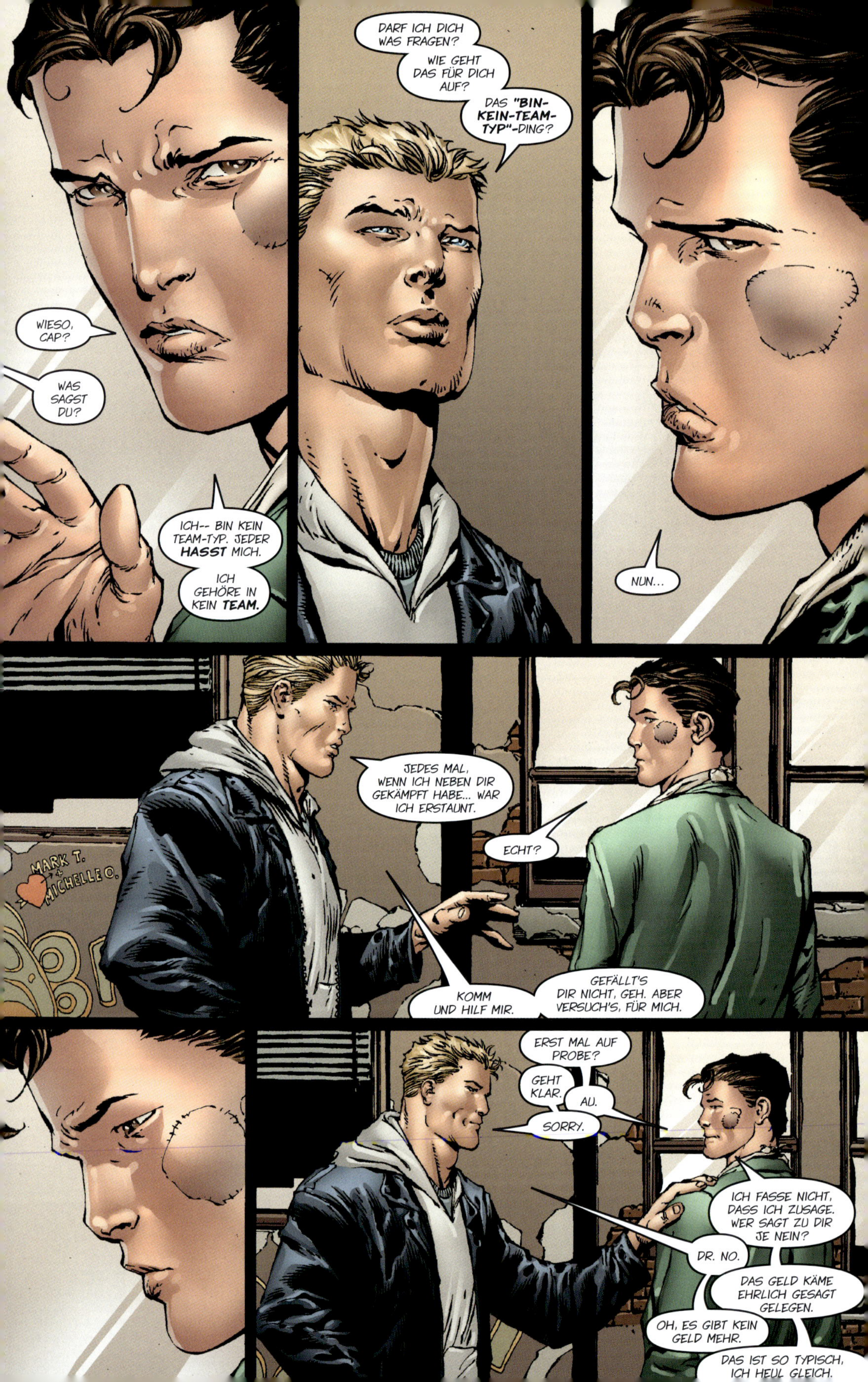
WIESO, CAP?
WAS SAGST DU?
DARF ICH DICH WAS FRAGEN?
WIE GEHT DAS FÜR DICH AUF?
DAS "BIN-KEIN-TEAM-TYP"-DING?
ICH-- BIN KEIN TEAM-TYP. JEDER HASST MICH.
ICH GEHÖRE IN KEIN TEAM.
NUN...
JEDES MAL, WENN ICH NEBEN DIR GEKÄMPFT HABE... WAR ICH ERSTAUNT.
ECHT?
MARK T. + MICHELLE O.
KOMM UND HILF MIR.
GEFÄLLT'S DIR NICHT, GEH. ABER VERSUCH'S, FÜR MICH.
ERST MAL AUF PROBE?
GEHT KLAR.
AU.
SORRY.
ICH FASSE NICHT, DASS ICH ZUSAGE. WER SAGT ZU DIR JE NEIN?
DR. NO.
DAS GELD KÄME EHRLICH GESAGT GELEGEN.
OH, ES GIBT KEIN GELD MEHR.
DAS IST SO TYPISCH, ICH HEUL GLEICH.

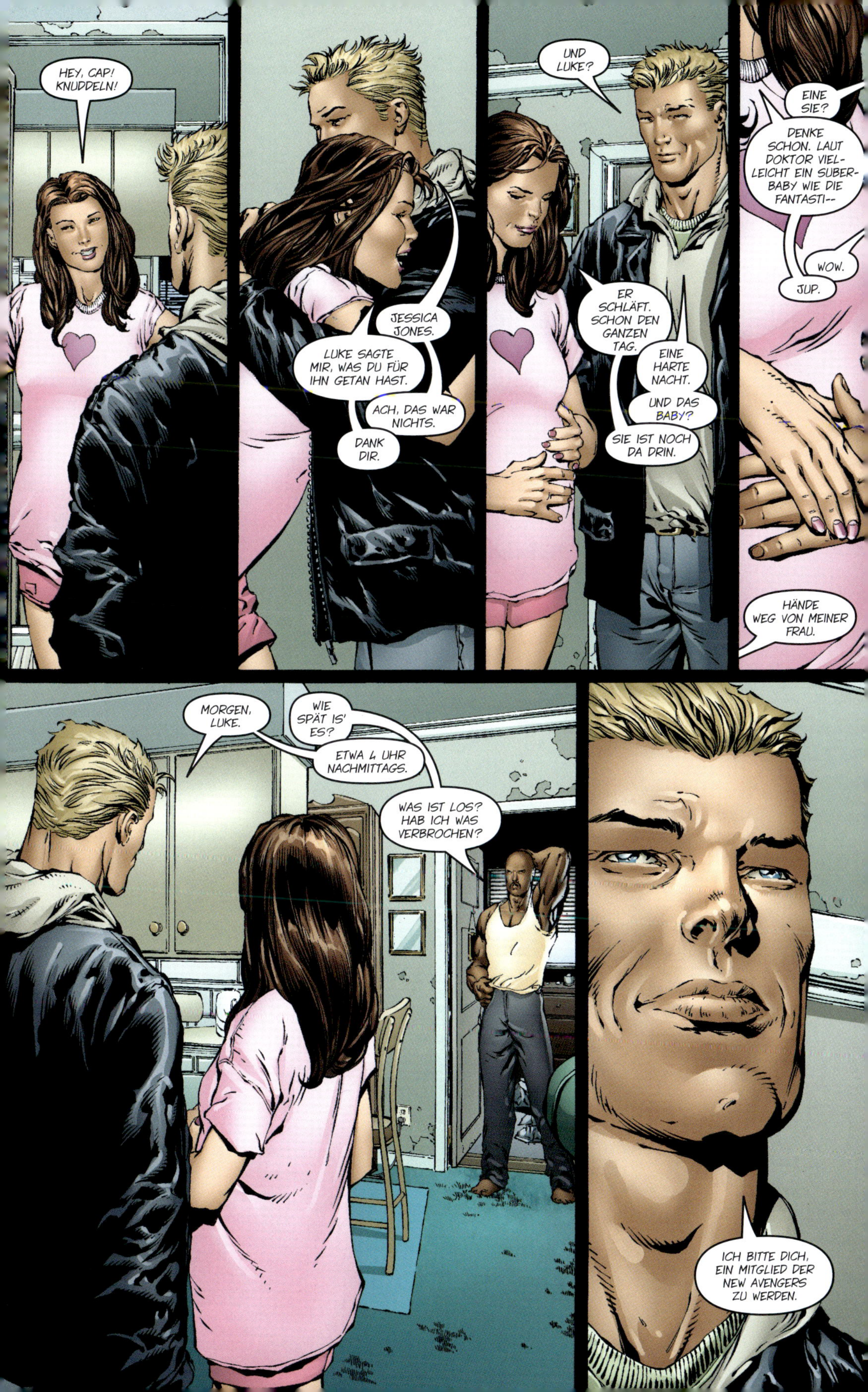

HEY, CAP! KNUDDELN!

JESSICA JONES.

LUKE SAGTE MIR, WAS DU FÜR IHN GETAN HAST.

ACH, DAS WAR NICHTS.

DANK DIR.

UND LUKE?

ER SCHLÄFT. SCHON DEN GANZEN TAG.

EINE HARTE NACHT.

UND DAS BABY?

SIE IST NOCH DA DRIN.

EINE SIE?

DENKE SCHON. LAUT DOKTOR VIELLEICHT EIN SUBER-BABY WIE DIE FANTASTI--

WOW.

JUP.

HÄNDE WEG VON MEINER FRAU.

MORGEN, LUKE.

WIE SPÄT IS' ES?

ETWA 4 UHR NACHMITTAGS.

WAS IST LOS? HAB ICH WAS VERBROCHEN?

ICH BITTE DICH, EIN MITGLIED DER NEW AVENGERS ZU WERDEN.

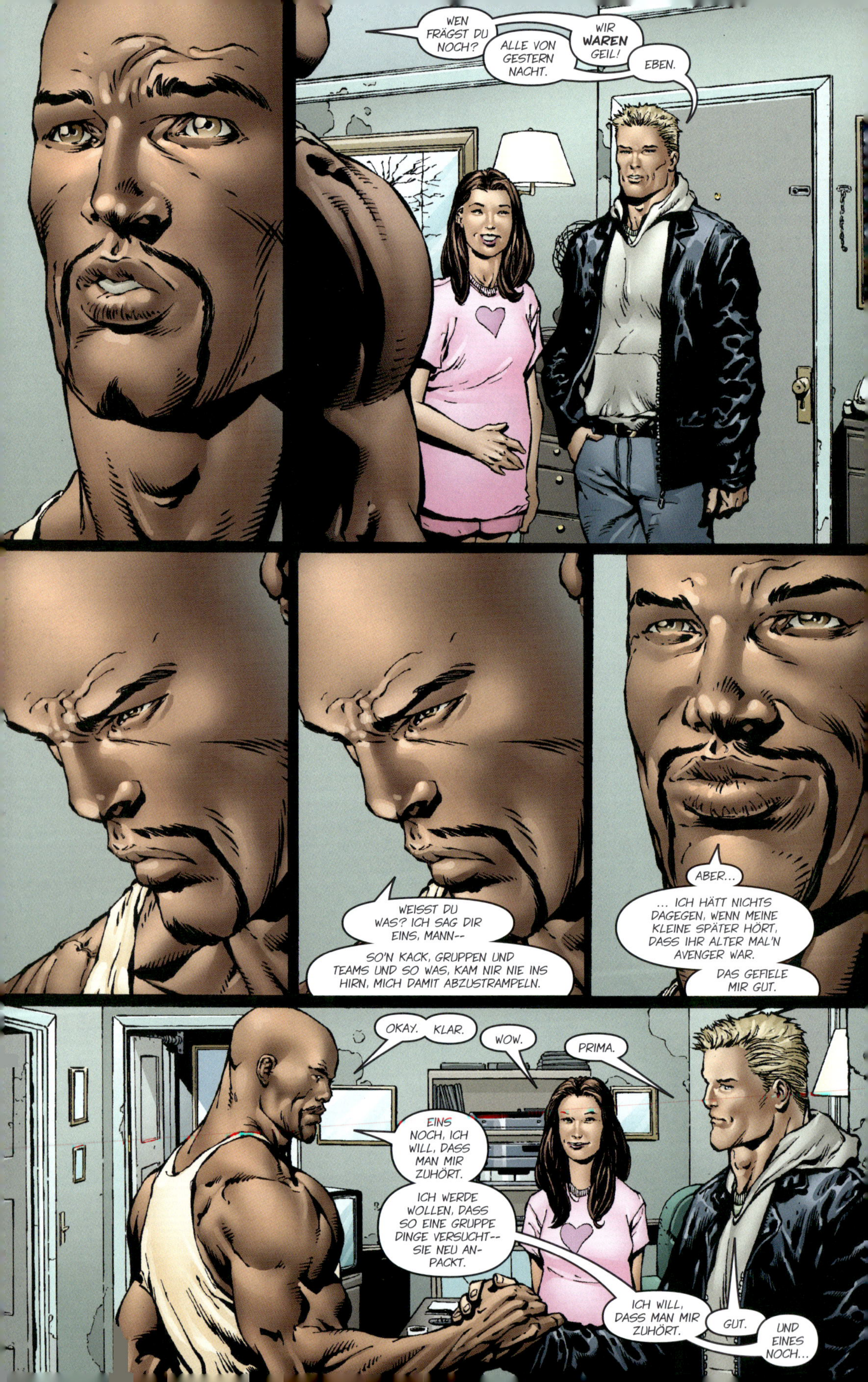

WEN FRÄGST DU NOCH?
ALLE VON GESTERN NACHT.
WIR WAREN GEIL!
EBEN.
WEISST DU WAS? ICH SAG DIR EINS, MANN--
SO'N KACK, GRUPPEN UND TEAMS UND SO WAS, KAM NIR NIE INS HIRN, MICH DAMIT ABZUSTRAMPELN.
ABER...
... ICH HÄTT NICHTS DAGEGEN, WENN MEINE KLEINE SPÄTER HÖRT, DASS IHR ALTER MAL'N AVENGER WAR.
DAS GEFIELE MIR GUT.
OKAY.
KLAR.
WOW.
PRIMA.
EINS NOCH, ICH WILL, DASS MAN MIR ZUHÖRT.
ICH WERDE WOLLEN, DASS SO EINE GRUPPE DINGE VERSUCHT-- SIE NEU ANPACKT.
ICH WILL, DASS MAN MIR ZUHÖRT.
GUT.
UND EINES NOCH...

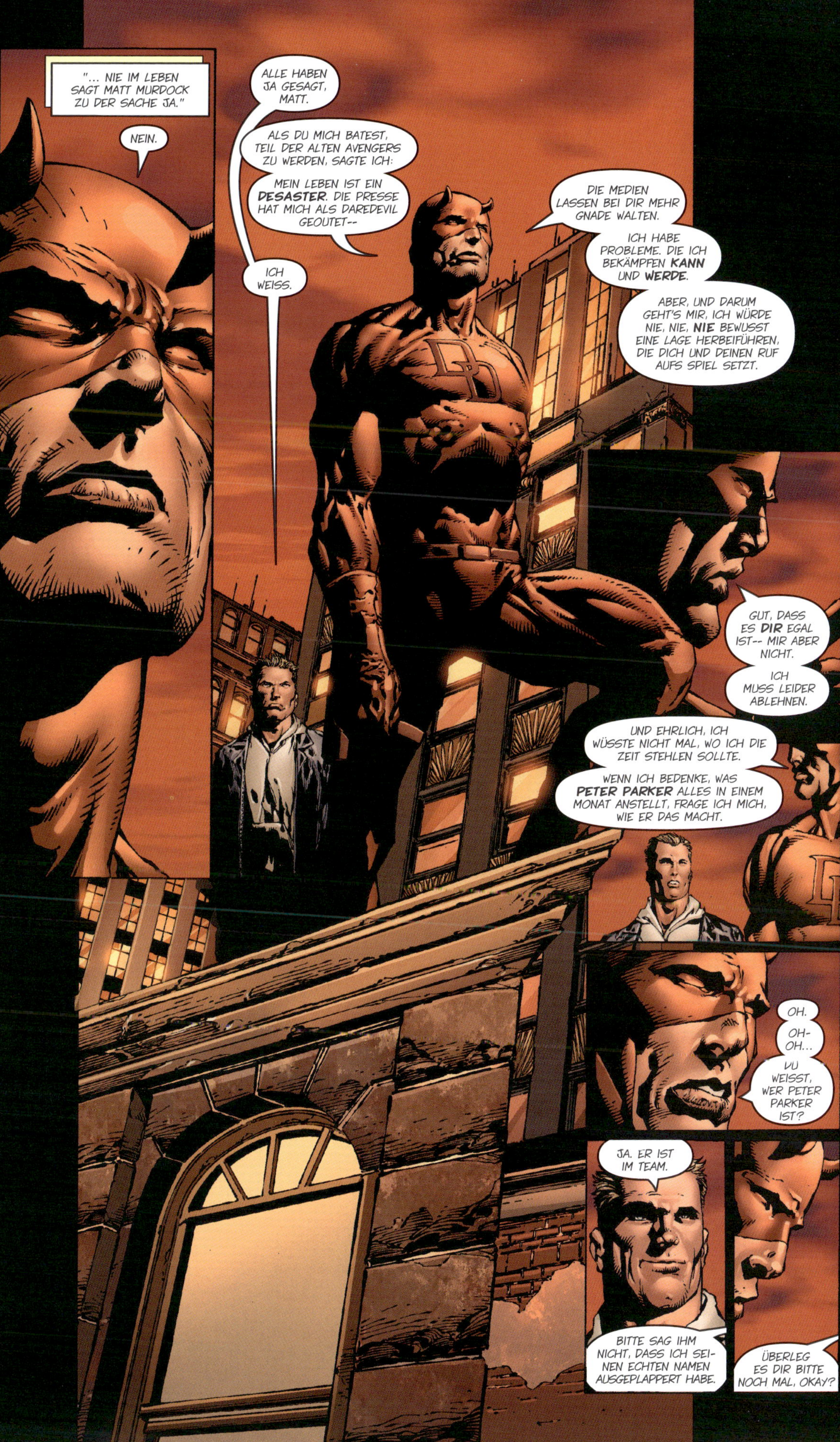
"... NIE IM LEBEN SAGT MATT MURDOCK ZU DER SACHE JA."
NEIN.
ALLE HABEN JA GESAGT, MATT.
ALS DU MICH BATEST, TEIL DER ALTEN AVENGERS ZU WERDEN, SAGTE ICH:
MEIN LEBEN IST EIN DESASTER. DIE PRESSE HAT MICH ALS DAREDEVIL GEOUTET--
ICH WEISS.
DIE MEDIEN LASSEN BEI DIR MEHR GNADE WALTEN.
ICH HABE PROBLEME. DIE ICH BEKÄMPFEN KANN UND WERDE.
ABER, UND DARUM GEHT'S MIR, ICH WÜRDE NIE, NIE, NIE BEWUSST EINE LAGE HERBEIFÜHREN, DIE DICH UND DEINEN RUF AUFS SPIEL SETZT.
GUT, DASS ES DIR EGAL IST-- MIR ABER NICHT.
ICH MUSS LEIDER ABLEHNEN.
UND EHRLICH, ICH WÜSSTE NICHT MAL, WO ICH DIE ZEIT STEHLEN SOLLTE.
WENN ICH BEDENKE, WAS PETER PARKER ALLES IN EINEM MONAT ANSTELLT, FRAGE ICH MICH, WIE ER DAS MACHT.
OH.
OH-OH...
DU WEISST, WER PETER PARKER IST?
JA. ER IST IM TEAM.
BITTE SAG IHM NICHT, DASS ICH SEINEN ECHTEN NAMEN AUSGEPLAPPERT HABE.
ÜBERLEG ES DIR BITTE NOCH MAL, OKAY?

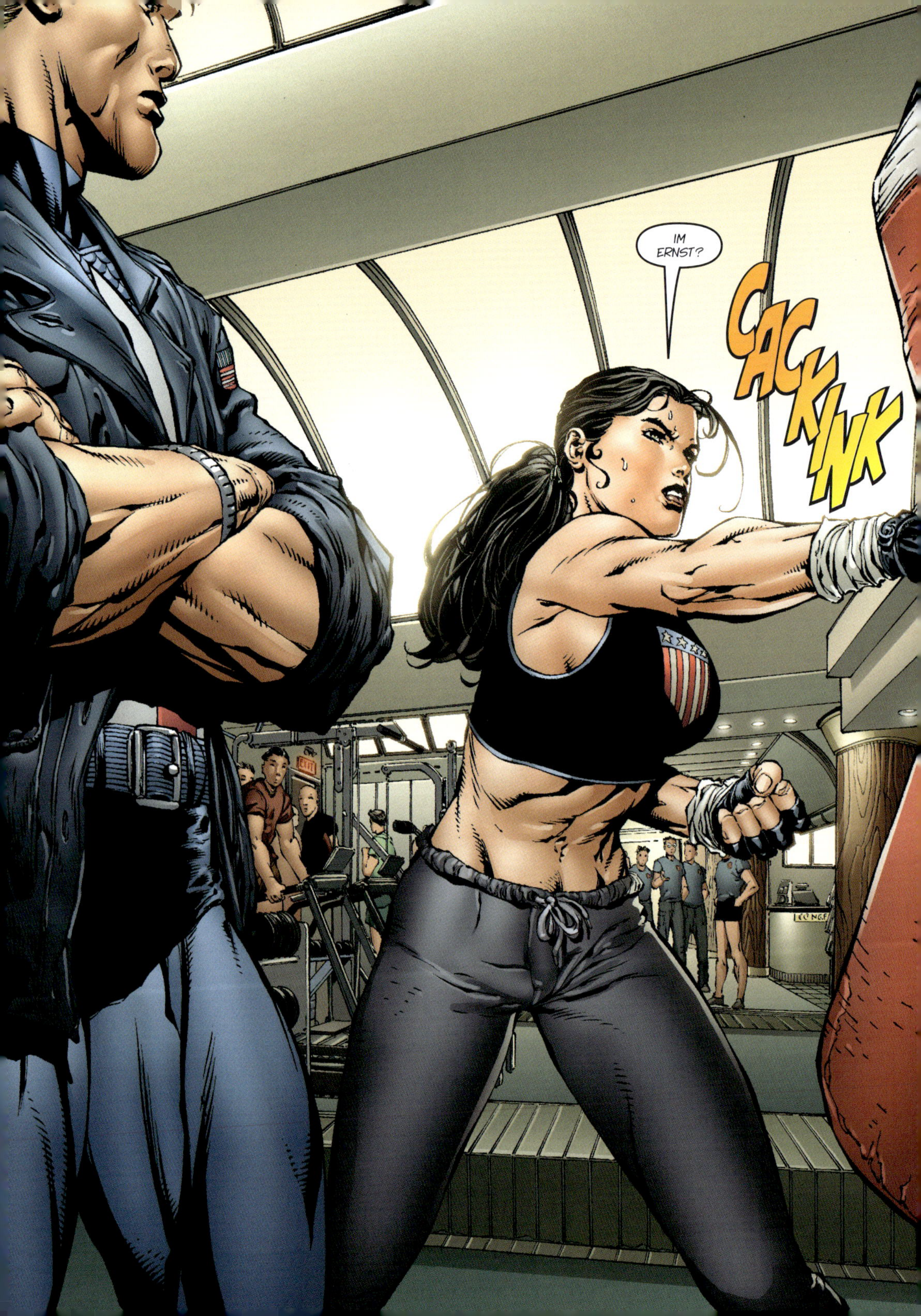
IM ERNST?
CACKINK

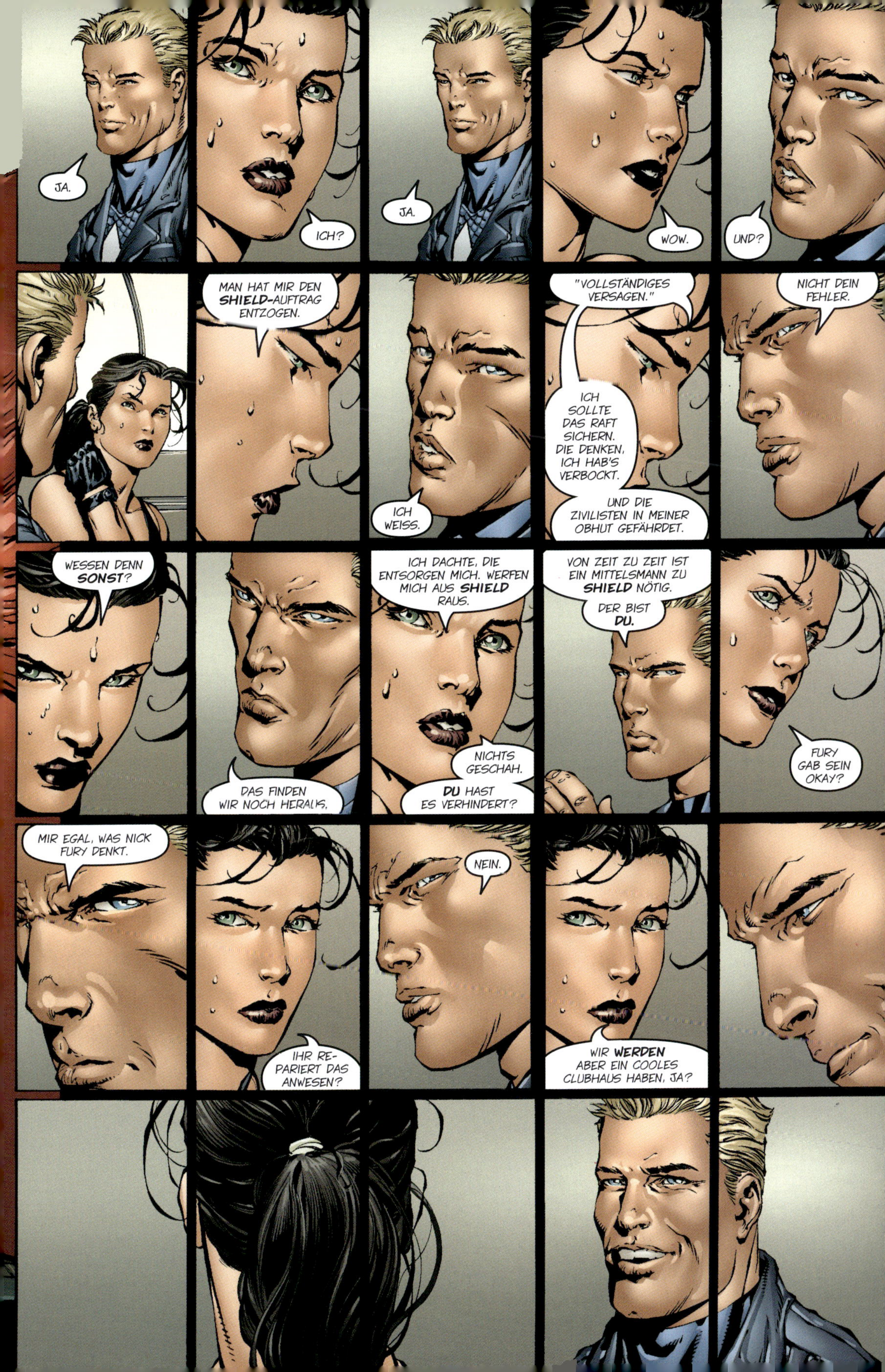
JA.
ICH?
JA.
WOW.
UND?
MAN HAT MIR DEN SHIELD-AUFTRAG ENTZOGEN.
ICH WEISS.
"VOLLSTÄNDIGES VERSAGEN."
ICH SOLLTE DAS RAFT SICHERN. DIE DENKEN, ICH HAB'S VERBOCKT.
UND DIE ZIVILISTEN IN MEINER OBHUT GEFÄHRDET.
NICHT DEIN FEHLER.
WESSEN DENN SONST?
DAS FINDEN WIR NOCH HERAUS.
ICH DACHTE, DIE ENTSORGEN MICH. WERFEN MICH AUS SHIELD RAUS.
NICHTS GESCHAH.
DU HAST ES VERHINDERT?
VON ZEIT ZU ZEIT IST EIN MITTELSMANN ZU SHIELD NÖTIG.
DER BIST DU.
FURY GAB SEIN OKAY?
MIR EGAL, WAS NICK FURY DENKT.
IHR REPARIERT DAS ANWESEN?
NEIN.
WIR WERDEN ABER EIN COOLES CLUBHAUS HABEN, JA?

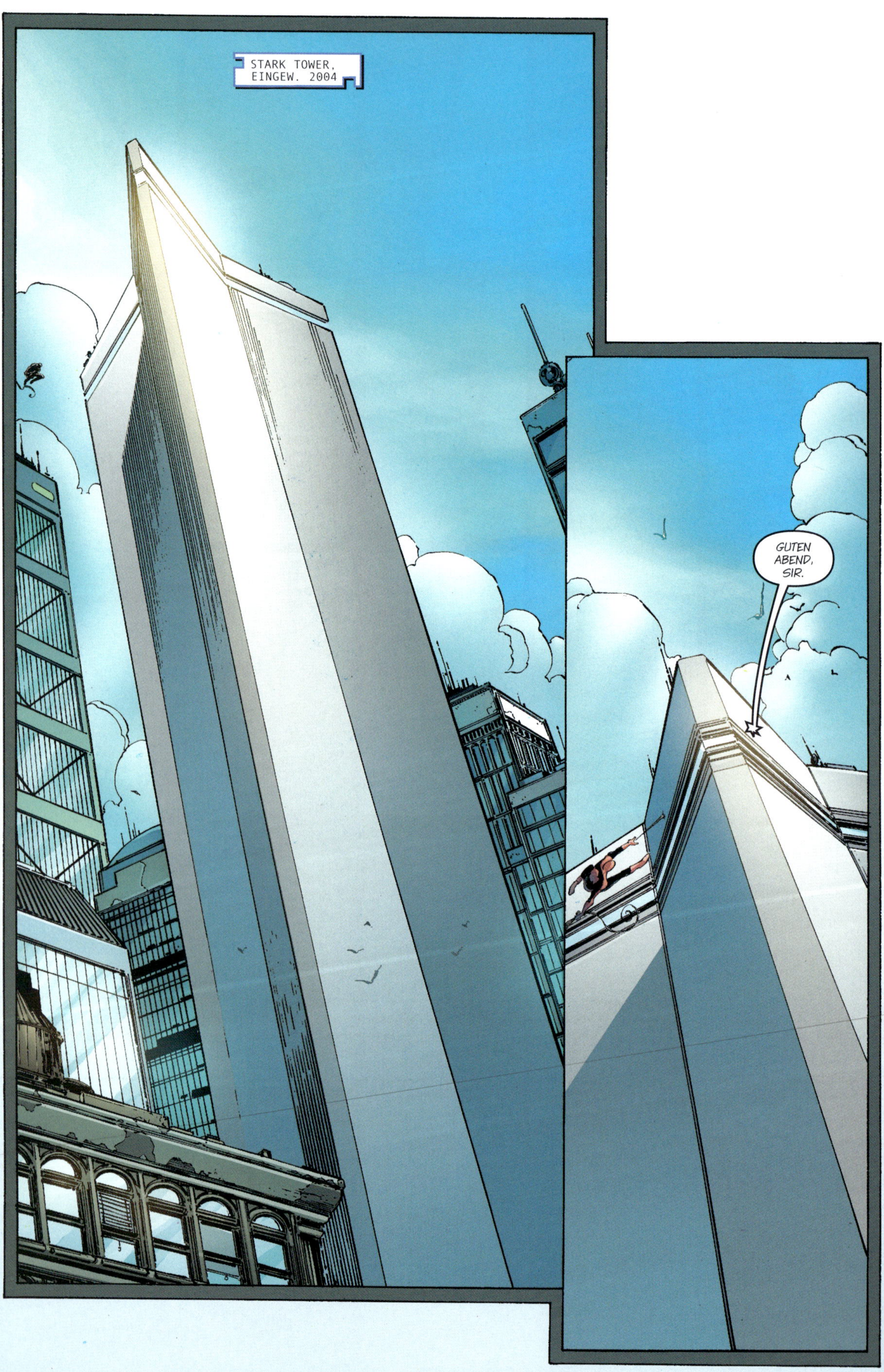
STARK TOWER,
EINGEW. 2004
GUTEN ABEND, SIR.

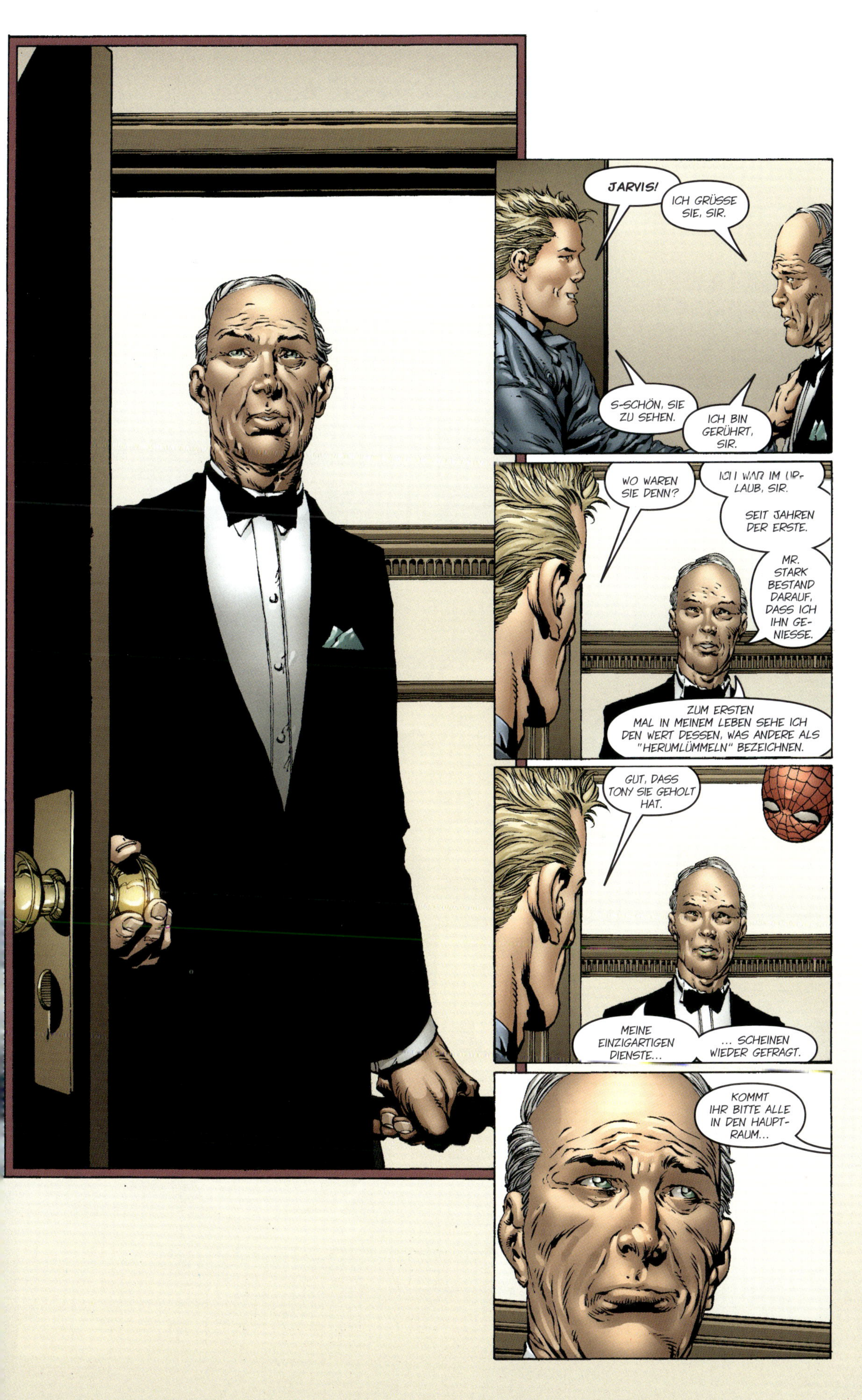
JARVIS!
ICH GRÜSSE SIE, SIR.
S-SCHÖN, SIE ZU SEHEN.
ICH BIN GERÜHRT, SIR.
WO WAREN SIE DENN?
ICH WAR IM UR-LAUB, SIR.
SEIT JAHREN DER ERSTE.
MR. STARK BESTAND DARAUF, DASS ICH IHN GE-NIESSE.
ZUM ERSTEN MAL IN MEINEM LEBEN SEHE ICH DEN WERT DESSEN, WAS ANDERE ALS "HERUMLÜMMELN" BEZEICHNEN.
GUT, DASS TONY SIE GEHOLT HAT.
MEINE EINZIGARTIGEN DIENSTE...
... SCHEINEN WIEDER GEFRAGT.
KOMMT IHR BITTE ALLE IN DEN HAUPT-RAUM...

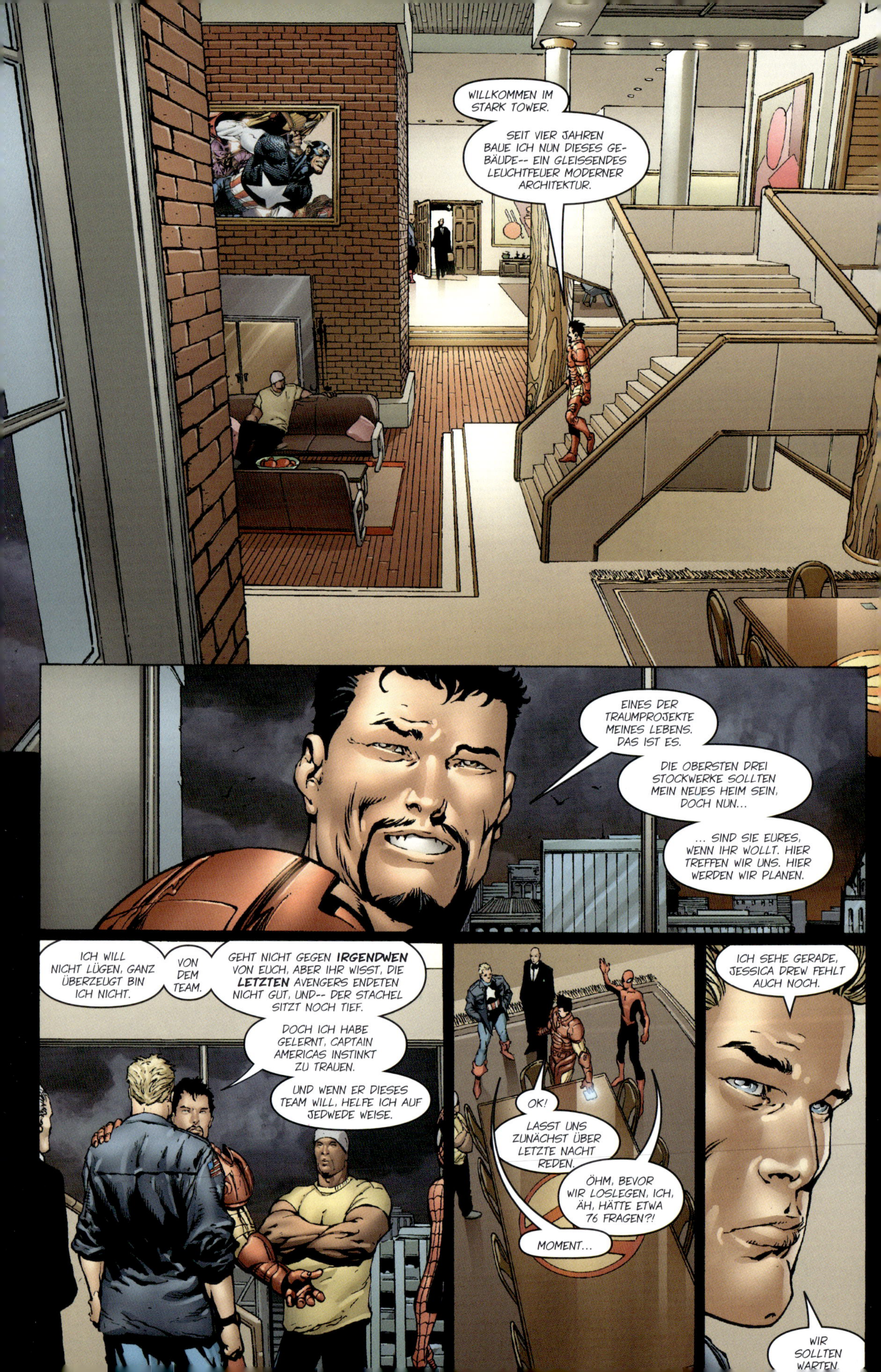
WILLKOMMEN IM STARK TOWER.
SEIT VIER JAHREN BAUE ICH NUN DIESES GEBÄUDE-- EIN GLEISSENDES LEUCHTFEUER MODERNER ARCHITEKTUR.
EINES DER TRAUMPROJEKTE MEINES LEBENS. DAS IST ES.
DIE OBERSTEN DREI STOCKWERKE SOLLTEN MEIN NEUES HEIM SEIN, DOCH NUN...
... SIND SIE EURES, WENN IHR WOLLT. HIER TREFFEN WIR UNS. HIER WERDEN WIR PLANEN.
ICH WILL NICHT LÜGEN, GANZ ÜBERZEUGT BIN ICH NICHT.
VON DEM TEAM.
GEHT NICHT GEGEN **IRGENDWEN** VON EUCH, ABER IHR WISST, DIE **LETZTEN** AVENGERS ENDETEN NICHT GUT, UND-- DER STACHEL SITZT NOCH TIEF.
DOCH ICH HABE GELERNT, CAPTAIN AMERICAS INSTINKT ZU TRAUEN.
UND WENN ER DIESES TEAM WILL, HELFE ICH AUF JEDWEDE WEISE.
OK!
LASST UNS ZUNÄCHST ÜBER LETZTE NACHT REDEN.
ÖHM, BEVOR WIR LOSLEGEN, ICH, ÄH, HÄTTE ETWA 76 FRAGEN?!
MOMENT...
ICH SEHE GERADE, JESSICA DREW FEHLT AUCH NOCH.
WIR SOLLTEN WARTEN.

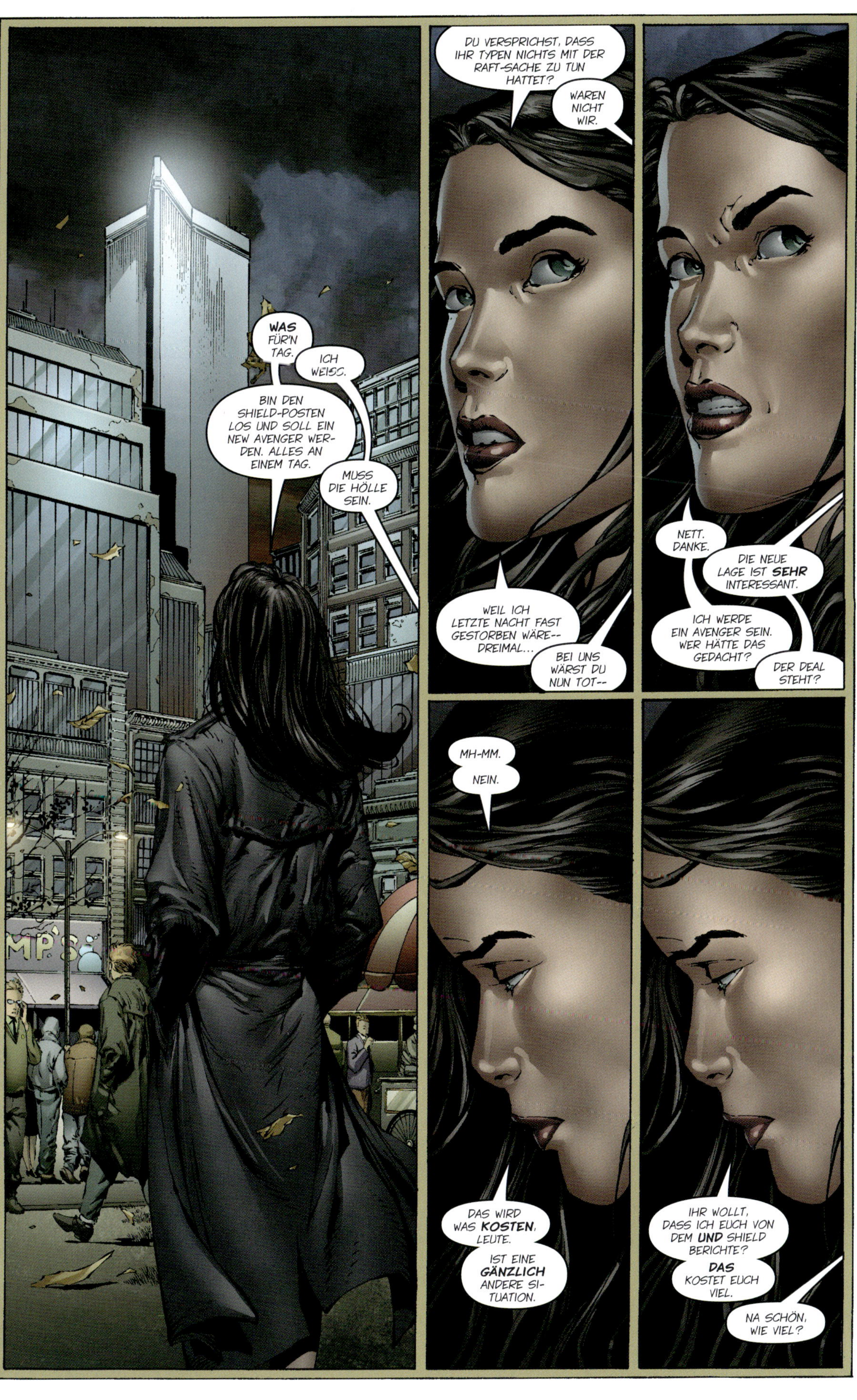

WAS FÜR'N TAG.
ICH WEISS.
BIN DEN SHIELD-POSTEN LOS UND SOLL EIN NEW AVENGER WERDEN. ALLES AN EINEM TAG.
MUSS DIE HÖLLE SEIN.
DU VERSPRICHST, DASS IHR TYPEN NICHTS MIT DER RAFT-SACHE ZU TUN HATTET?
WAREN NICHT WIR.
WEIL ICH LETZTE NACHT FAST GESTORBEN WÄRE--DREIMAL...
BEI UNS WÄRST DU NUN TOT--
NETT. DANKE.
DIE NEUE LAGE IST SEHR INTERESSANT.
ICH WERDE EIN AVENGER SEIN. WER HÄTTE DAS GEDACHT?
DER DEAL STEHT?
MH-MM.
NEIN.
DAS WIRD WAS KOSTEN, LEUTE.
IST EINE GÄNZLICH ANDERE SITUATION.
IHR WOLLT, DASS ICH EUCH VON DEM UND SHIELD BERICHTE?
DAS KOSTET EUCH VIEL.
NA SCHÖN, WIE VIEL?

AUSBRUCH, TEIL 4

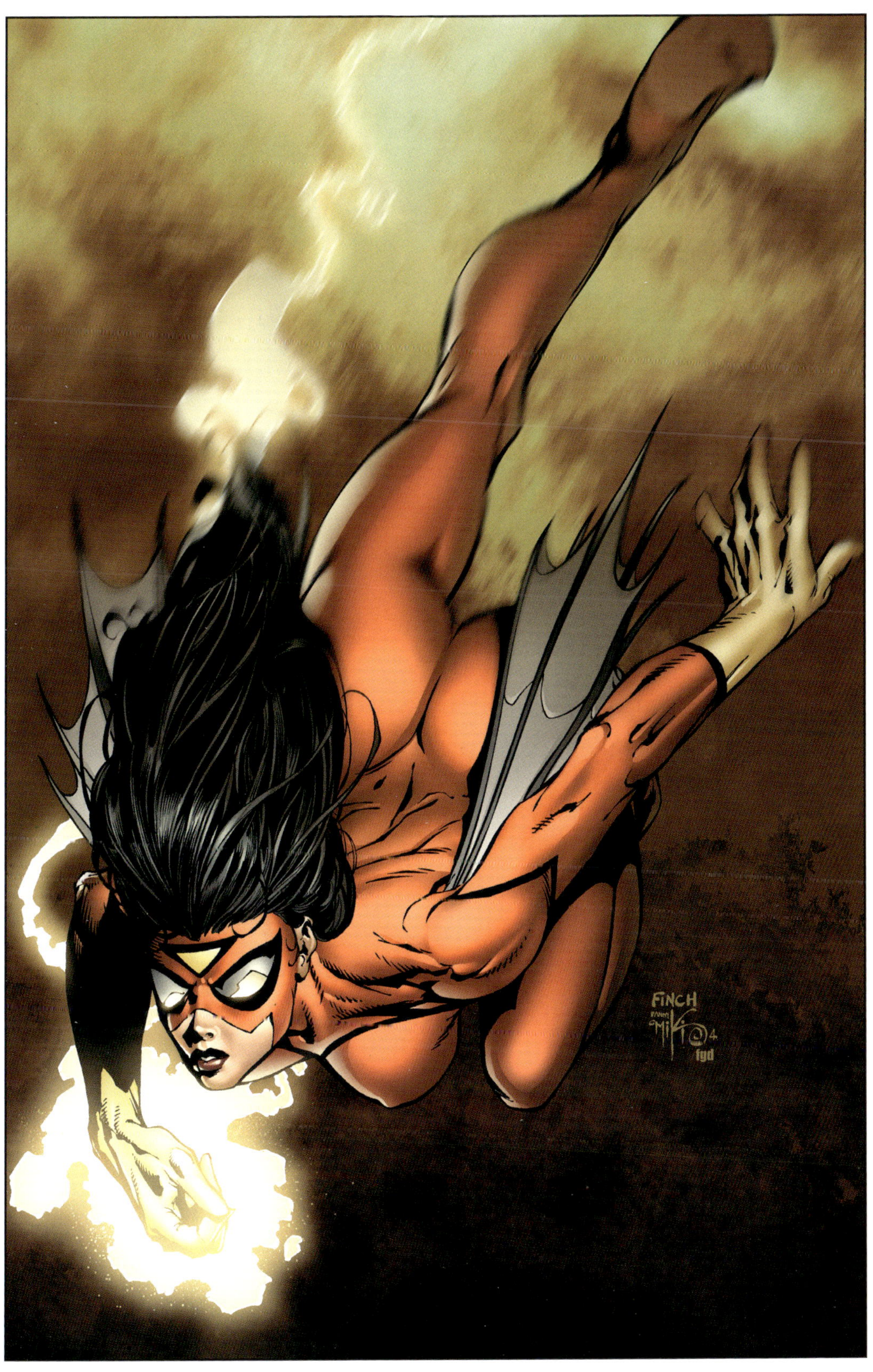

New Avengers (2005) 4
Cover von **DAVID FINCH**

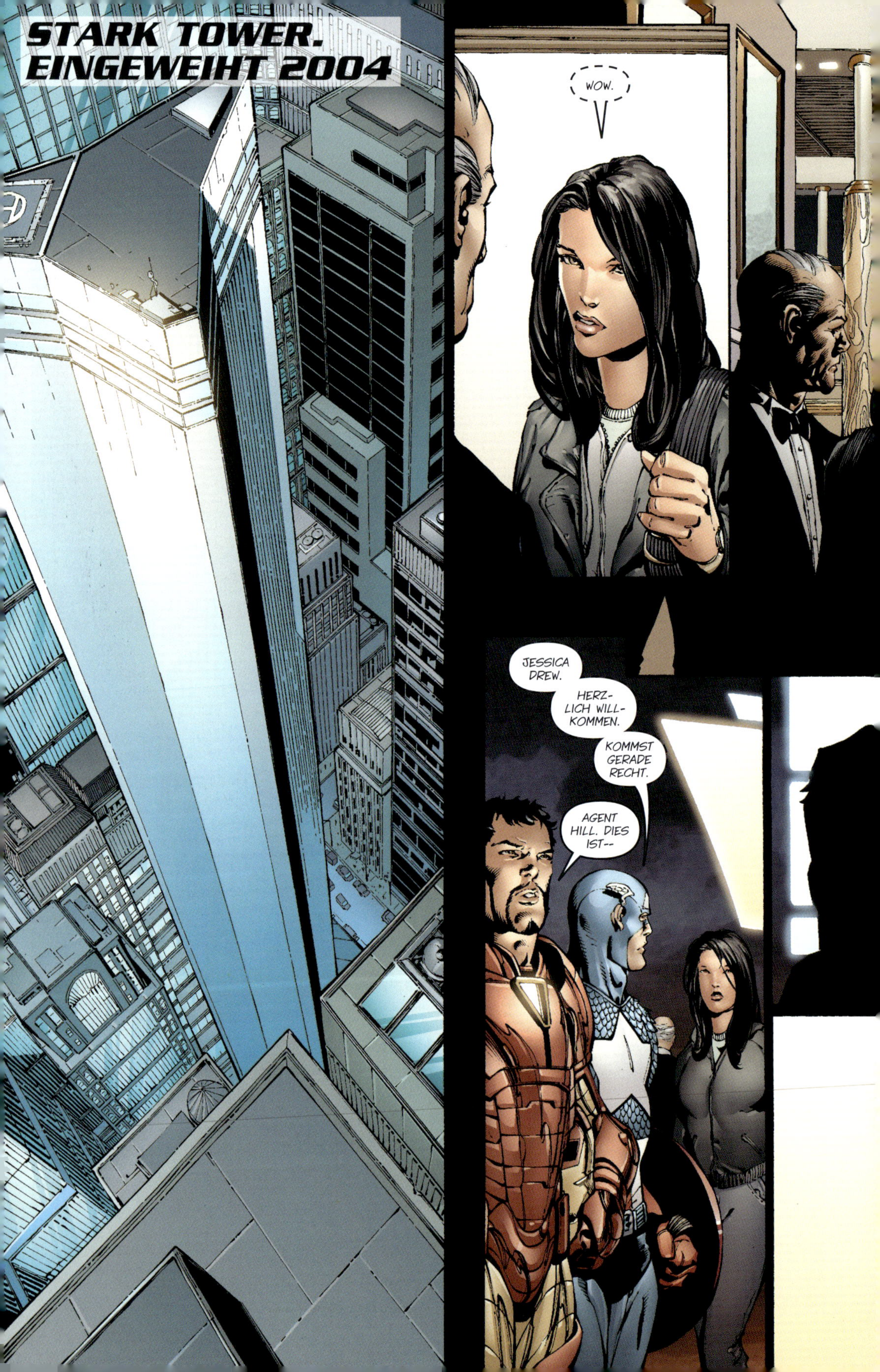
STARK TOWER.
EINGEWEIHT 2004
WOW.
JESSICA DREW.
HERZLICH WILLKOMMEN.
KOMMST GERADE RECHT.
AGENT HILL. DIES IST--

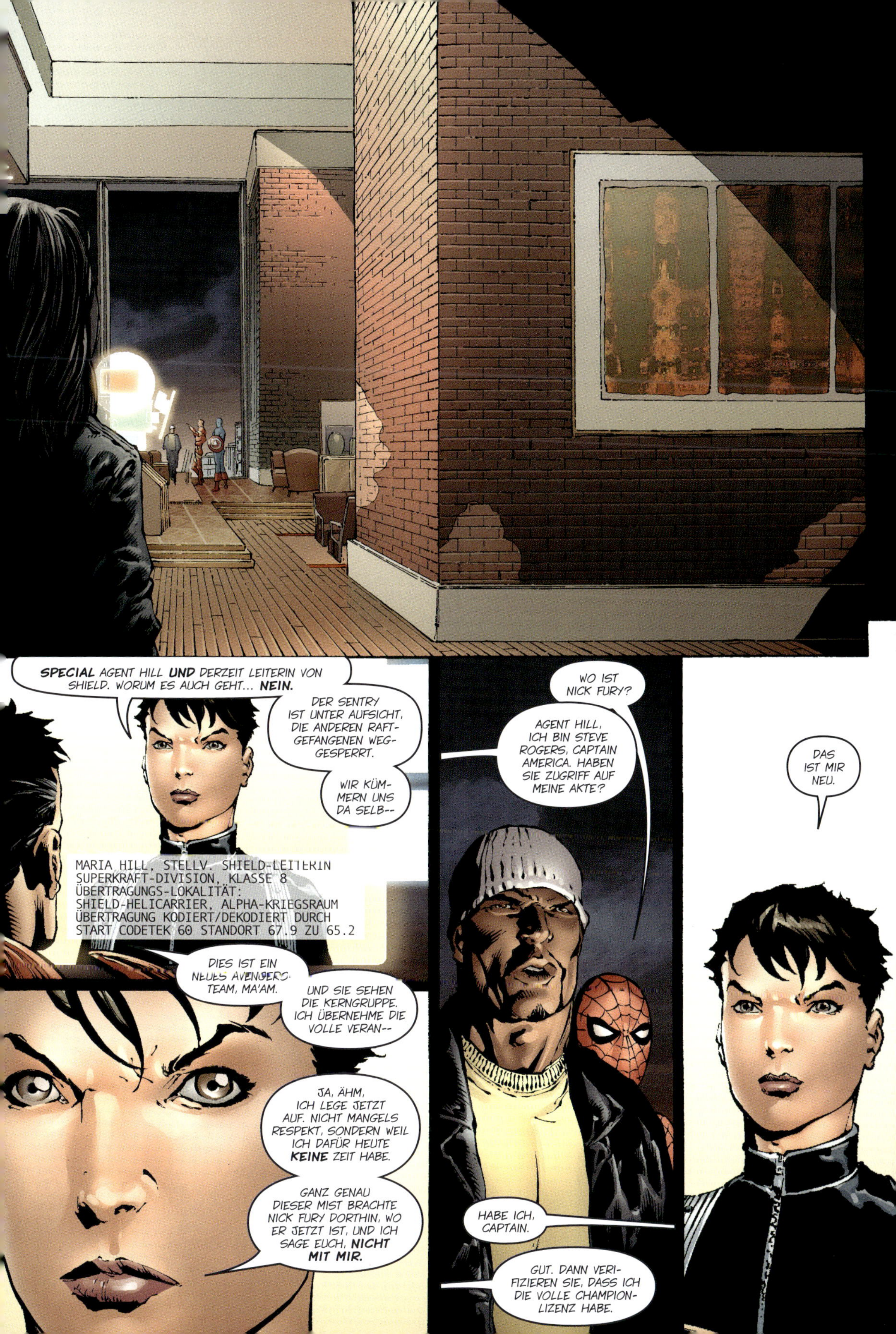
SPECIAL AGENT HILL UND DERZEIT LEITERIN VON SHIELD. WORUM ES AUCH GEHT... NEIN.
DER SENTRY IST UNTER AUFSICHT, DIE ANDEREN RAFT-GEFANGENEN WEG-GESPERRT.
WIR KÜM-MERN UNS DA SELB--
MARIA HILL, STELLV. SHIELD-LEITERIN
SUPERKRAFT-DIVISION, KLASSE 8
ÜBERTRAGUNGS-LOKALITÄT:
SHIELD-HELICARRIER, ALPHA-KRIEGSRAUM
ÜBERTRAGUNG KODIERT/DEKODIERT DURCH
START CODETEK 60 STANDORT 67.9 ZU 65.2
DIES IST EIN NEUES AVENGERS-TEAM, MA'AM.
UND SIE SEHEN DIE KERNGRUPPE. ICH ÜBERNEHME DIE VOLLE VERAN--
JA, ÄHM, ICH LEGE JETZT AUF. NICHT MANGELS RESPEKT, SONDERN WEIL ICH DAFÜR HEUTE KEINE ZEIT HABE.
GANZ GENAU DIESER MIST BRACHTE NICK FURY DORTHIN, WO ER JETZT IST, UND ICH SAGE EUCH, NICHT MIT MIR.
WO IST NICK FURY?
AGENT HILL, ICH BIN STEVE ROGERS, CAPTAIN AMERICA. HABEN SIE ZUGRIFF AUF MEINE AKTE?
DAS IST MIR NEU.
HABE ICH, CAPTAIN.
GUT. DANN VERI-FIZIEREN SIE, DASS ICH DIE VOLLE CHAMPION-LIZENZ HABE.

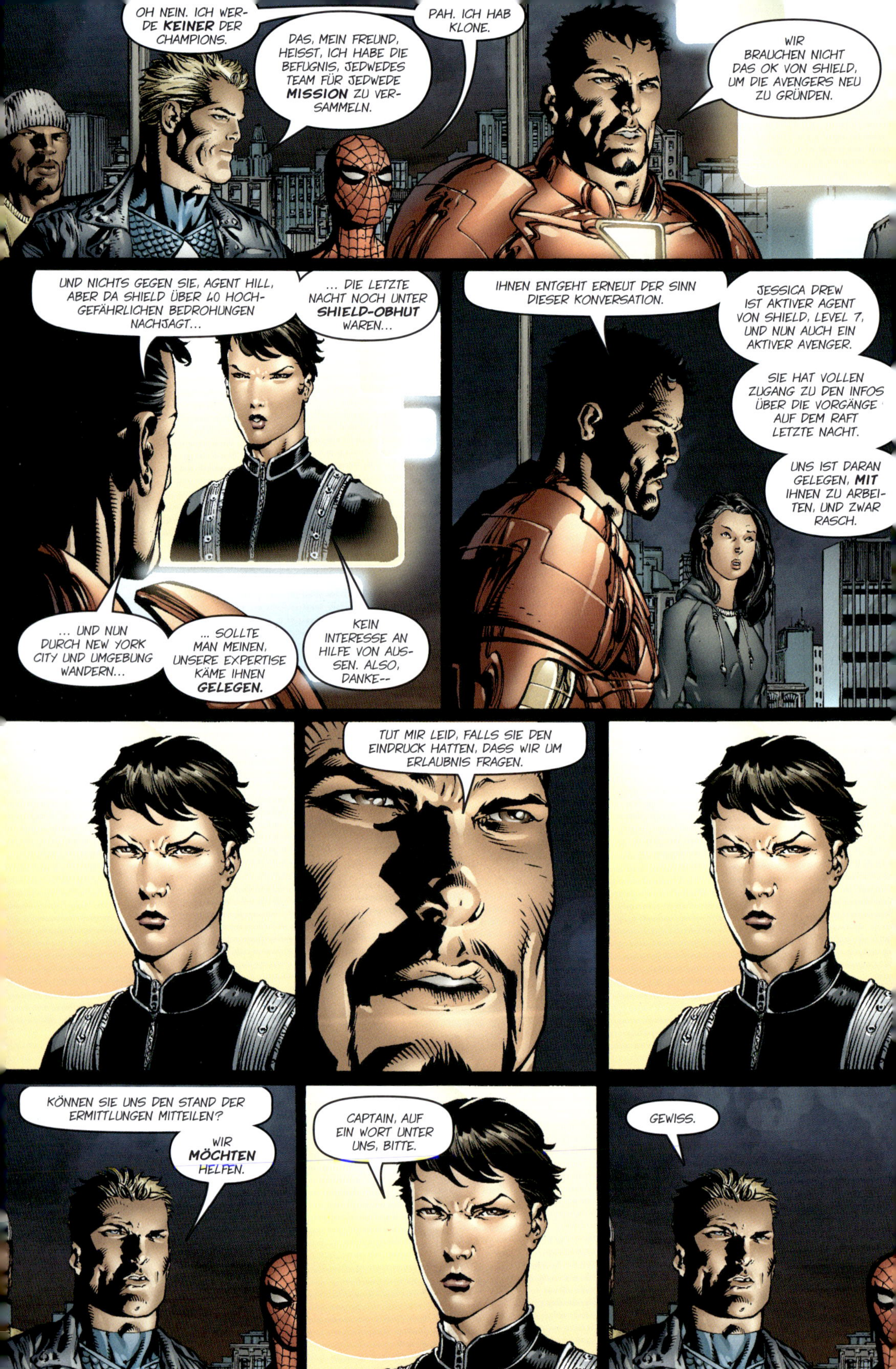
OH NEIN. ICH WERDE KEINER DER CHAMPIONS.
DAS, MEIN FREUND, HEISST, ICH HABE DIE BEFUGNIS, JEDWEDES TEAM FÜR JEDWEDE MISSION ZU VERSAMMELN.
PAH. ICH HAB KLONE.
WIR BRAUCHEN NICHT DAS OK VON SHIELD, UM DIE AVENGERS NEU ZU GRÜNDEN.
UND NICHTS GEGEN SIE, AGENT HILL, ABER DA SHIELD ÜBER 40 HOCHGEFÄHRLICHEN BEDROHUNGEN NACHJAGT...
... DIE LETZTE NACHT NOCH UNTER SHIELD-OBHUT WAREN...
... UND NUN DURCH NEW YORK CITY UND UMGEBUNG WANDERN...
... SOLLTE MAN MEINEN, UNSERE EXPERTISE KÄME IHNEN GELEGEN.
KEIN INTERESSE AN HILFE VON AUSSEN. ALSO, DANKE--
IHNEN ENTGEHT ERNEUT DER SINN DIESER KONVERSATION.
JESSICA DREW IST AKTIVER AGENT VON SHIELD, LEVEL 7, UND NUN AUCH EIN AKTIVER AVENGER.
SIE HAT VOLLEN ZUGANG ZU DEN INFOS ÜBER DIE VORGÄNGE AUF DEM RAFT LETZTE NACHT.
UNS IST DARAN GELEGEN, MIT IHNEN ZU ARBEITEN, UND ZWAR RASCH.
TUT MIR LEID, FALLS SIE DEN EINDRUCK HATTEN, DASS WIR UM ERLAUBNIS FRAGEN.
KÖNNEN SIE UNS DEN STAND DER ERMITTLUNGEN MITTEILEN?
WIR MÖCHTEN HELFEN.
CAPTAIN, AUF EIN WORT UNTER UNS, BITTE.
GEWISS.

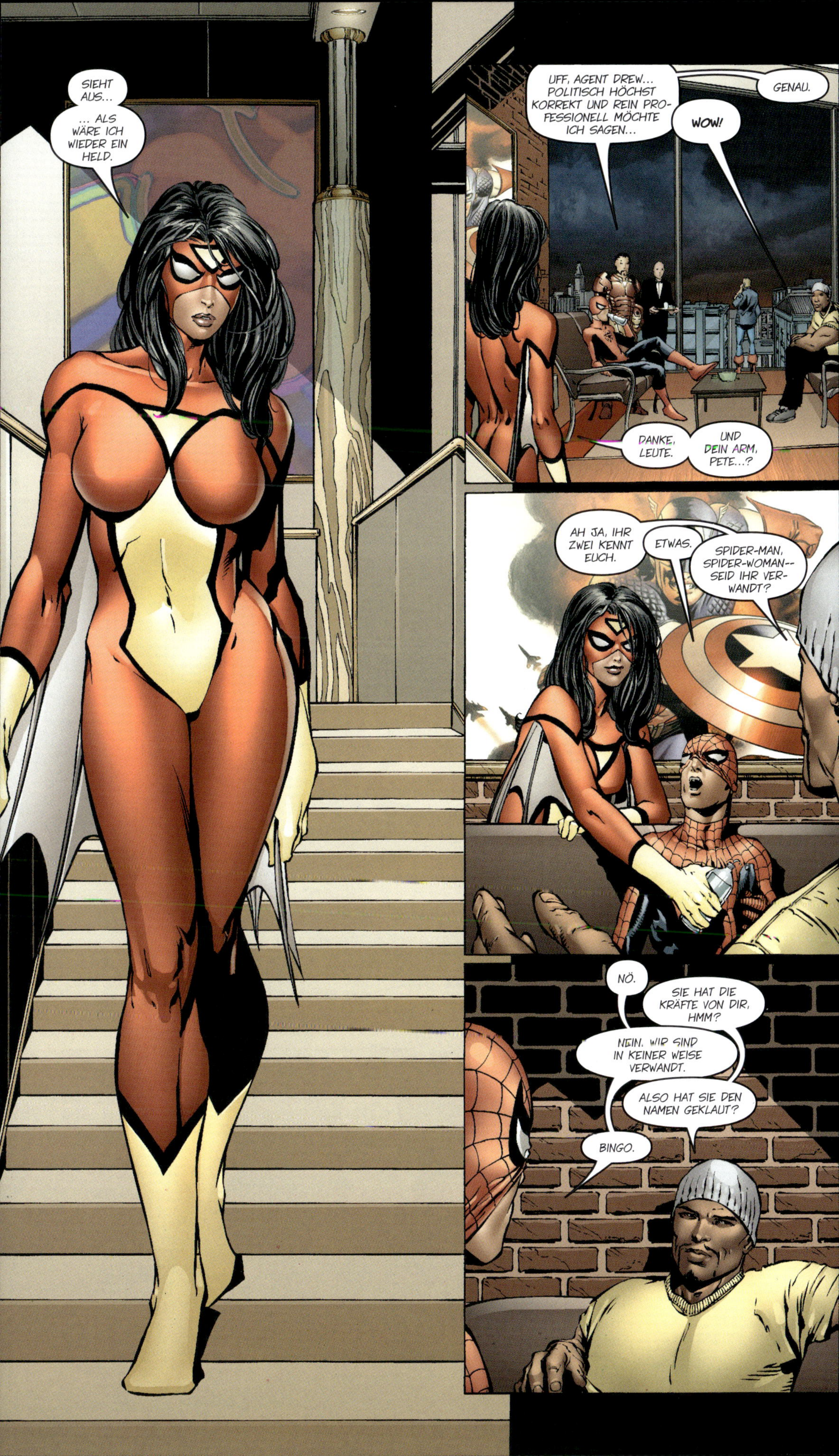
SIEHT AUS...
... ALS WÄRE ICH WIEDER EIN HELD.
UFF, AGENT DREW... POLITISCH HÖCHST KORREKT UND REIN PROFESSIONELL MÖCHTE ICH SAGEN...
GENAU.
WOW!
DANKE, LEUTE.
UND DEIN ARM, PETE...?
AH JA, IHR ZWEI KENNT EUCH.
ETWAS.
SPIDER-MAN, SPIDER-WOMAN-- SEID IHR VERWANDT?
NÖ.
SIE HAT DIE KRÄFTE VON DIR, HMM?
NEIN. WIR SIND IN KEINER WEISE VERWANDT.
ALSO HAT SIE DEN NAMEN GEKLAUT?
BINGO.

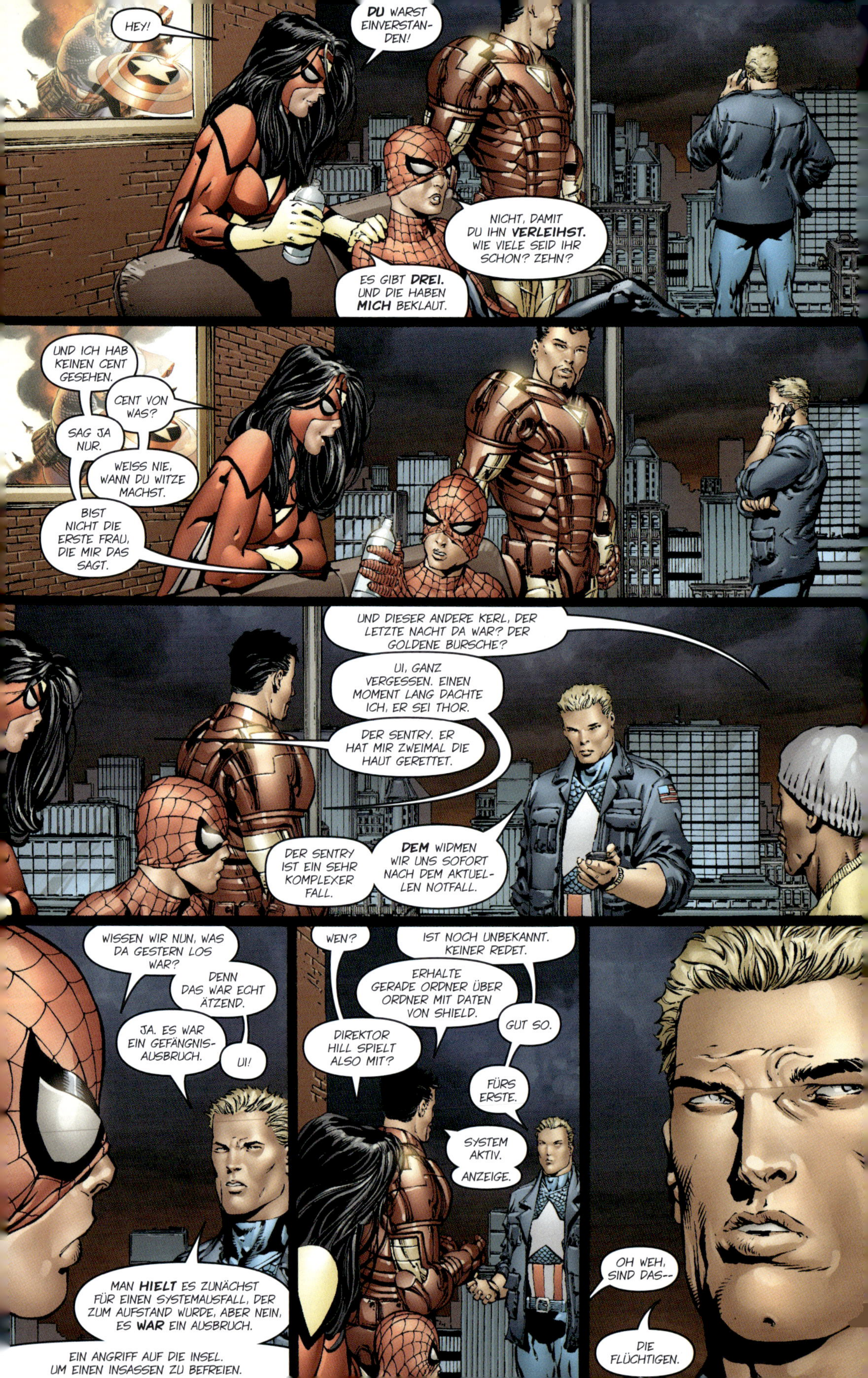
HEY!
DU WARST EINVERSTANDEN!
NICHT, DAMIT DU IHN VERLEIHST. WIE VIELE SEID IHR SCHON? ZEHN?
ES GIBT DREI. UND DIE HABEN MICH BEKLAUT.
UND ICH HAB KEINEN CENT GESEHEN.
CENT VON WAS?
SAG JA NUR.
WEISS NIE, WANN DU WITZE MACHST.
BIST NICHT DIE ERSTE FRAU, DIE MIR DAS SAGT.
UND DIESER ANDERE KERL, DER LETZTE NACHT DA WAR? DER GOLDENE BURSCHE?
UI, GANZ VERGESSEN. EINEN MOMENT LANG DACHTE ICH, ER SEI THOR.
DER SENTRY. ER HAT MIR ZWEIMAL DIE HAUT GERETTET.
DER SENTRY IST EIN SEHR KOMPLEXER FALL.
DEM WIDMEN WIR UNS SOFORT NACH DEM AKTUELLEN NOTFALL.
WISSEN WIR NUN, WAS DA GESTERN LOS WAR?
DENN DAS WAR ECHT ÄTZEND.
JA. ES WAR EIN GEFÄNGNISAUSBRUCH.
UI!
MAN HIELT ES ZUNÄCHST FÜR EINEN SYSTEMAUSFALL, DER ZUM AUFSTAND WURDE, ABER NEIN, ES WAR EIN AUSBRUCH.
EIN ANGRIFF AUF DIE INSEL. UM EINEN INSASSEN ZU BEFREIEN.
WEN?
IST NOCH UNBEKANNT. KEINER REDET.
ERHALTE GERADE ORDNER ÜBER ORDNER MIT DATEN VON SHIELD.
DIREKTOR HILL SPIELT ALSO MIT?
GUT SO.
FÜRS ERSTE.
SYSTEM AKTIV.
ANZEIGE.
OH WEH, SIND DAS--
DIE FLÜCHTIGEN.

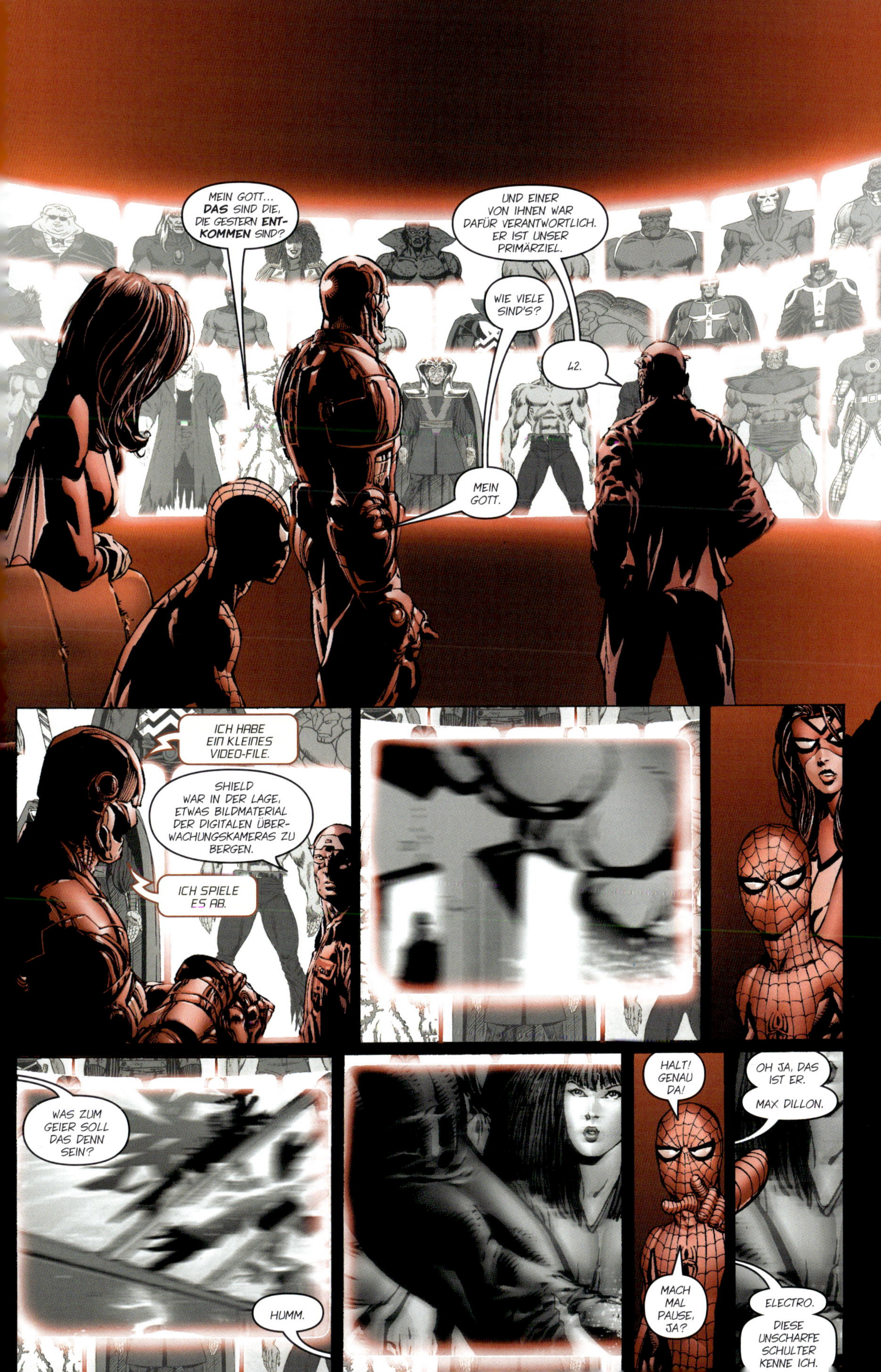
MEIN GOTT... DAS SIND DIE, DIE GESTERN ENTKOMMEN SIND?
UND EINER VON IHNEN WAR DAFÜR VERANTWORTLICH. ER IST UNSER PRIMÄRZIEL.
WIE VIELE SIND'S?
42.
MEIN GOTT.
ICH HABE EIN KLEINES VIDEO-FILE.
SHIELD WAR IN DER LAGE, ETWAS BILDMATERIAL DER DIGITALEN ÜBERWACHUNGSKAMERAS ZU BERGEN.
ICH SPIELE ES AB.
WAS ZUM GEIER SOLL DAS DENN SEIN?
HUMM.
HALT! GENAU DA!
MACH MAL PAUSE, JA?
OH JA, DAS IST ER.
MAX DILLON.
ELECTRO.
DIESE UNSCHARFE SCHULTER KENNE ICH.

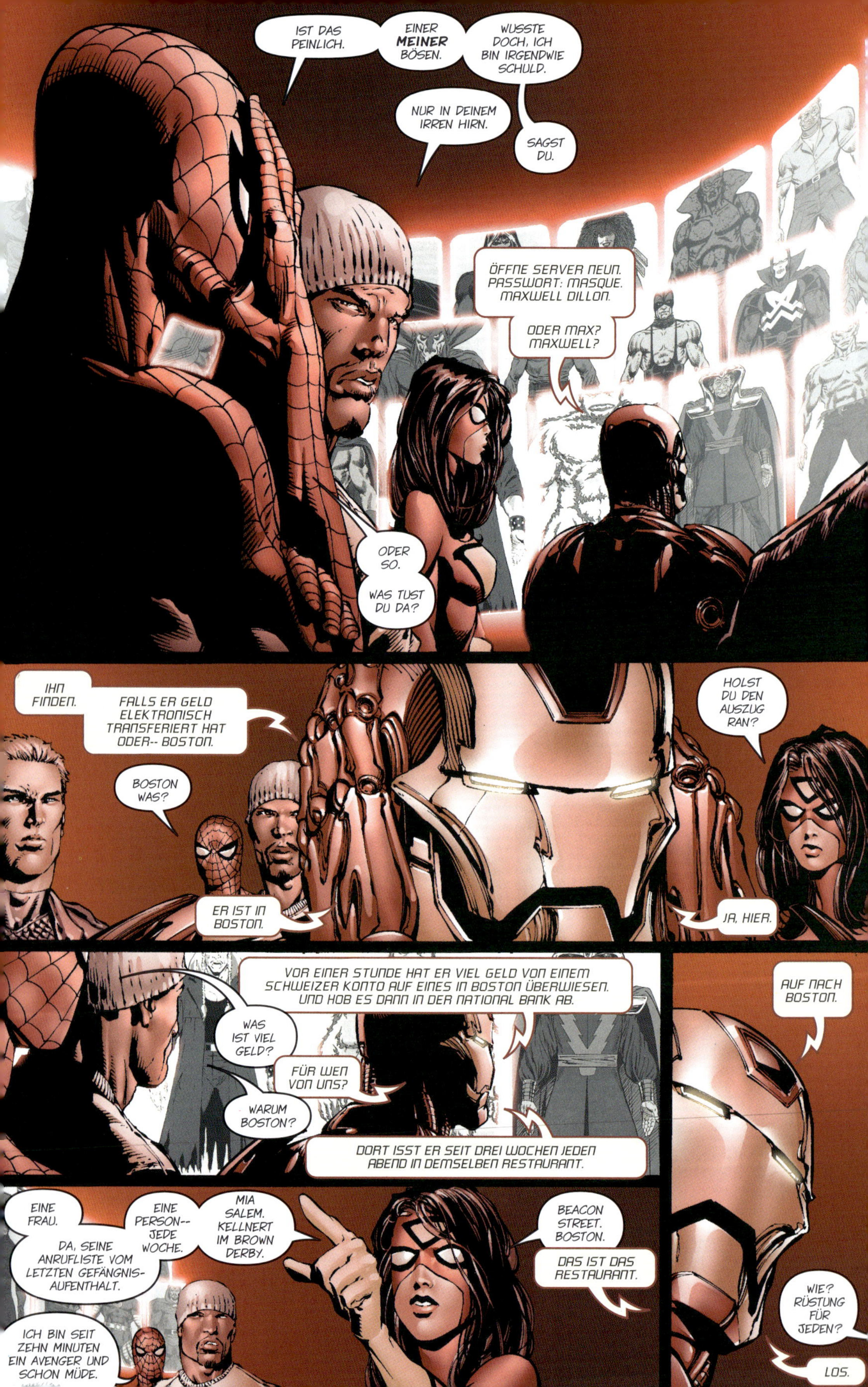
IST DAS PEINLICH.
EINER MEINER BÖSEN.
WUSSTE DOCH, ICH BIN IRGENDWIE SCHULD.
NUR IN DEINEM IRREN HIRN.
SAGST DU.
ÖFFNE SERVER NEUN. PASSWORT: MASQUE. MAXWELL DILLON.
ODER MAX? MAXWELL?
ODER SO.
WAS TUST DU DA?
IHN FINDEN.
FALLS ER GELD ELEKTRONISCH TRANSFERIERT HAT ODER-- BOSTON.
HOLST DU DEN AUSZUG RAN?
BOSTON WAS?
ER IST IN BOSTON.
JA, HIER.
VOR EINER STUNDE HAT ER VIEL GELD VON EINEM SCHWEIZER KONTO AUF EINES IN BOSTON ÜBERWIESEN. UND HOB ES DANN IN DER NATIONAL BANK AB.
WAS IST VIEL GELD?
FÜR WEN VON UNS?
WARUM BOSTON?
DORT ISST ER SEIT DREI WOCHEN JEDEN ABEND IN DEMSELBEN RESTAURANT.
AUF NACH BOSTON.
EINE FRAU.
EINE PERSON-- JEDE WOCHE.
MIA SALEM. KELLNERT IM BROWN DERBY.
DA, SEINE ANRUFLISTE VOM LETZTEN GEFÄNGNIS-AUFENTHALT.
BEACON STREET. BOSTON.
DAS IST DAS RESTAURANT.
ICH BIN SEIT ZEHN MINUTEN EIN AVENGER UND SCHON MÜDE.
WIE? RÜSTUNG FÜR JEDEN?
LOS.

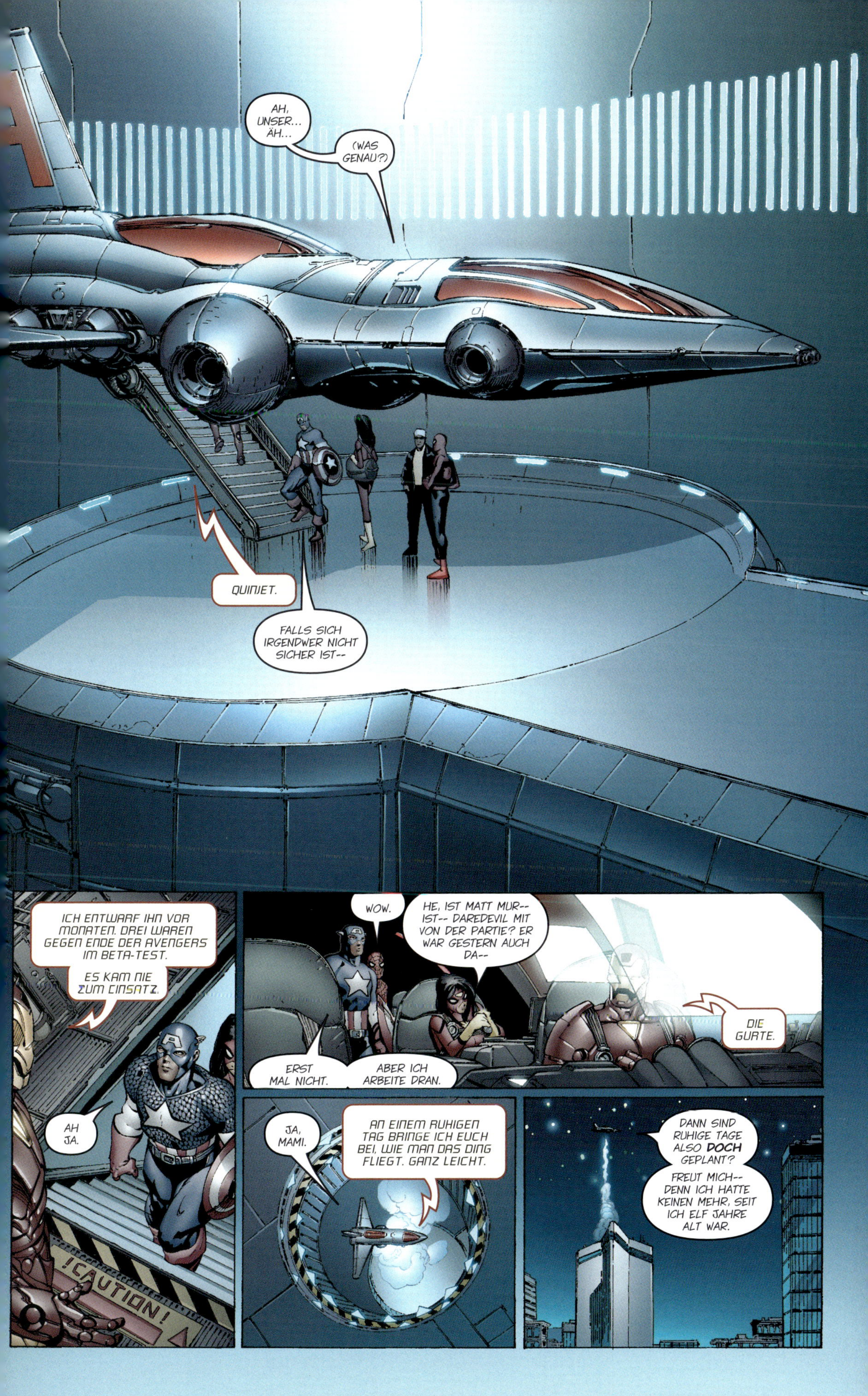
AH, UNSER... ÄH...
(WAS GENAU?)
QUINJET.
FALLS SICH IRGENDWER NICHT SICHER IST--
ICH ENTWARF IHN VOR MONATEN. DREI WAREN GEGEN ENDE DER AVENGERS IM BETA-TEST.
ES KAM NIE ZUM EINSATZ.
AH JA.
WOW.
HE, IST MATT MUR-- IST-- DAREDEVIL MIT VON DER PARTIE? ER WAR GESTERN AUCH DA--
ERST MAL NICHT.
ABER ICH ARBEITE DRAN.
DIE GURTE.
JA, MAMI.
AN EINEM RUHIGEN TAG BRINGE ICH EUCH BEI, WIE MAN DAS DING FLIEGT. GANZ LEICHT.
DANN SIND RUHIGE TAGE ALSO **DOCH** GEPLANT?
FREUT MICH-- DENN ICH HATTE KEINEN MEHR, SEIT ICH ELF JAHRE ALT WAR.
!CAUTION!

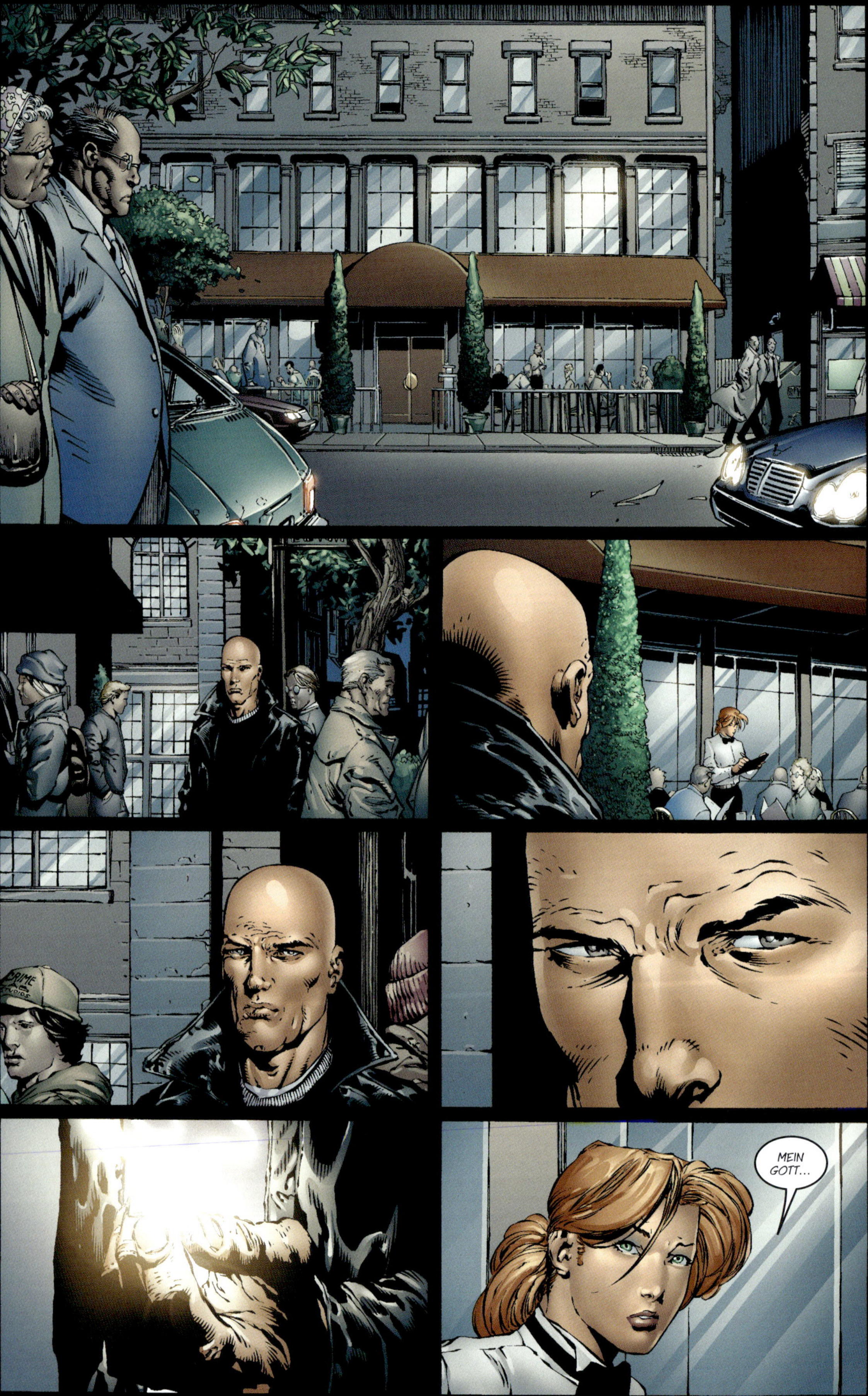
CRIME
MEIN GOTT...

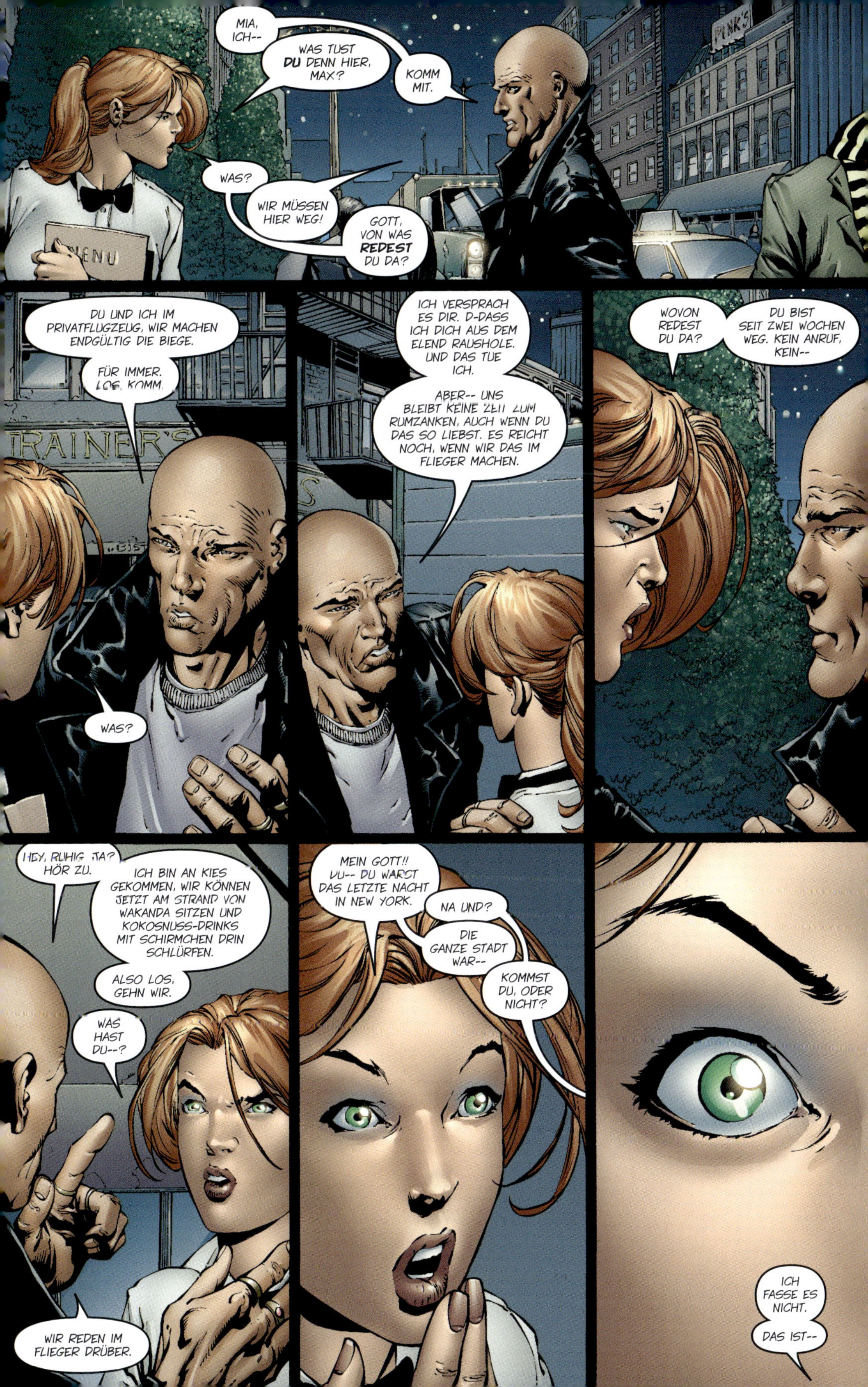
MIA, ICH--
WAS TUST **DU** DENN HIER, MAX?
KOMM MIT.
WAS?
WIR MÜSSEN HIER WEG!
GOTT, VON WAS **REDEST** DU DA?
DU UND ICH IM PRIVATFLUGZEUG, WIR MACHEN ENDGÜLTIG DIE BIEGE.
FÜR IMMER. LOS, KOMM.
WAS?
ICH VERSPRACH ES DIR. D-DASS ICH DICH AUS DEM ELEND RAUSHOLE. UND DAS TUE ICH.
ABER-- UNS BLEIBT KEINE ZEIT ZUM RUMZANKEN, AUCH WENN DU DAS SO LIEBST. ES REICHT NOCH, WENN WIR DAS IM FLIEGER MACHEN.
WOVON REDEST DU DA?
DU BIST SEIT ZWEI WOCHEN WEG. KEIN ANRUF, KEIN--
HEY, RUHIG, JA? HÖR ZU.
ICH BIN AN KIES GEKOMMEN. WIR KÖNNEN JETZT AM STRAND VON WAKANDA SITZEN UND KOKOSNUSS-DRINKS MIT SCHIRMCHEN DRIN SCHLÜRFEN.
ALSO LOS, GEHN WIR.
WAS HAST DU--?
WIR REDEN IM FLIEGER DRÜBER.
MEIN GOTT!! DU-- DU WARST DAS LETZTE NACHT IN NEW YORK.
NA UND?
DIE GANZE STADT WAR--
KOMMST DU, ODER NICHT?
ICH FASSE ES NICHT.
DAS IST--

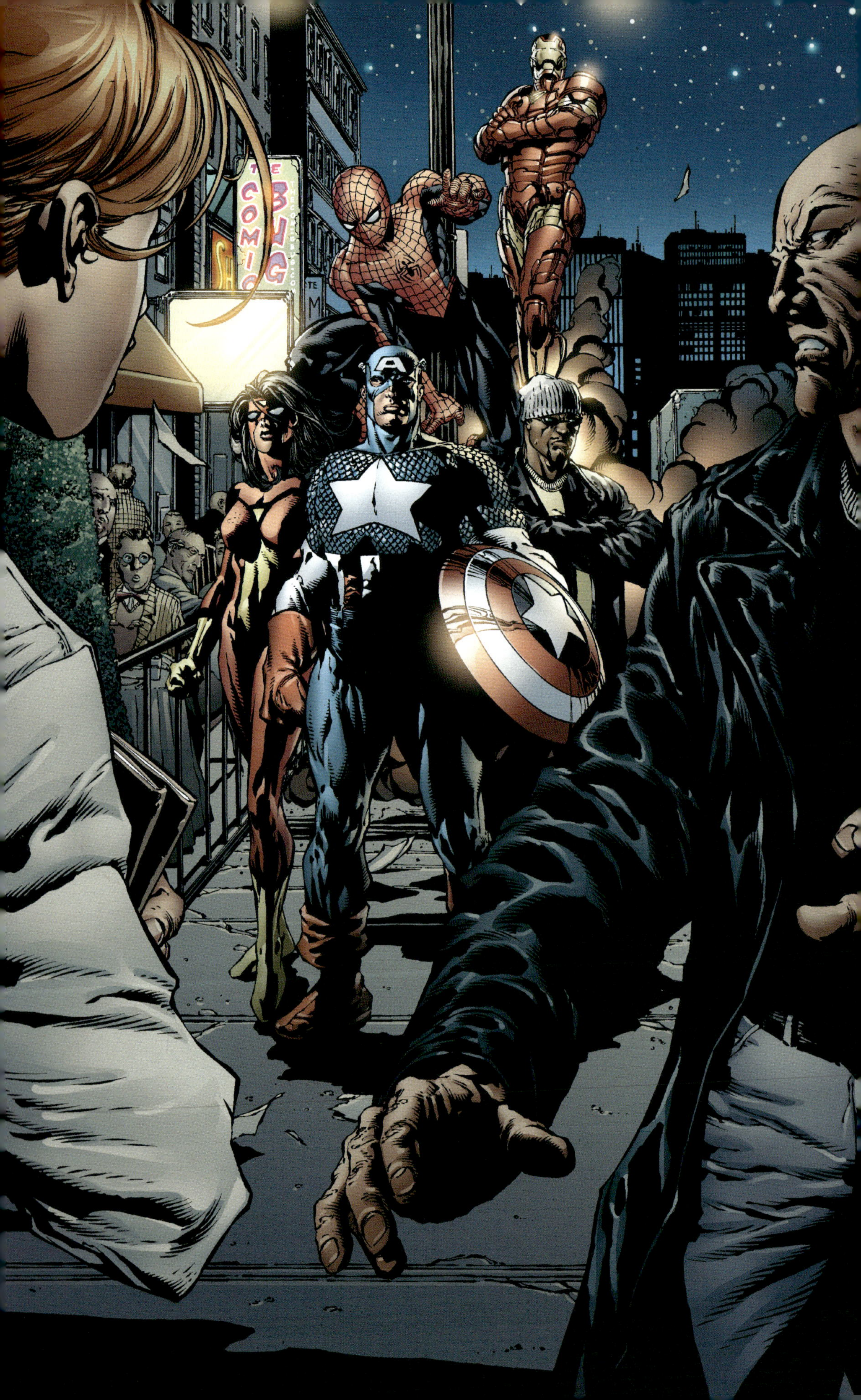
COMIC

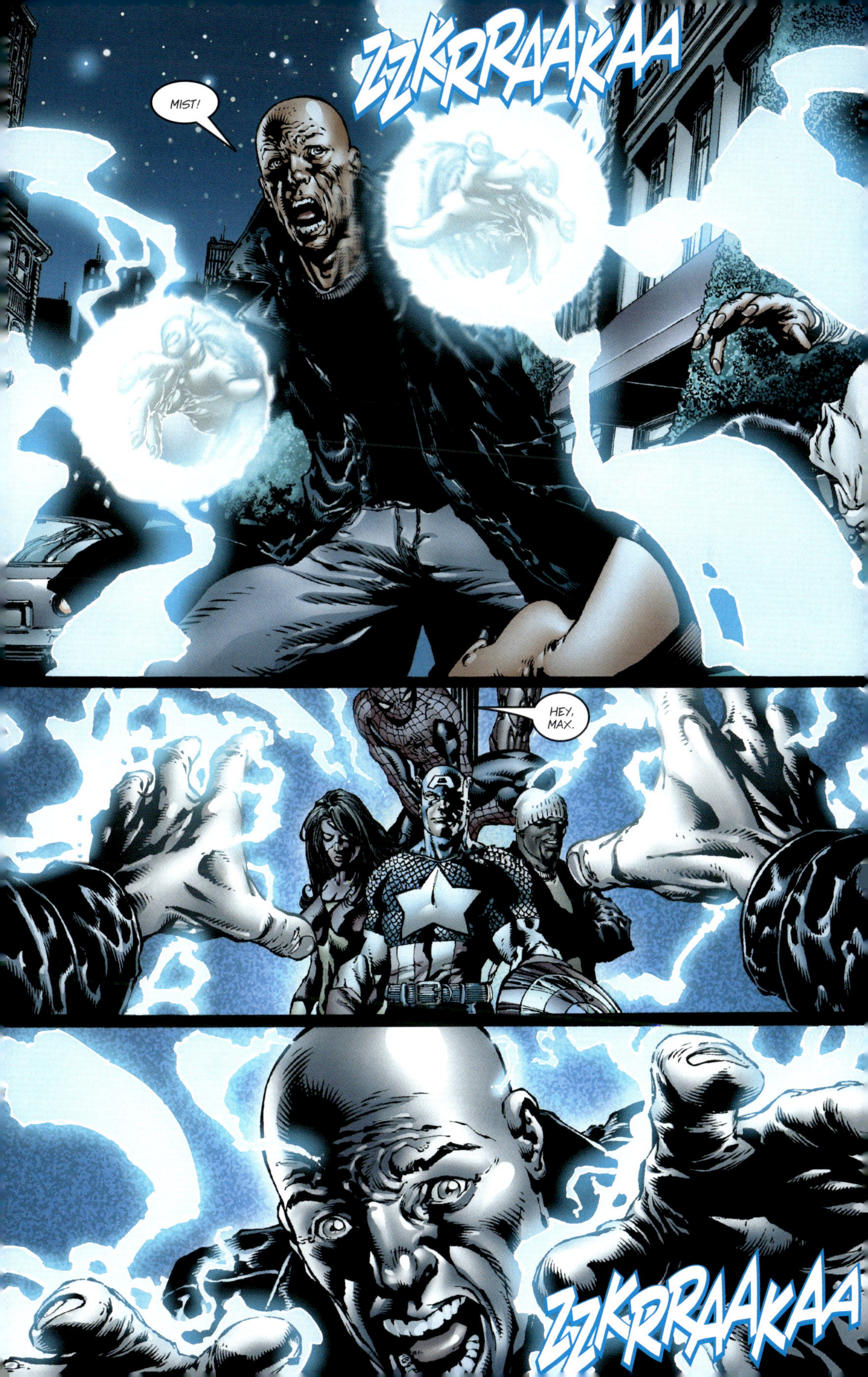
ZZKRRAAKAA
MIST!
HEY, MAX.
ZZKRRAAKAA

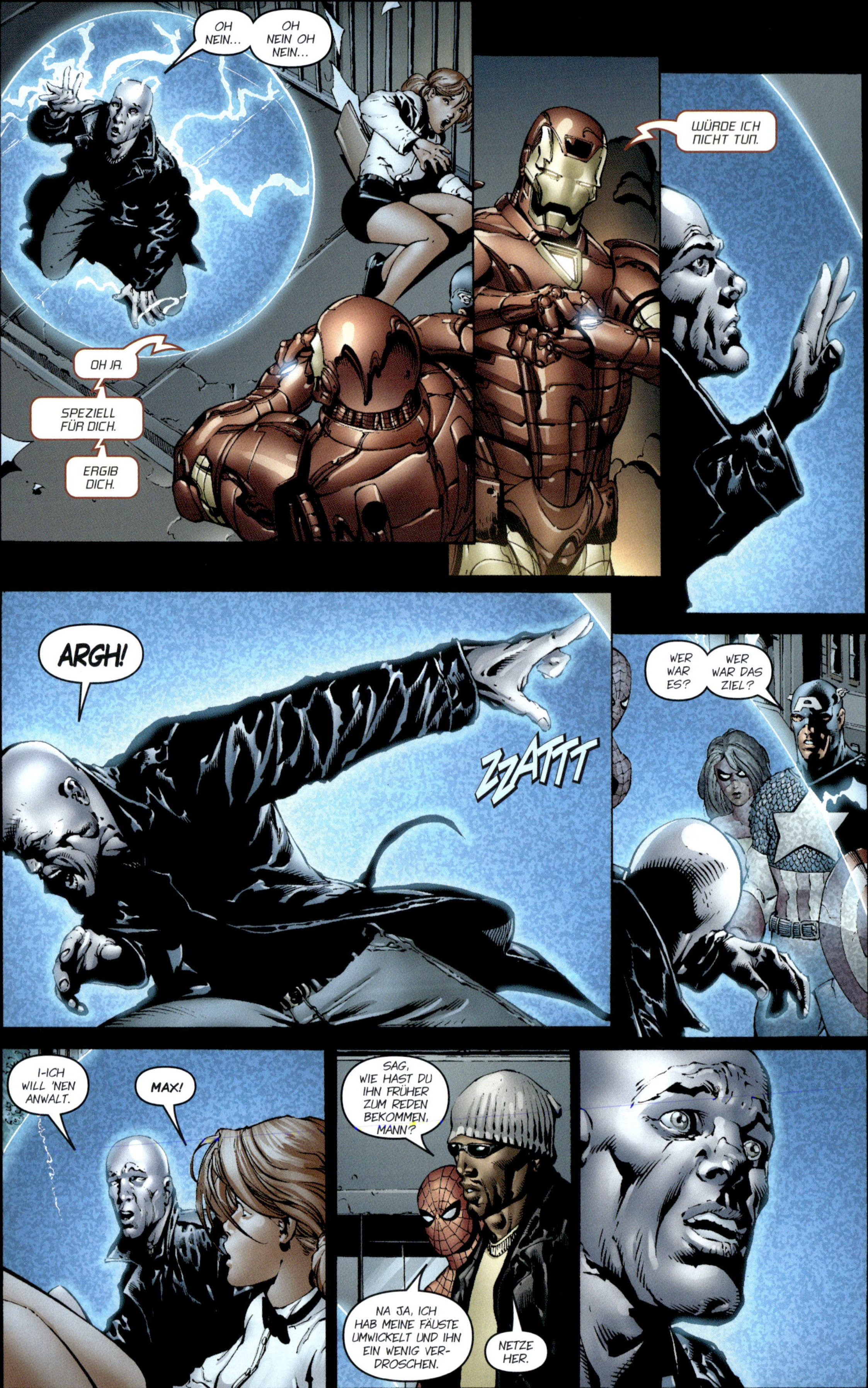

OH NEIN…
OH NEIN OH NEIN…
WÜRDE ICH NICHT TUN.
OH JA.
SPEZIELL FÜR DICH.
ERGIB DICH.

ARGH!
ZZATTT
WER WAR ES?
WER WAR DAS ZIEL?

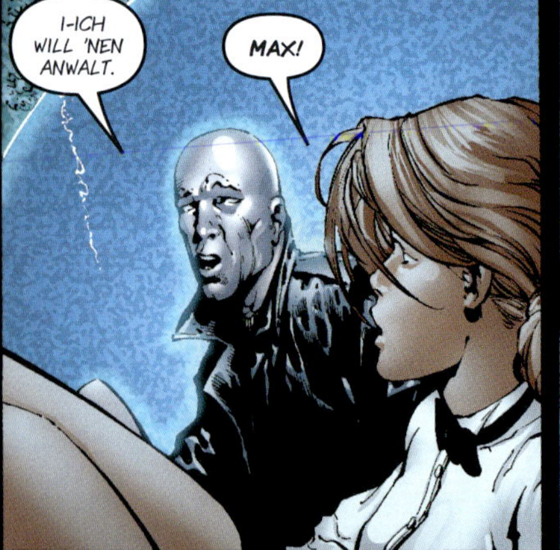

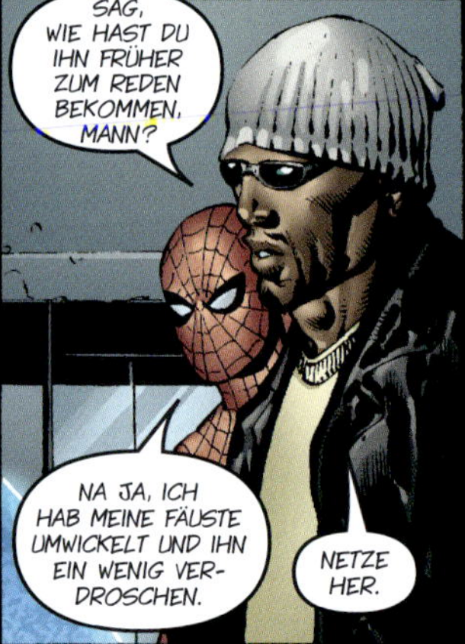

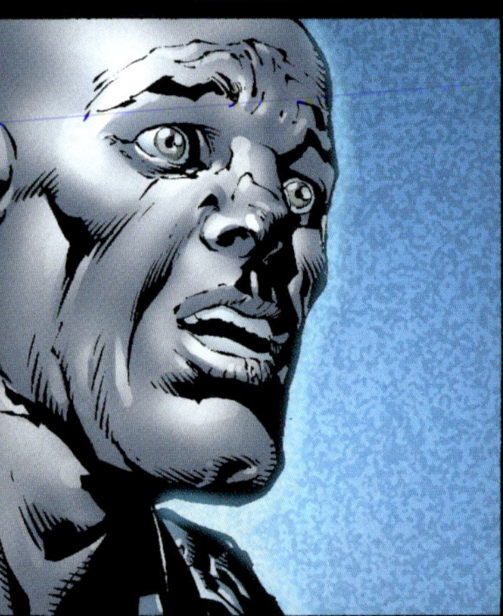

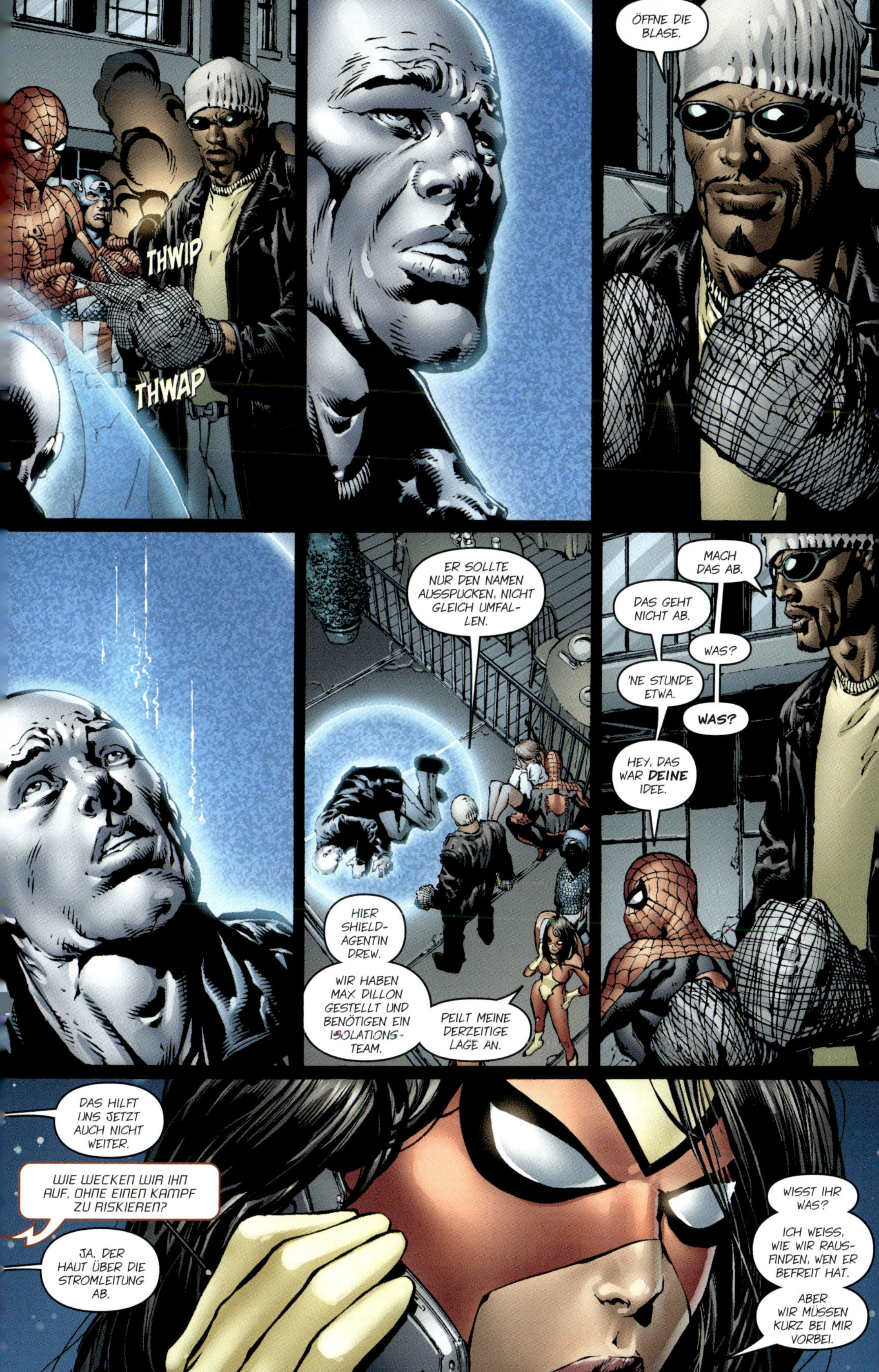
THWIP
THWAP
ÖFFNE DIE BLASE.
ER SOLLTE NUR DEN NAMEN AUSSPUCKEN, NICHT GLEICH UMFAL-LEN.
HIER SHIELD-AGENTIN DREW.
WIR HABEN MAX DILLON GESTELLT UND BENÖTIGEN EIN ISOLATIONS-TEAM.
PEILT MEINE DERZEITIGE LAGE AN.
MACH DAS AB.
DAS GEHT NICHT AB.
WAS?
'NE STUNDE ETWA.
WAS?
HEY, DAS WAR **DEINE** IDEE.
DAS HILFT UNS JETZT AUCH NICHT WEITER.
WIE WECKEN WIR IHN AUF, OHNE EINEN KAMPF ZU RISKIEREN?
JA. DER HAUT ÜBER DIE STROMLEITUNG AB.
WISST IHR WAS?
ICH WEISS, WIE WIR RAUS-FINDEN, WEN ER BEFREIT HAT.
ABER WIR MÜSSEN KURZ BEI MIR VORBEI.

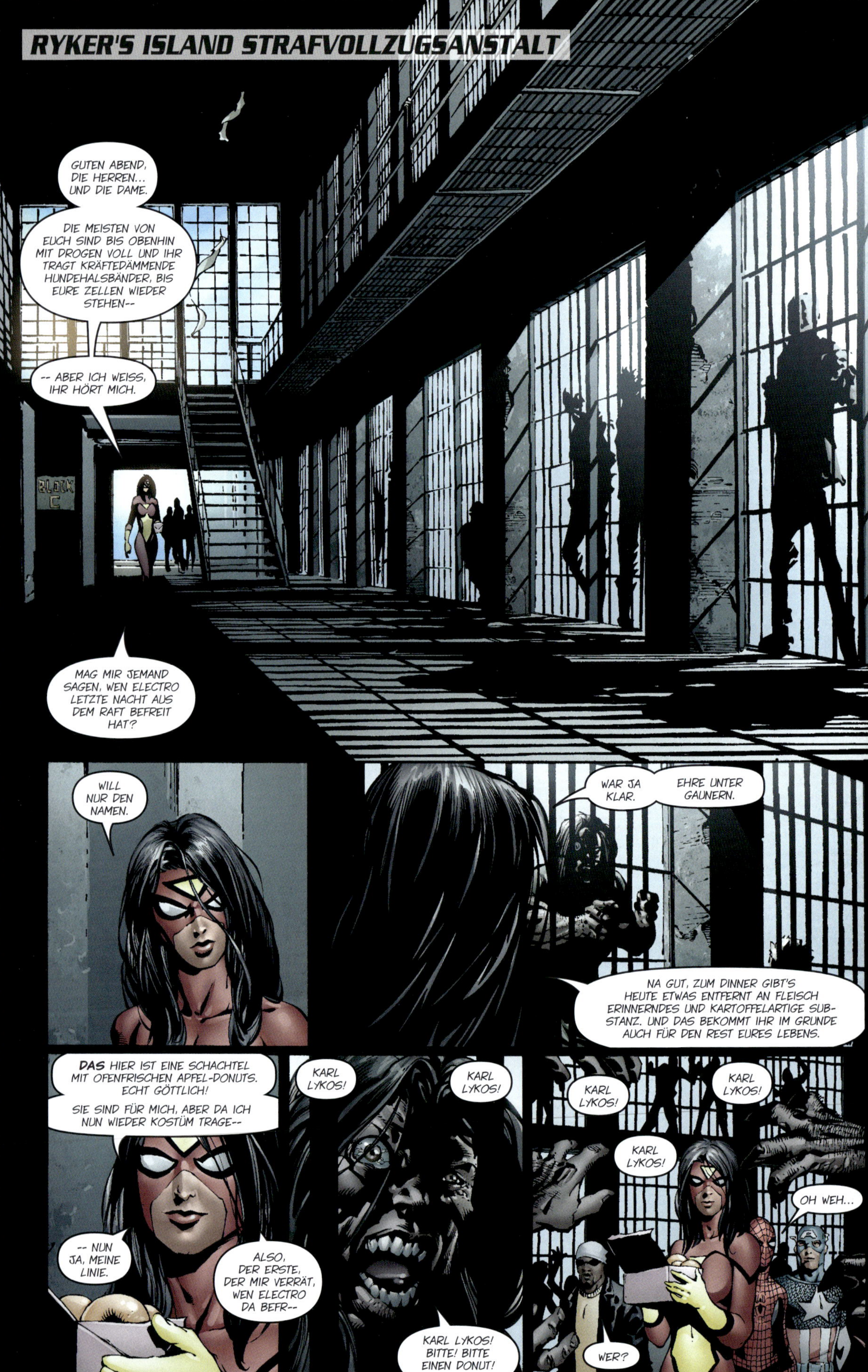
RYKER'S ISLAND STRAFVOLLZUGSANSTALT
GUTEN ABEND, DIE HERREN... UND DIE DAME.
DIE MEISTEN VON EUCH SIND BIS OBENHIN MIT DROGEN VOLL UND IHR TRAGT KRÄFTEDÄMMENDE HUNDEHALSBÄNDER, BIS EURE ZELLEN WIEDER STEHEN--
-- ABER ICH WEISS, IHR HÖRT MICH.
BLOCK C
MAG MIR JEMAND SAGEN, WEN ELECTRO LETZTE NACHT AUS DEM RAFT BEFREIT HAT?
WILL NUR DEN NAMEN.
WAR JA KLAR.
EHRE UNTER GAUNERN.
NA GUT, ZUM DINNER GIBT'S HEUTE ETWAS ENTFERNT AN FLEISCH ERINNERNDES UND KARTOFFELARTIGE SUBSTANZ. UND DAS BEKOMMT IHR IM GRUNDE AUCH FÜR DEN REST EURES LEBENS.
DAS HIER IST EINE SCHACHTEL MIT OFENFRISCHEN APFEL-DONUTS. ECHT GÖTTLICH!
SIE SIND FÜR MICH, ABER DA ICH NUN WIEDER KOSTÜM TRAGE--
-- NUN JA, MEINE LINIE.
ALSO, DER ERSTE, DER MIR VERRÄT, WEN ELECTRO DA BEFR--
KARL LYKOS!
KARL LYKOS!
KARL LYKOS! BITTE! BITTE EINEN DONUT!
KARL LYKOS!
KARL LYKOS!
KARL LYKOS!
OH WEH...
WER?

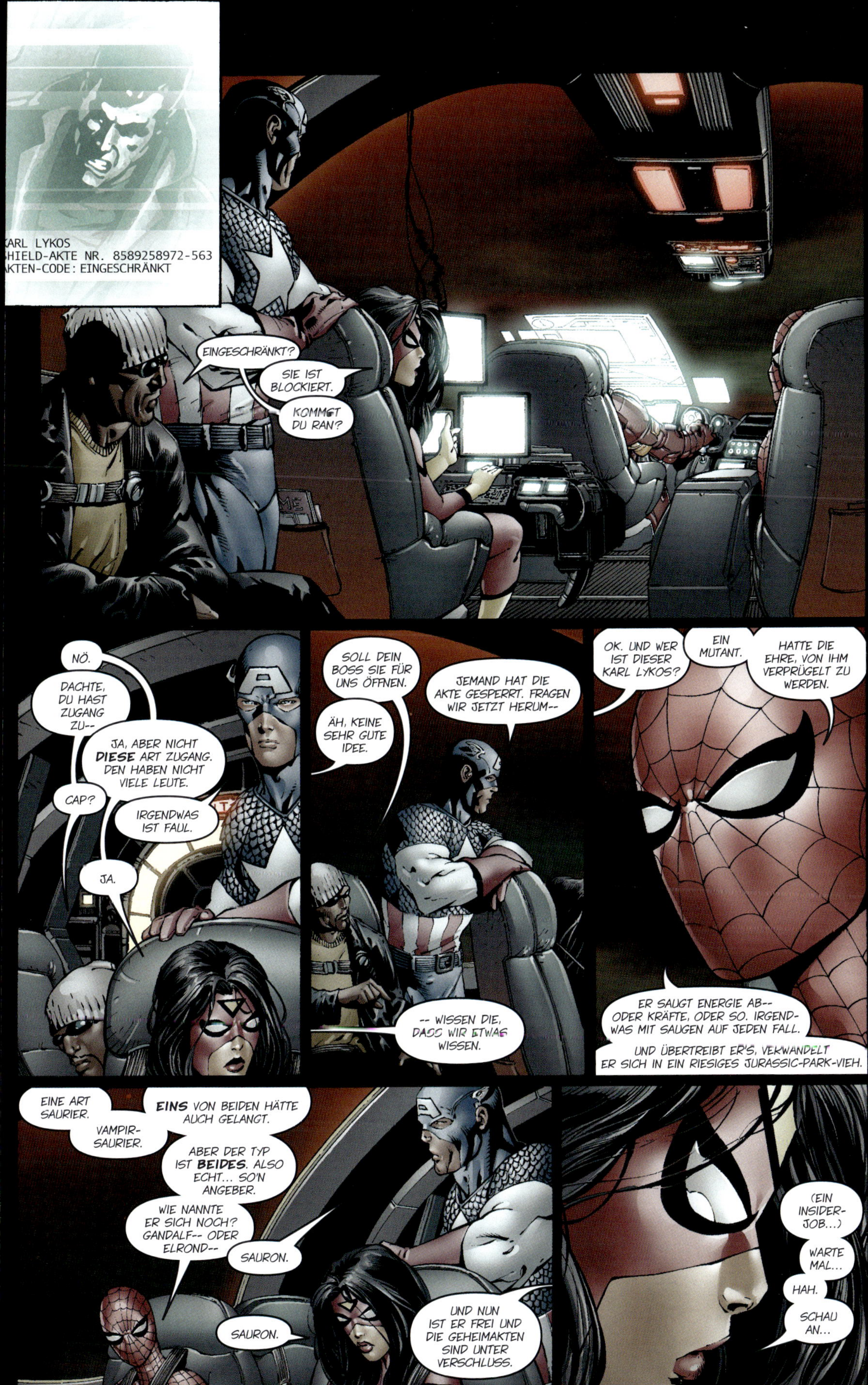
KARL LYKOS
SHIELD-AKTE NR. 8589258972-563
AKTEN-CODE: EINGESCHRÄNKT
EINGESCHRÄNKT?
SIE IST BLOCKIERT.
KOMMST DU RAN?
NÖ.
DACHTE, DU HAST ZUGANG ZU--
JA, ABER NICHT **DIESE** ART ZUGANG. DEN HABEN NICHT VIELE LEUTE.
CAP?
IRGENDWAS IST FAUL.
JA.
SOLL DEIN BOSS SIE FÜR UNS ÖFFNEN.
ÄH, KEINE SEHR GUTE IDEE.
JEMAND HAT DIE AKTE GESPERRT. FRAGEN WIR JETZT HERUM--
-- WISSEN DIE, DASS WIR ETWAS WISSEN.
OK. UND WER IST DIESER KARL LYKOS?
EIN MUTANT.
HATTE DIE EHRE, VON IHM VERPRÜGELT ZU WERDEN.
ER SAUGT ENERGIE AB-- ODER KRÄFTE, ODER SO. IRGENDWAS MIT SAUGEN AUF JEDEN FALL.
UND ÜBERTREIBT ER'S, VERWANDELT ER SICH IN EIN RIESIGES JURASSIC-PARK-VIEH.
EINE ART SAURIER.
VAMPIR-SAURIER.
EINS VON BEIDEN HÄTTE AUCH GELANGT.
ABER DER TYP IST **BEIDES**. ALSO ECHT... SO'N ANGEBER.
WIE NANNTE ER SICH NOCH? GANDALF-- ODER ELROND--
SAURON.
SAURON.
UND NUN IST ER FREI UND DIE GEHEIMAKTEN SIND UNTER VERSCHLUSS.
(EIN INSIDER-JOB...)
WARTE MAL...
HAH.
SCHAU AN...

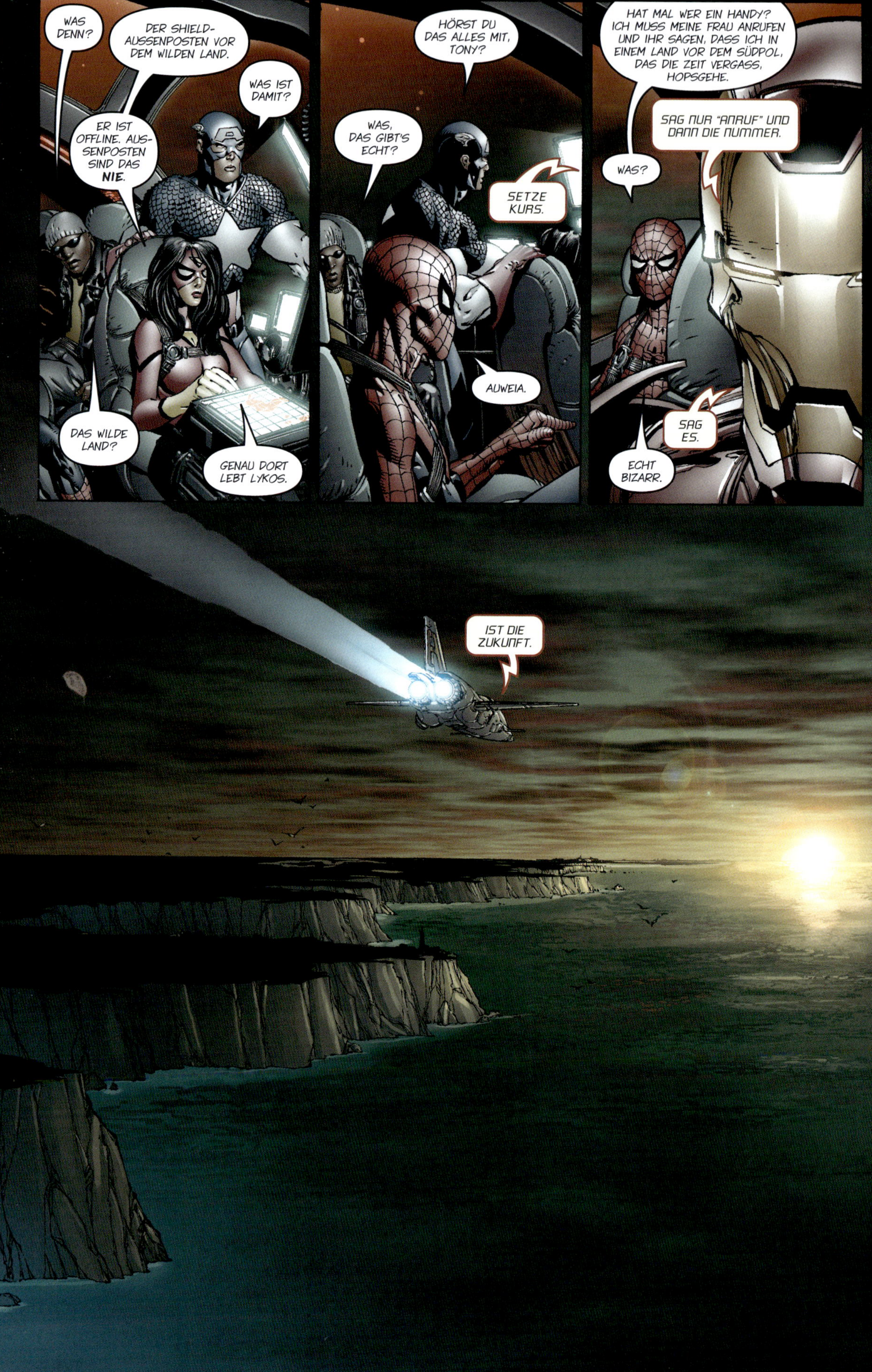
WAS DENN?
DER SHIELD-AUSSENPOSTEN VOR DEM WILDEN LAND.
WAS IST DAMIT?
ER IST OFFLINE. AUS-SENPOSTEN SIND DAS NIE.
DAS WILDE LAND?
GENAU DORT LEBT LYKOS.
HÖRST DU DAS ALLES MIT, TONY?
WAS, DAS GIBT'S ECHT?
SETZE KURS.
AUWEIA.
HAT MAL WER EIN HANDY? ICH MUSS MEINE FRAU ANRUFEN UND IHR SAGEN, DASS ICH IN EINEM LAND VOR DEM SÜDPOL, DAS DIE ZEIT VERGASS, HOPSGEHE.
SAG NUR "ANRUF" UND DANN DIE NUMMER.
WAS?
SAG ES.
ECHT BIZARR.
IST DIE ZUKUNFT.

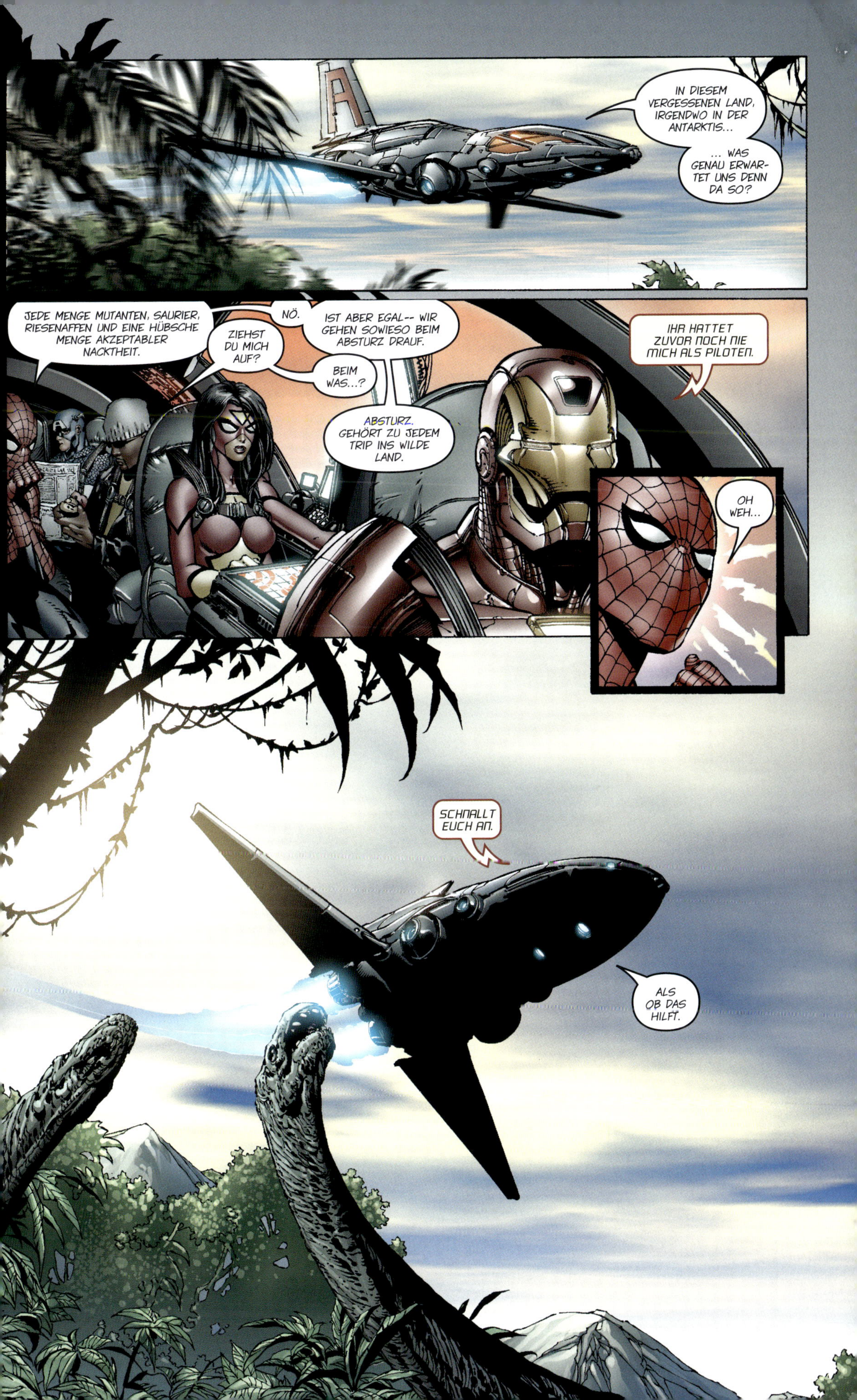
IN DIESEM VERGESSENEN LAND, IRGENDWO IN DER ANTARKTIS...
... WAS GENAU ERWARTET UNS DENN DA SO?
JEDE MENGE MUTANTEN, SAURIER, RIESENAFFEN UND EINE HÜBSCHE MENGE AKZEPTABLER NACKTHEIT.
ZIEHST DU MICH AUF?
NÖ.
IST ABER EGAL-- WIR GEHEN SOWIESO BEIM ABSTURZ DRAUF.
BEIM WAS...?
ABSTURZ. GEHÖRT ZU JEDEM TRIP INS WILDE LAND.
IHR HATTET ZUVOR NOCH NIE MICH ALS PILOTEN.
OH WEH...
SCHNALLT EUCH AN.
ALS OB DAS HILFT.

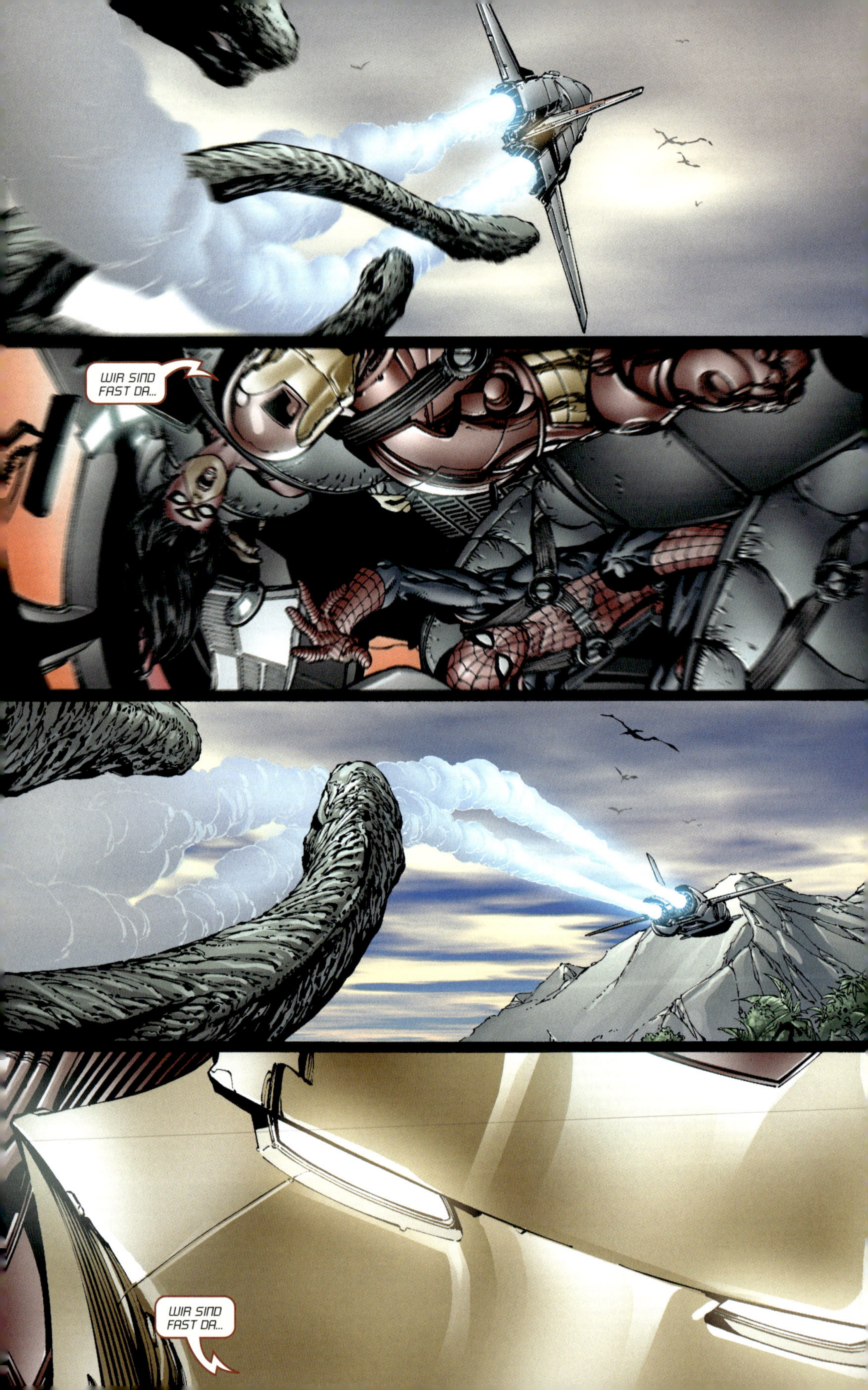
WIR SIND FAST DA...
WIR SIND FAST DA...

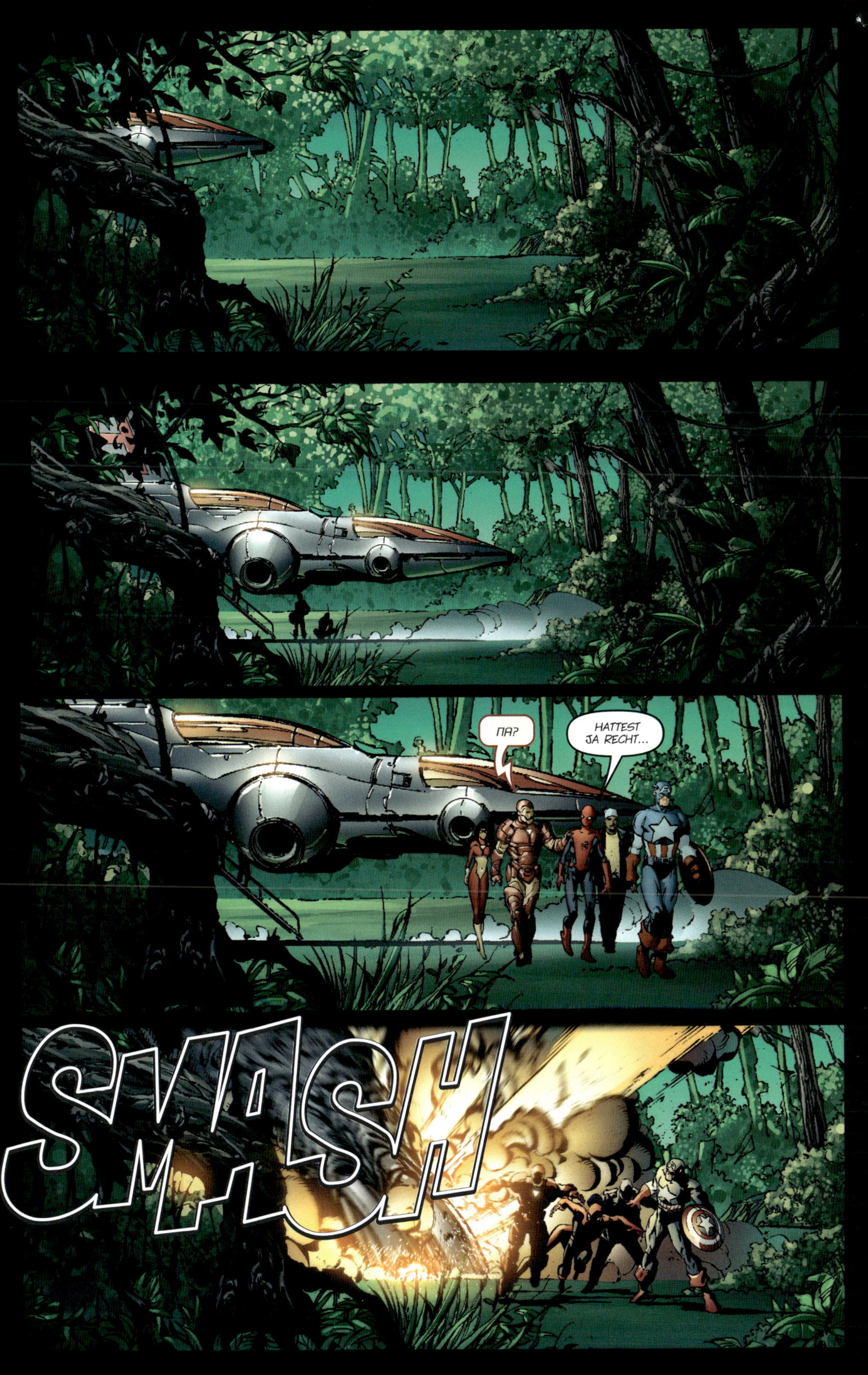
NA?
HATTEST JA RECHT...
SMASH

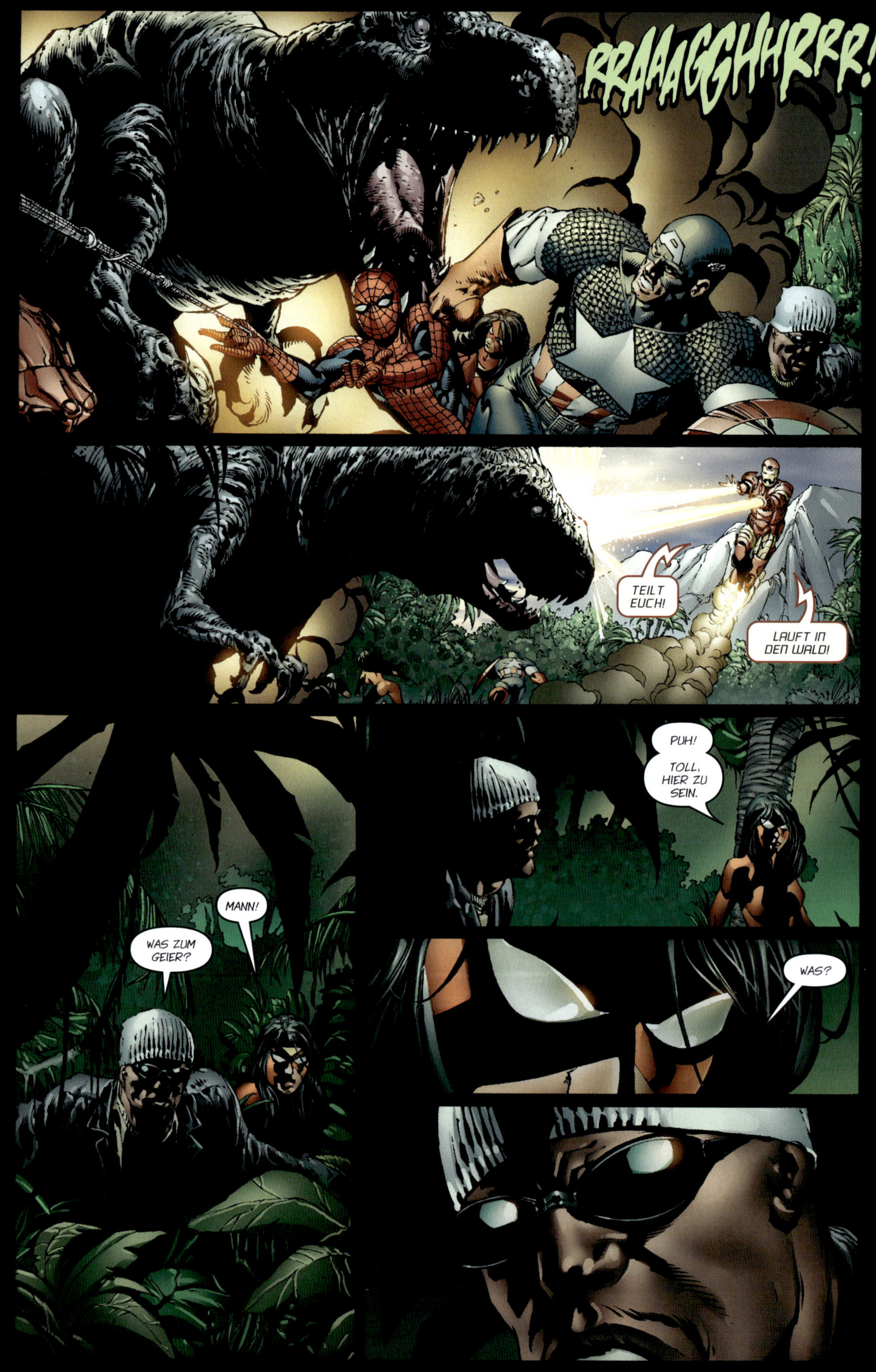
RRAAAGGHHRRR!
TEILT EUCH!
LAUFT IN DEN WALD!
MANN!
WAS ZUM GEIER?
PUH!
TOLL, HIER ZU SEIN.
WAS?

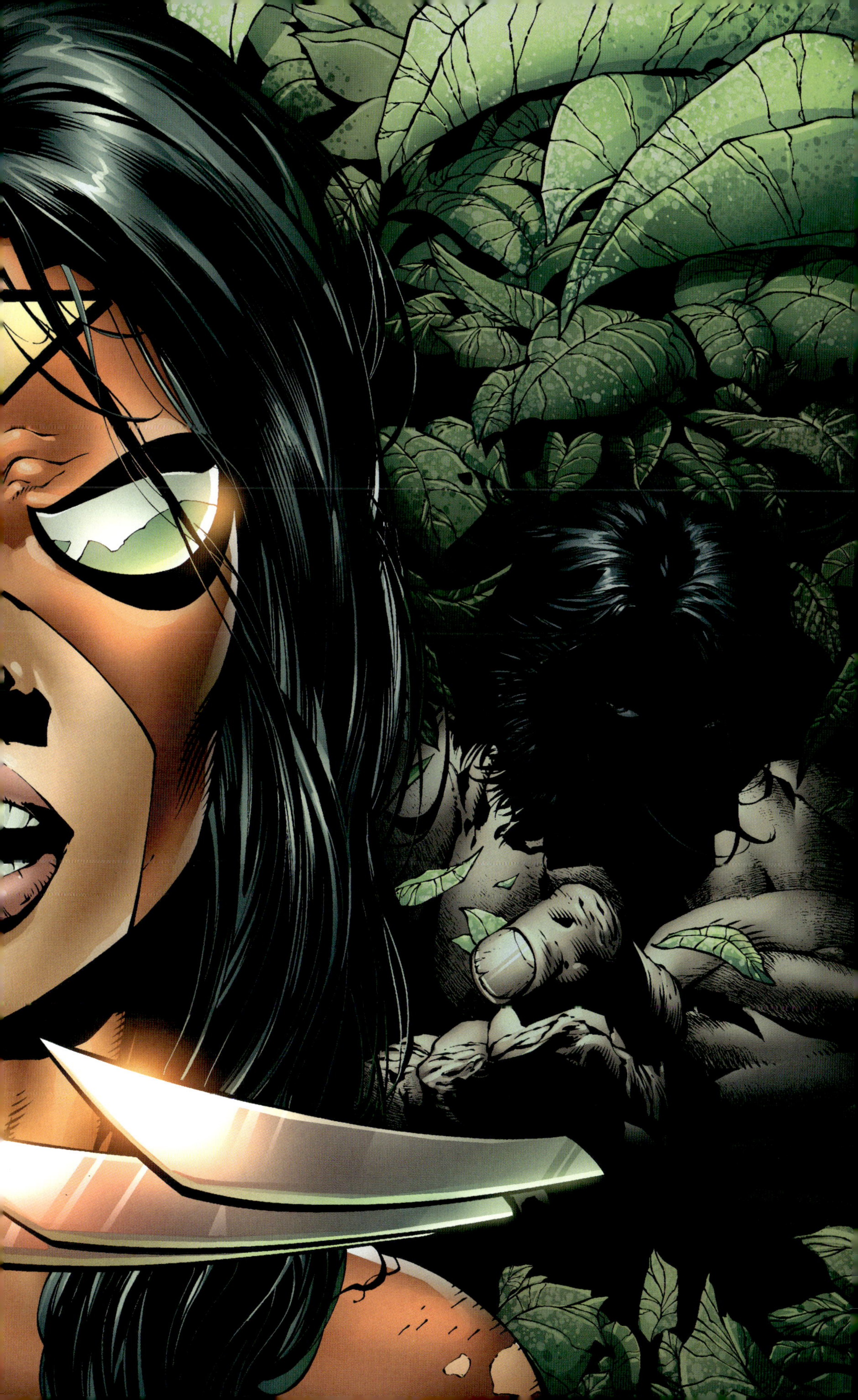

AUSBRUCH, TEIL 5

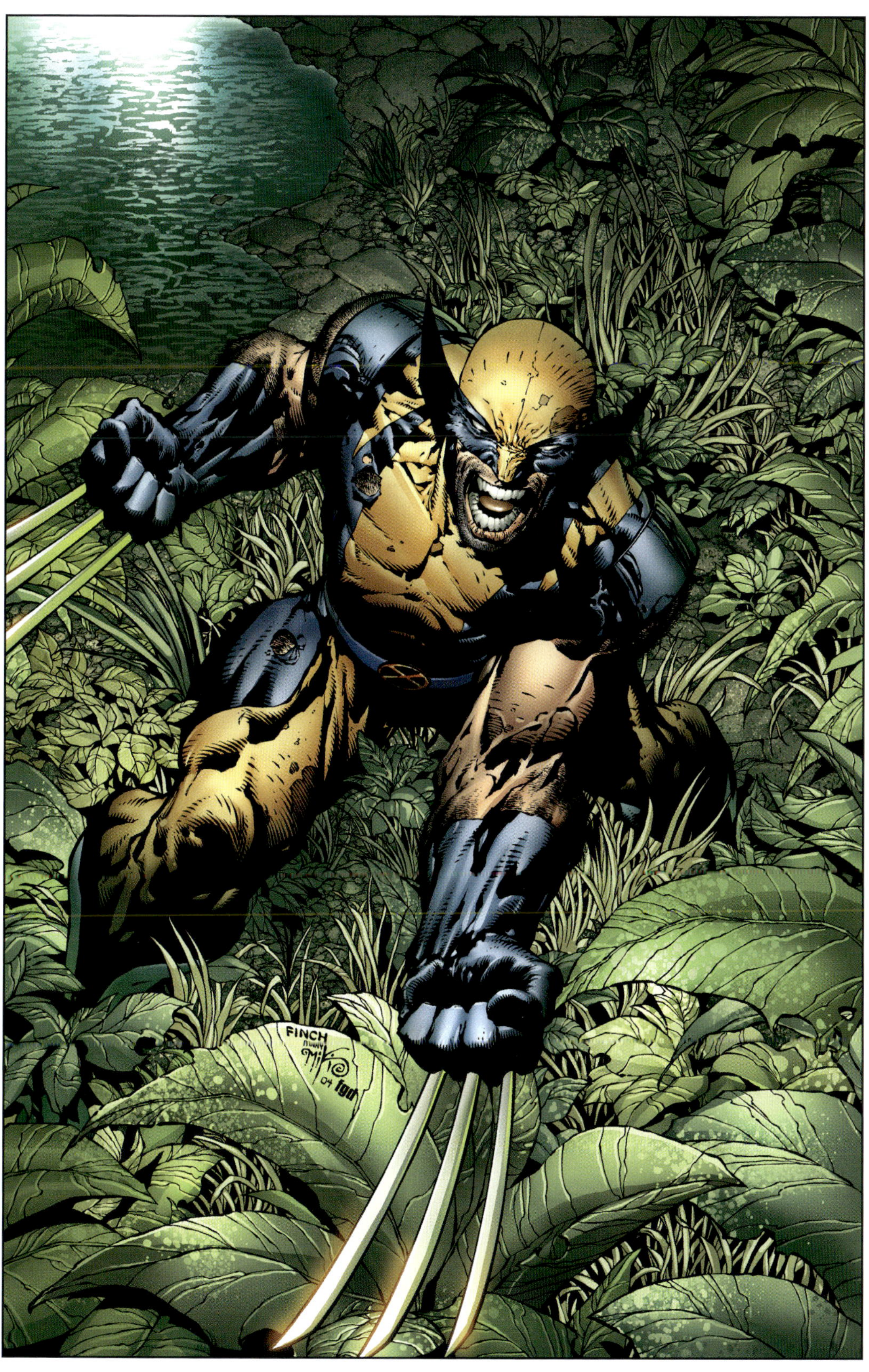

New Avengers (2005) 5
Cover von **DAVID FINCH**

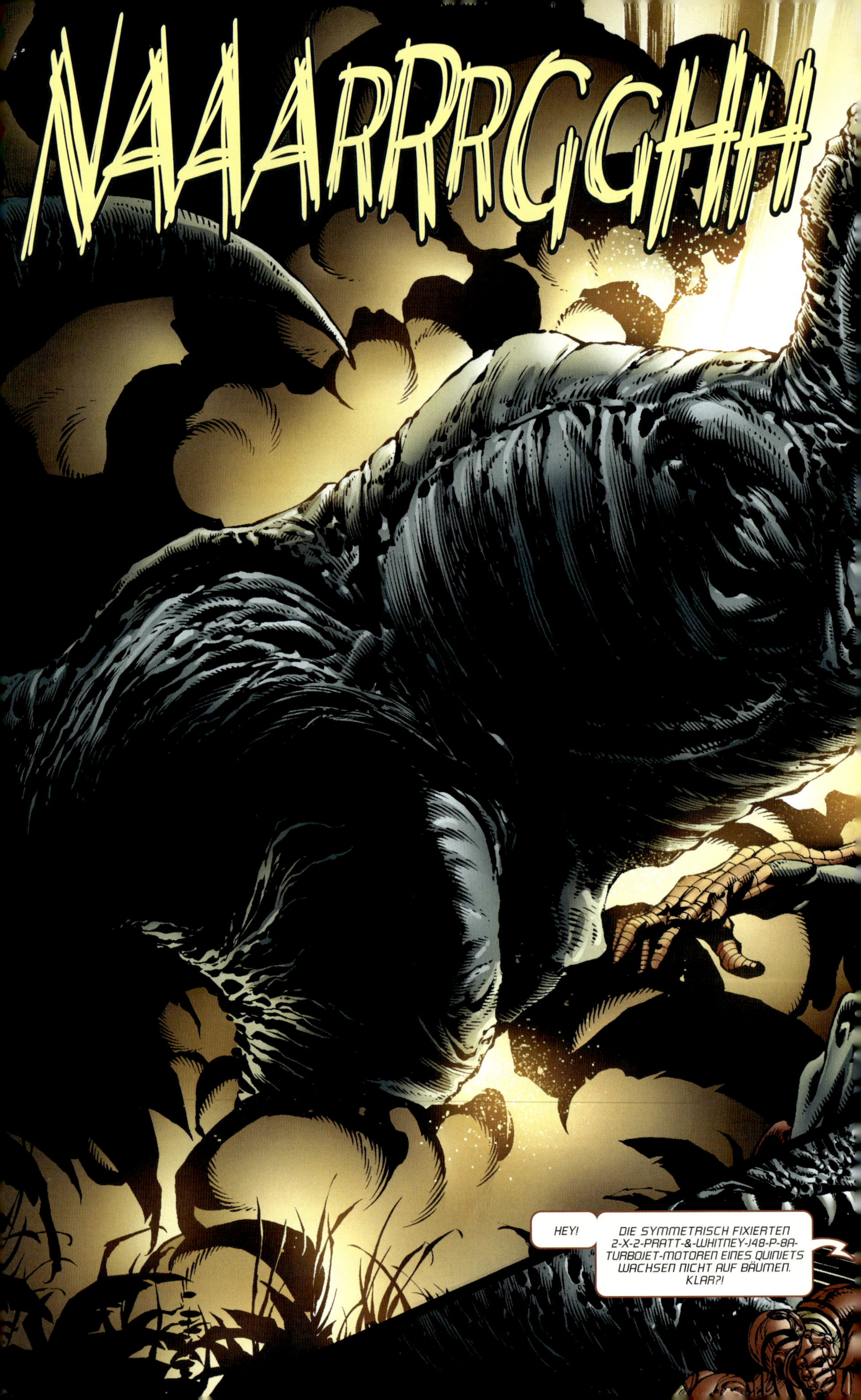
NAAARRRGGHH
HEY!
DIE SYMMETRISCH FIXIERTEN 2-X-2-PRATT-&-WHITNEY-J48-P-8A-TURBOJET-MOTOREN EINES QUINJETS WACHSEN NICHT AUF BÄUMEN. KLAR?!

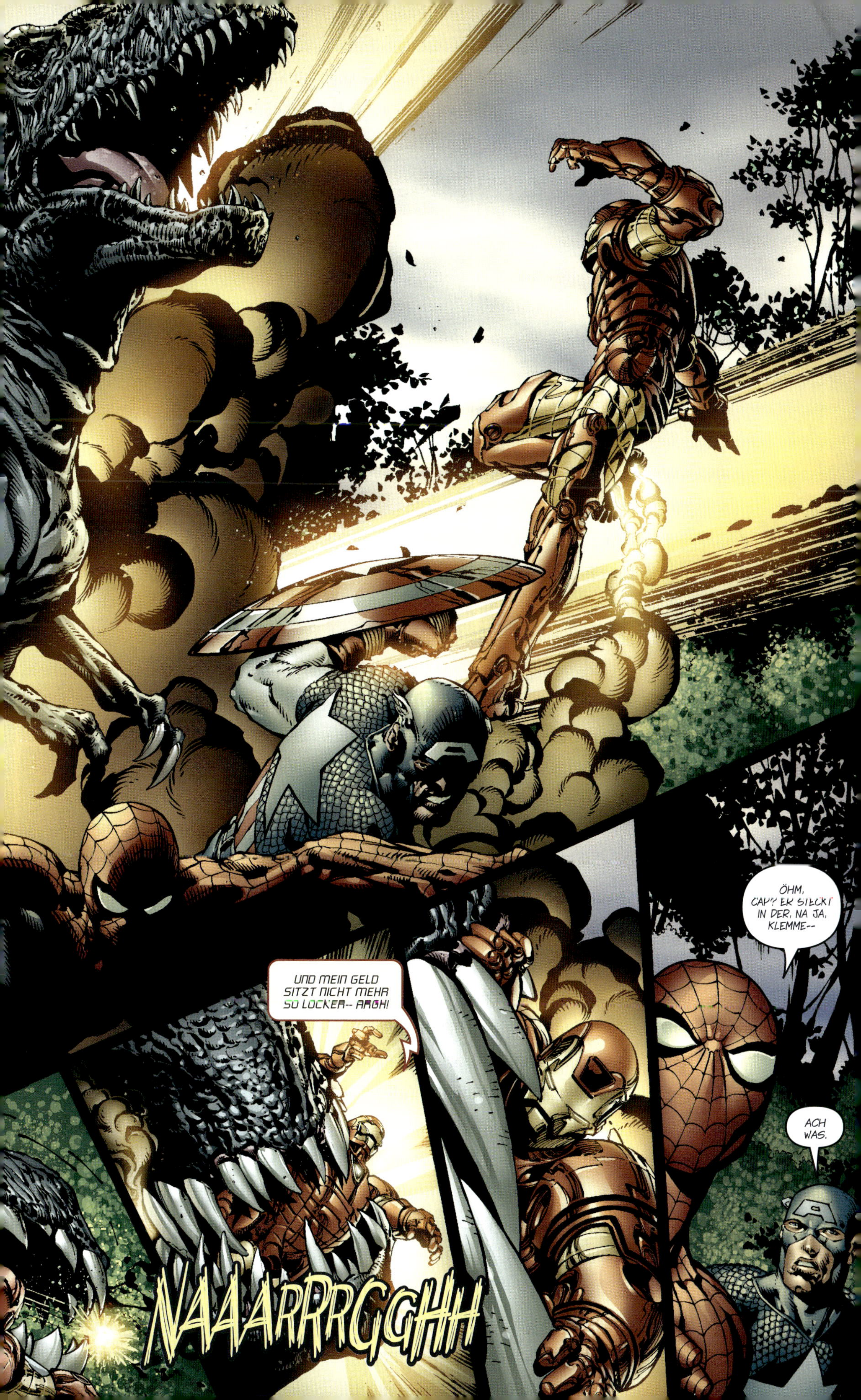
UND MEIN GELD SITZT NICHT MEHR SO LOCKER-- ARGH!
ÖHM, CAP? ER STECKT IN DER, NA JA, KLEMME--
ACH WAS.
NAAARRRGGHH

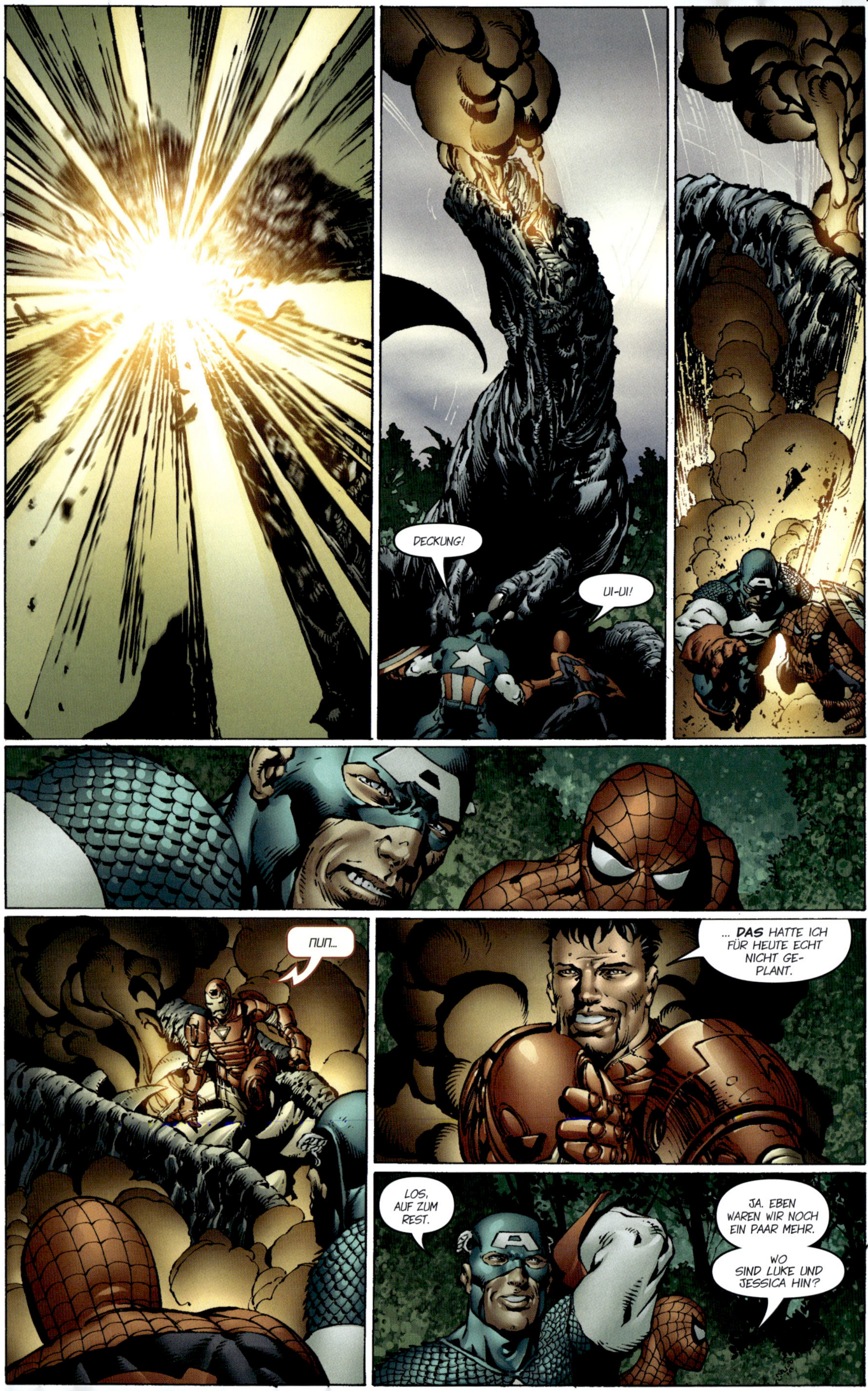

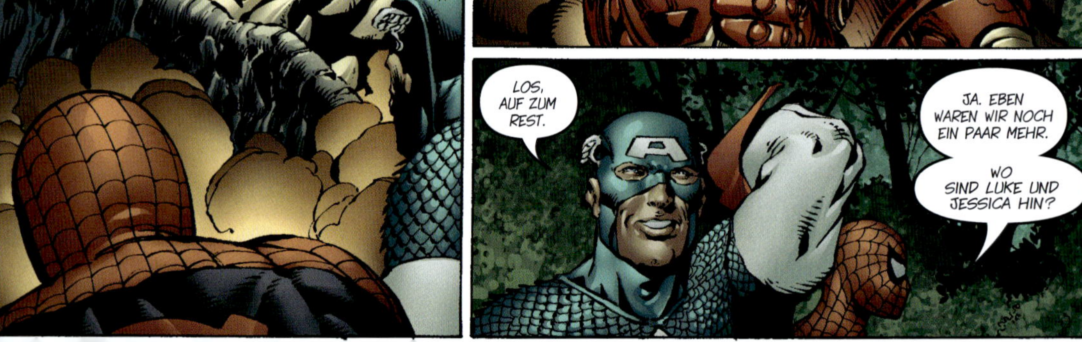
DECKUNG!
UI-UI!
NUN...
... **DAS** HATTE ICH FÜR HEUTE ECHT NICHT GE-PLANT.
LOS, AUF ZUM REST.
JA. EBEN WAREN WIR NOCH EIN PAAR MEHR.
WO SIND LUKE UND JESSICA HIN?

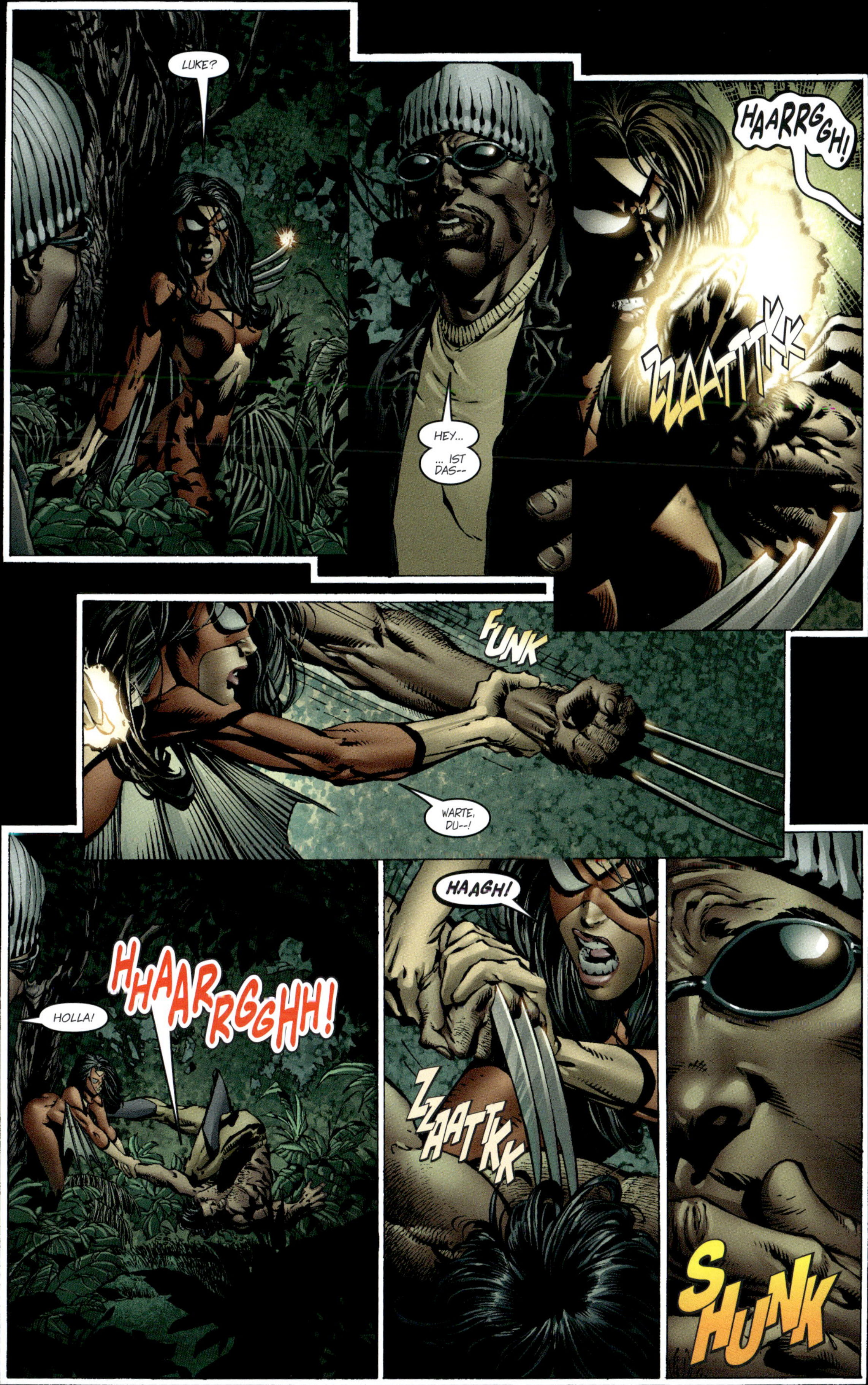
LUKE?
HEY...
... IST DAS--
HAARRGGH!
ZZAATTTKK
FUNK
WARTE, DU--!
HHAARRGGHH!
HOLLA!
HAAGH!
ZZAATTKK
SHUNK

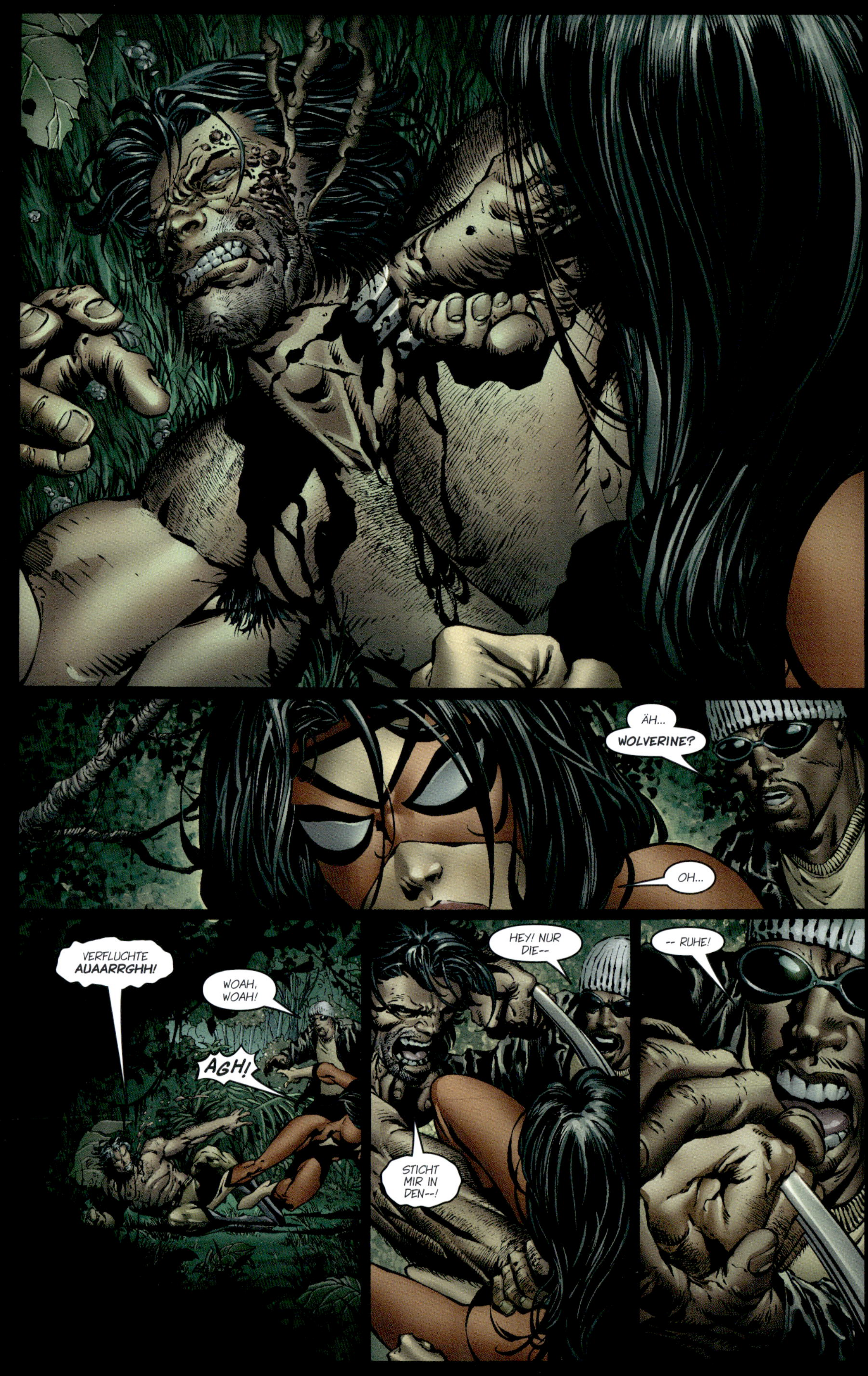
ÄH...
WOLVERINE?
OH...
VERFLUCHTE
AUAARRGHH!
WOAH,
WOAH!
AGH!
HEY! NUR
DIE--
STICHT
MIR IN
DEN--!
-- RUHE!

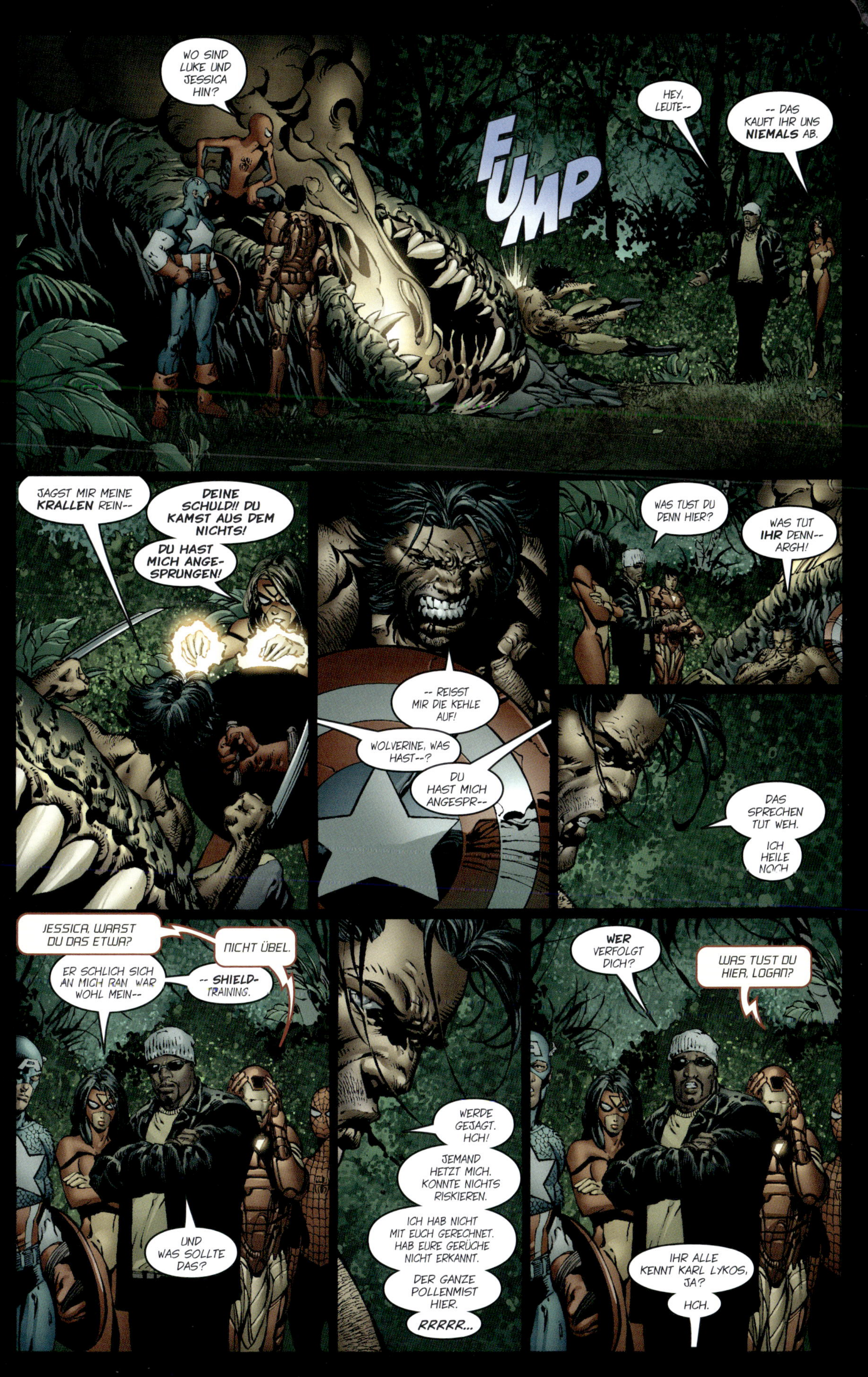

WO SIND LUKE UND JESSICA HIN?
FUMP
HEY, LEUTE--
-- DAS KAUFT IHR UNS NIEMALS AB.
JAGST MIR MEINE KRALLEN REIN--
DEINE SCHULD!! DU KAMST AUS DEM NICHTS!
DU HAST MICH ANGESPRUNGEN!
-- REISST MIR DIE KEHLE AUF!
WOLVERINE, WAS HAST--?
DU HAST MICH ANGESPR--
WAS TUST DU DENN HIER?
WAS TUT IHR DENN-- ARGH!
DAS SPRECHEN TUT WEH.
ICH HEILE NOCH
JESSICA, WARST DU DAS ETWA?
NICHT ÜBEL.
ER SCHLICH SICH AN MICH RAN. WAR WOHL MEIN--
-- SHIELD-TRAINING.
UND WAS SOLLTE DAS?
WERDE GEJAGT. HCH!
JEMAND HETZT MICH. KONNTE NICHTS RISKIEREN.
ICH HAB NICHT MIT EUCH GERECHNET. HAB EURE GERÜCHE NICHT ERKANNT.
DER GANZE POLLENMIST HIER.
RRRRR...
WER VERFOLGT DICH?
WAS TUST DU HIER, LOGAN?
IHR ALLE KENNT KARL LYKOS, JA?
HCH.

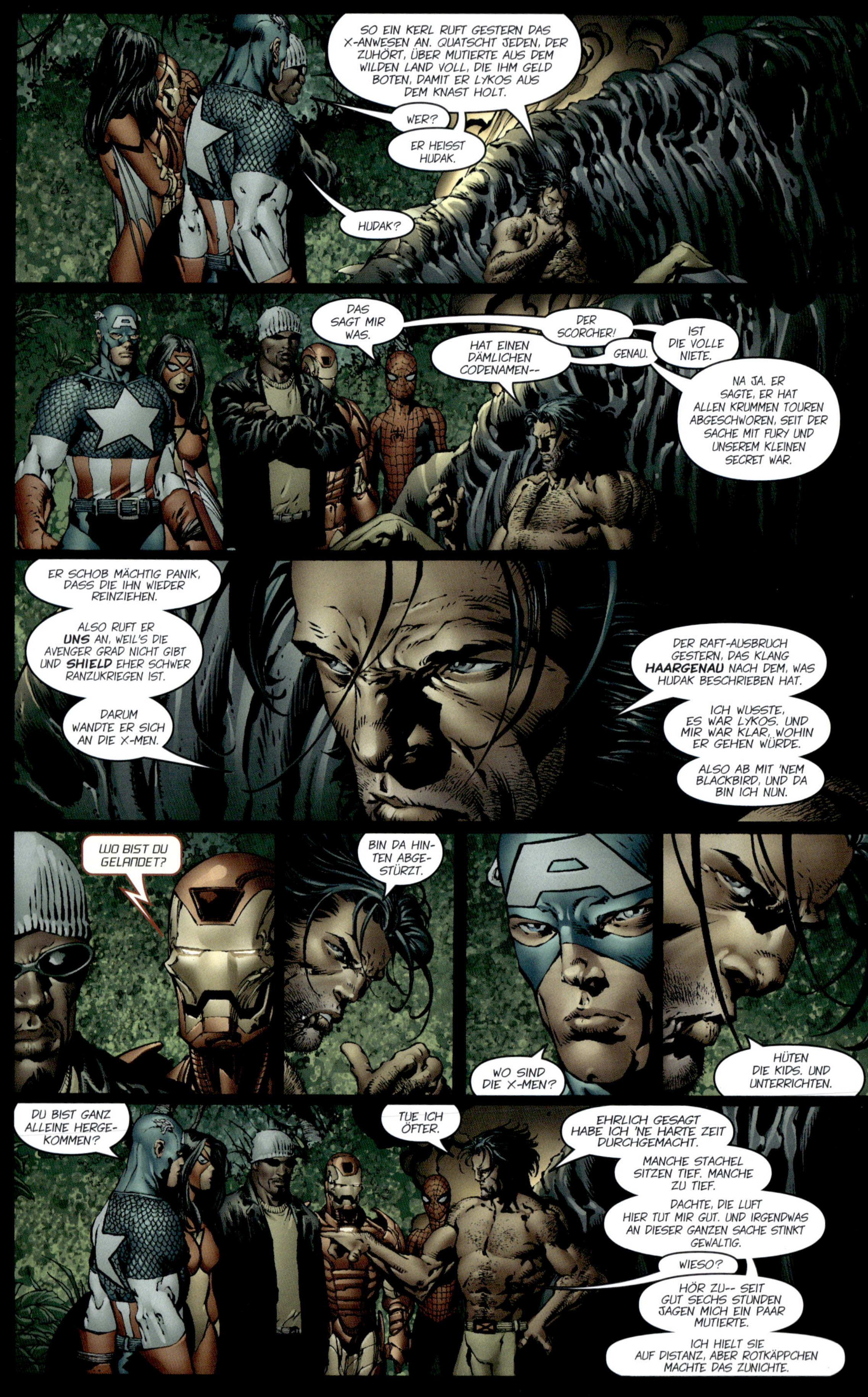
SO EIN KERL RUFT GESTERN DAS X-ANWESEN AN. QUATSCHT JEDEN, DER ZUHÖRT, ÜBER MUTIERTE AUS DEM WILDEN LAND VOLL, DIE IHM GELD BOTEN, DAMIT ER LYKOS AUS DEM KNAST HOLT.
WER?
ER HEISST HUDAK.
HUDAK?
DAS SAGT MIR WAS.
DER SCORCHER!
HAT EINEN DÄMLICHEN CODENAMEN--
GENAU.
IST DIE VOLLE NIETE.
NA JA. ER SAGTE, ER HAT ALLEN KRUMMEN TOUREN ABGESCHWOREN, SEIT DER SACHE MIT FURY UND UNSEREM KLEINEN SECRET WAR.
ER SCHOB MÄCHTIG PANIK, DASS DIE IHN WIEDER REINZIEHEN.
ALSO RUFT ER **UNS** AN, WEIL'S DIE AVENGER GRAD NICHT GIBT UND **SHIELD** EHER SCHWER RANZUKRIEGEN IST.
DARUM WANDTE ER SICH AN DIE X-MEN.
DER RAFT-AUSBRUCH GESTERN, DAS KLANG **HAARGENAU** NACH DEM, WAS HUDAK BESCHRIEBEN HAT.
ICH WUSSTE, ES WAR LYKOS. UND MIR WAR KLAR, WOHIN ER GEHEN WÜRDE.
ALSO AB MIT 'NEM BLACKBIRD, UND DA BIN ICH NUN.
WO BIST DU GELANDET?
BIN DA HINTEN ABGESTÜRZT.
WO SIND DIE X-MEN?
HÜTEN DIE KIDS. UND UNTERRICHTEN.
DU BIST GANZ ALLEINE HERGEKOMMEN?
TUE ICH ÖFTER.
EHRLICH GESAGT HABE ICH 'NE HARTE ZEIT DURCHGEMACHT.
MANCHE STACHEL SITZEN TIEF. MANCHE ZU TIEF.
DACHTE, DIE LUFT HIER TUT MIR GUT. UND IRGENDWAS AN DIESER GANZEN SACHE STINKT GEWALTIG.
WIESO?
HÖR ZU-- SEIT GUT SECHS STUNDEN JAGEN MICH EIN PAAR MUTIERTE.
ICH HIELT SIE AUF DISTANZ, ABER ROTKÄPPCHEN MACHTE DAS ZUNICHTE.

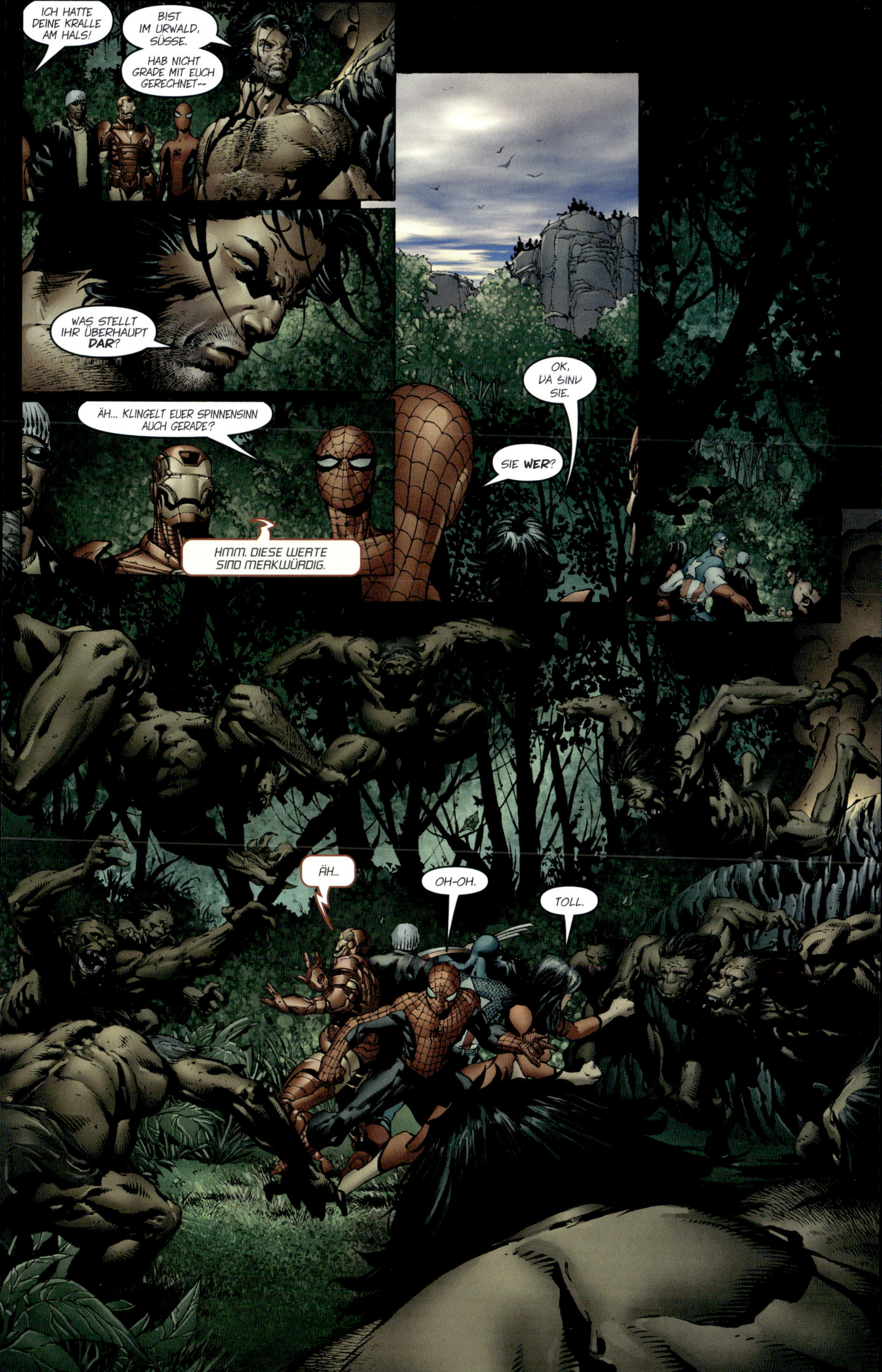
ICH HATTE DEINE KRALLE AM HALS!
BIST IM URWALD, SÜSSE.
HAB NICHT GRADE MIT EUCH GERECHNET--
WAS STELLT IHR ÜBERHAUPT DAR?
ÄH... KLINGELT EUER SPINNENSINN AUCH GERADE?
HMM. DIESE WERTE SIND MERKWÜRDIG.
OK, DA SIND SIE.
SIE WER?
ÄH...
OH-OH.
TOLL.

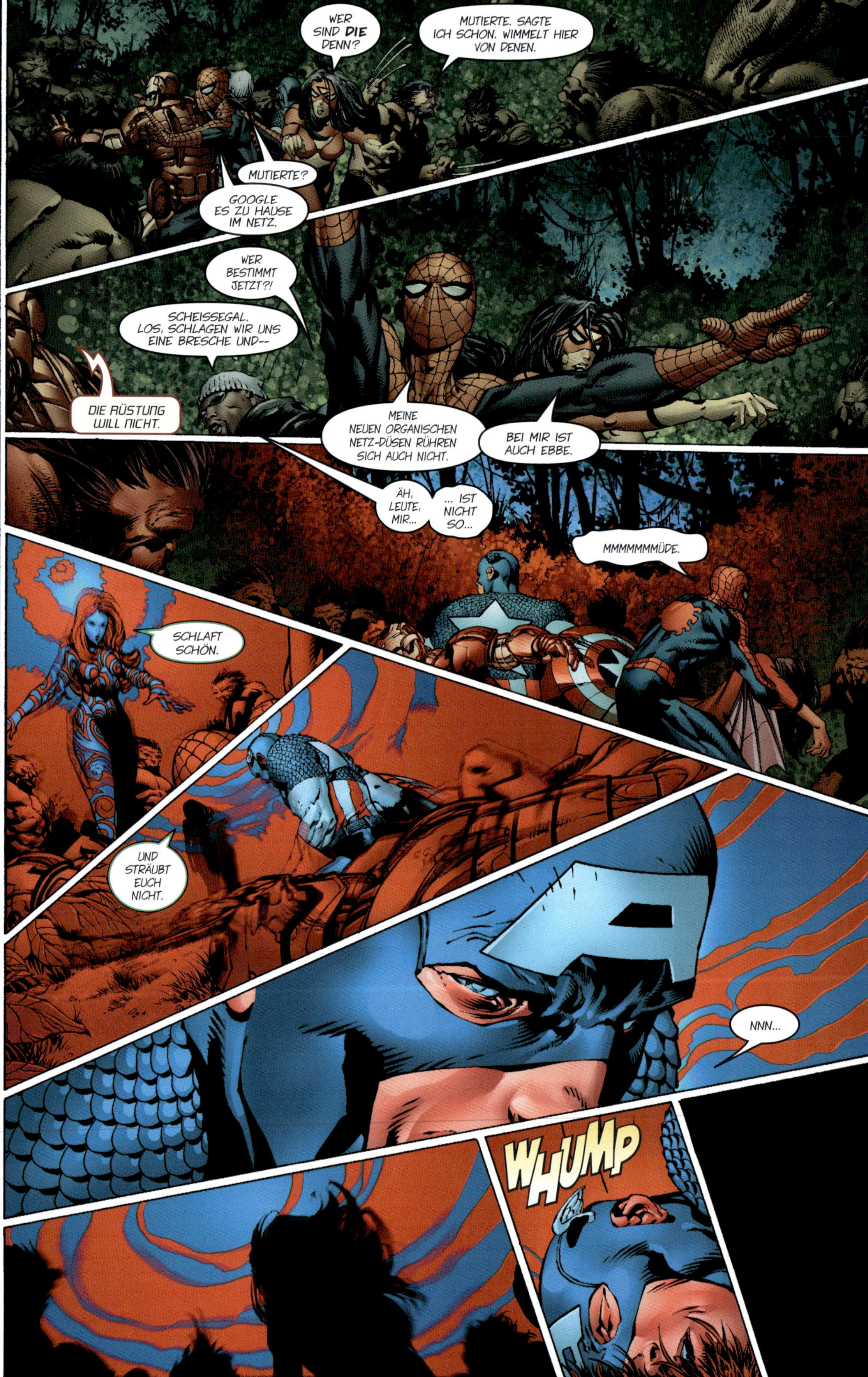
WER SIND DIE DENN?
MUTIERTE. SAGTE ICH SCHON. WIMMELT HIER VON DENEN.
MUTIERTE?
GOOGLE ES ZU HAUSE IM NETZ.
WER BESTIMMT JETZT?!
SCHEISSEGAL. LOS, SCHLAGEN WIR UNS EINE BRESCHE UND--
DIE RÜSTUNG WILL NICHT.
MEINE NEUEN ORGANISCHEN NETZ-DÜSEN RÜHREN SICH AUCH NICHT.
BEI MIR IST AUCH EBBE.
ÄH, LEUTE, MIR...
... IST NICHT SO...
MMMMMMMÜDE.
SCHLAFT SCHÖN.
UND STRÄUBT EUCH NICHT.
NNN...
WHUMP

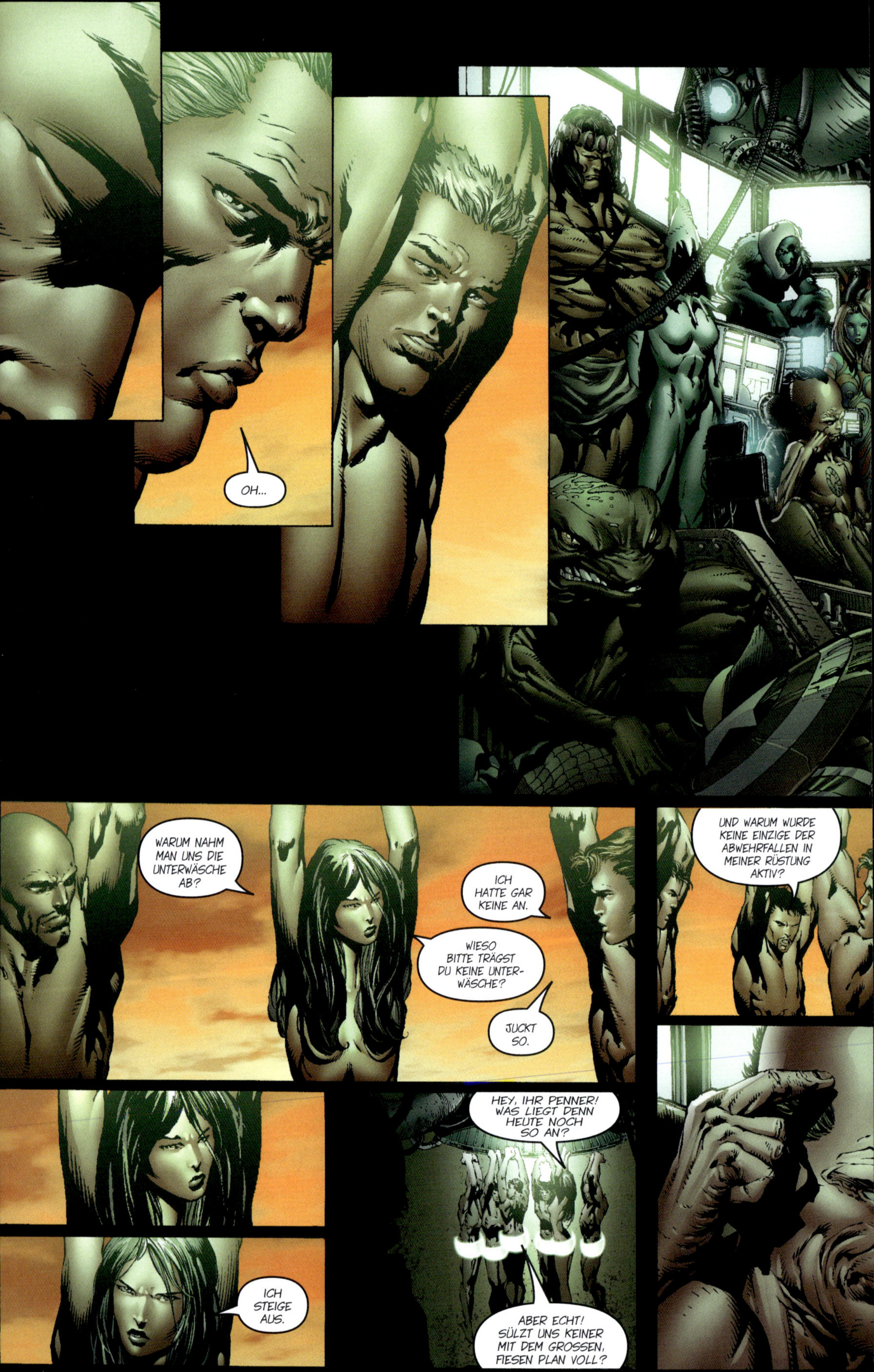

OH...

WARUM NAHM MAN UNS DIE UNTERWÄSCHE AB?

ICH HATTE GAR KEINE AN.

WIESO BITTE TRÄGST DU KEINE UNTERWÄSCHE?

JUCKT SO.

UND WARUM WURDE KEINE EINZIGE DER ABWEHRFALLEN IN MEINER RÜSTUNG AKTIV?

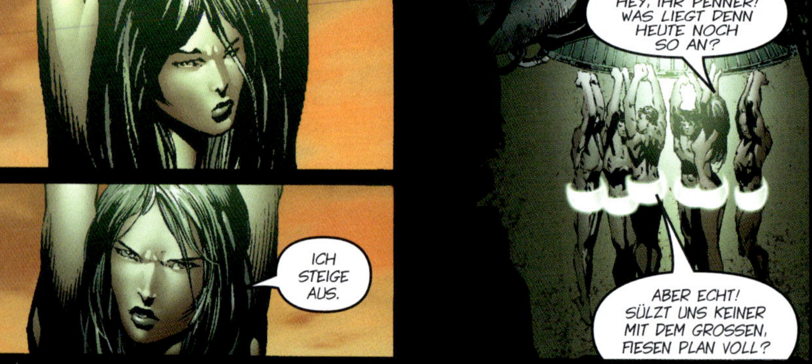

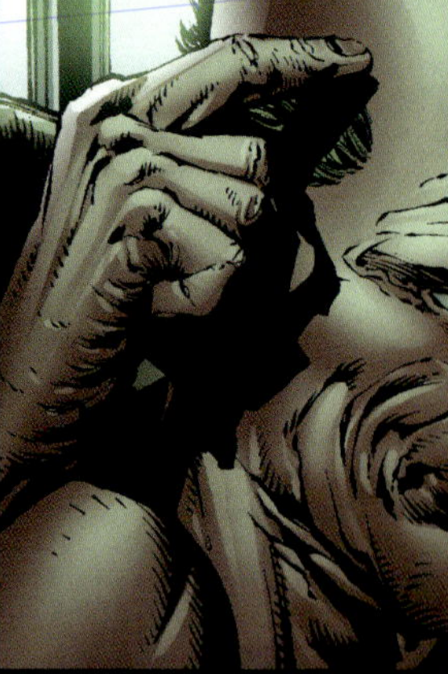

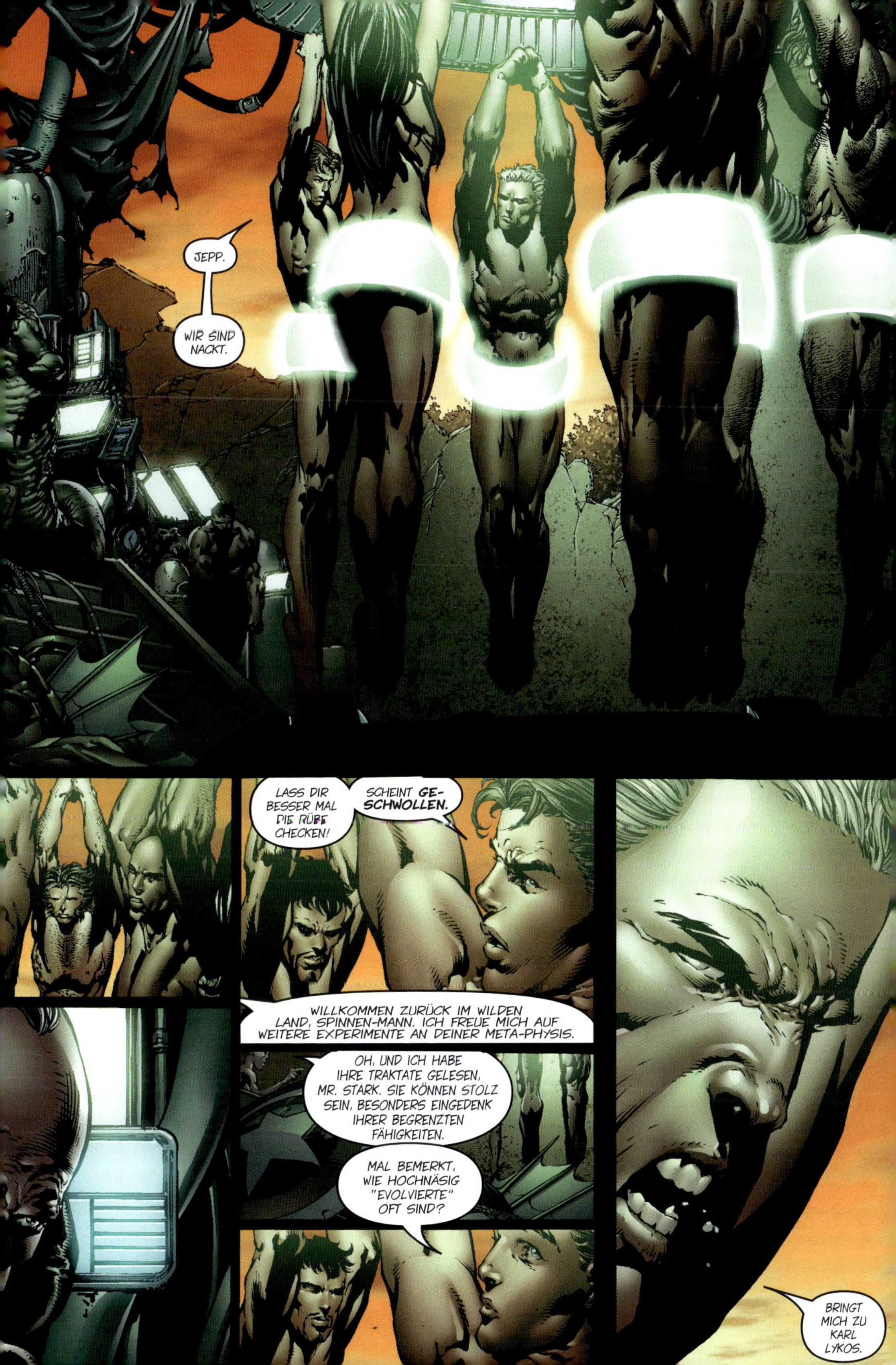
JEPP.
WIR SIND NACKT.
LASS DIR BESSER MAL DIE RÜBE CHECKEN!
SCHEINT GE-SCHWOLLEN.
WILLKOMMEN ZURÜCK IM WILDEN LAND, SPINNEN-MANN. ICH FREUE MICH AUF WEITERE EXPERIMENTE AN DEINER META-PHYSIS.
OH, UND ICH HABE IHRE TRAKTATE GELESEN, MR. STARK. SIE KÖNNEN STOLZ SEIN, BESONDERS EINGEDENK IHRER BEGRENZTEN FÄHIGKEITEN.
MAL BEMERKT, WIE HOCHNÄSIG "EVOLVIERTE" OFT SIND?
BRINGT MICH ZU KARL LYKOS.

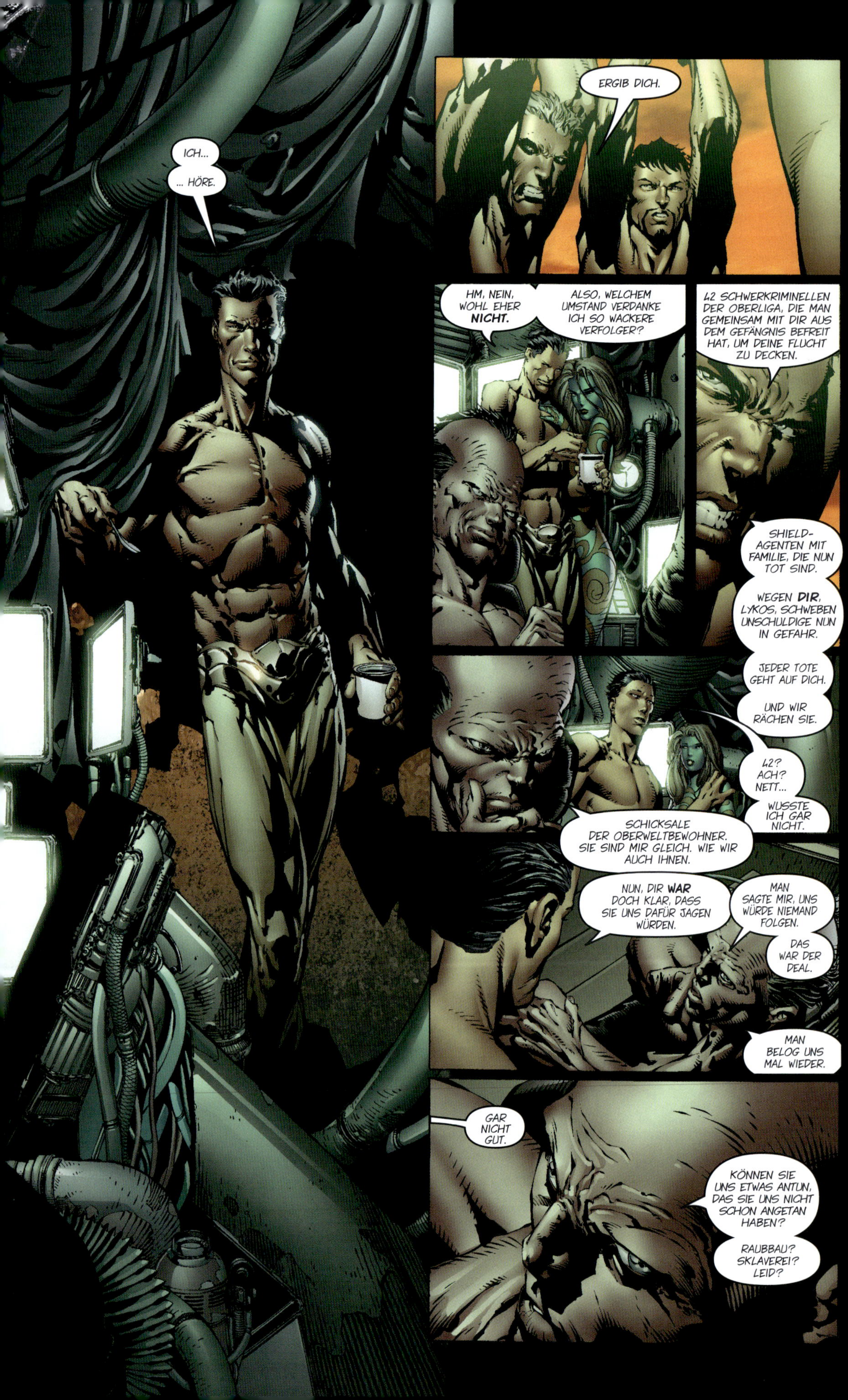
ICH...
... HÖRE.
ERGIB DICH.
HM, NEIN, WOHL EHER NICHT.
ALSO, WELCHEM UMSTAND VERDANKE ICH SO WACKERE VERFOLGER?
42 SCHWERKRIMINELLEN DER OBERLIGA, DIE MAN GEMEINSAM MIT DIR AUS DEM GEFÄNGNIS BEFREIT HAT, UM DEINE FLUCHT ZU DECKEN.
SHIELD-AGENTEN MIT FAMILIE, DIE NUN TOT SIND.
WEGEN DIR, LYKOS, SCHWEBEN UNSCHULDIGE NUN IN GEFAHR.
JEDER TOTE GEHT AUF DICH.
UND WIR RÄCHEN SIE.
42? ACH? NETT...
WUSSTE ICH GAR NICHT.
SCHICKSALE DER OBERWELTBEWOHNER. SIE SIND MIR GLEICH. WIE WIR AUCH IHNEN.
NUN, DIR WAR DOCH KLAR, DASS SIE UNS DAFÜR JAGEN WÜRDEN.
MAN SAGTE MIR, UNS WÜRDE NIEMAND FOLGEN.
DAS WAR DER DEAL.
MAN BELOG UNS MAL WIEDER.
GAR NICHT GUT.
KÖNNEN SIE UNS ETWAS ANTUN, DAS SIE UNS NICHT SCHON ANGETAN HABEN?
RAUBBAU? SKLAVEREI? LEID?

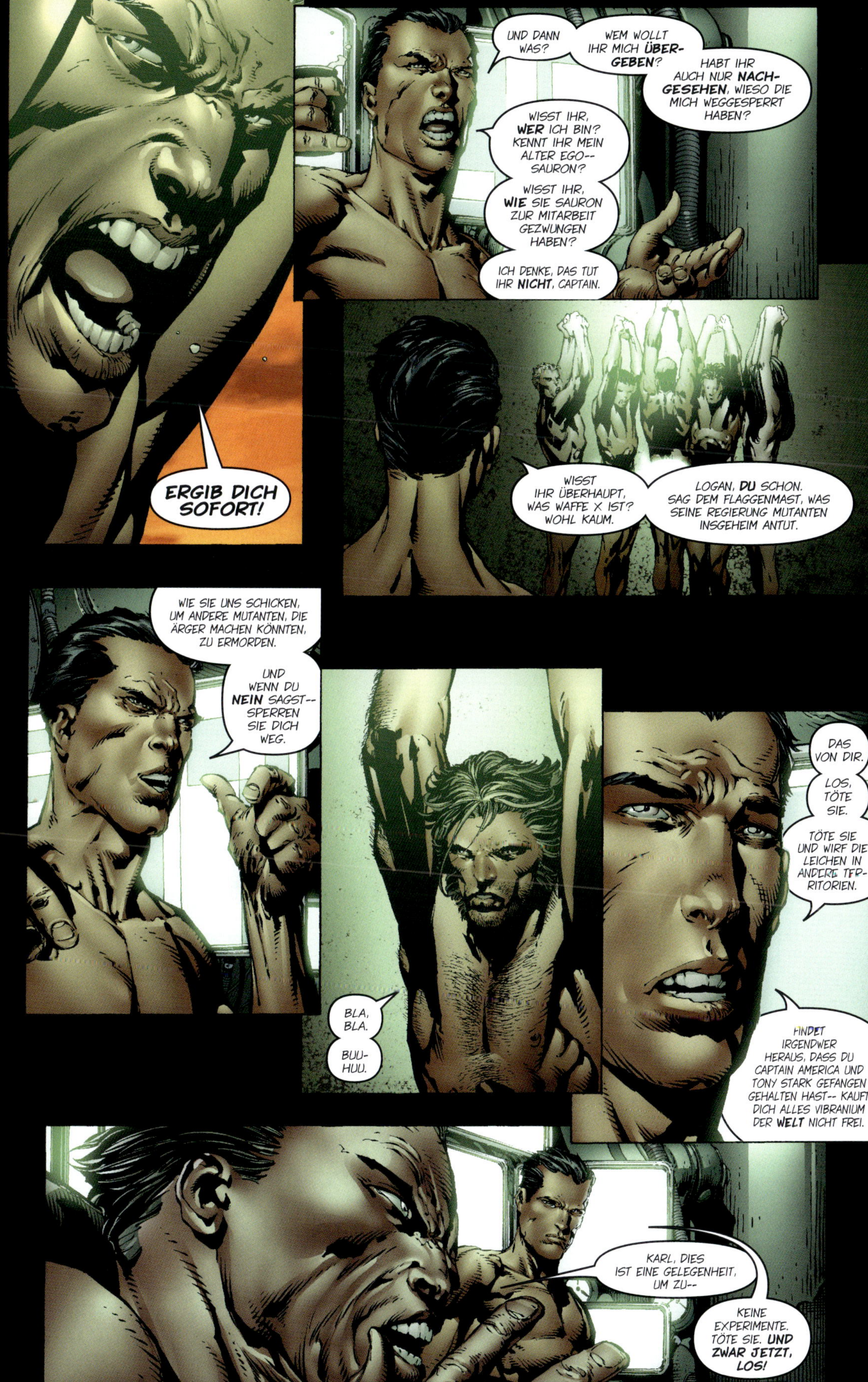
ERGIB DICH SOFORT!
UND DANN WAS?
WEM WOLLT IHR MICH ÜBERGEBEN?
HABT IHR AUCH NUR NACHGESEHEN, WIESO DIE MICH WEGGESPERRT HABEN?
WISST IHR, WER ICH BIN? KENNT IHR MEIN ALTER EGO-- SAURON?
WISST IHR, WIE SIE SAURON ZUR MITARBEIT GEZWUNGEN HABEN?
ICH DENKE, DAS TUT IHR NICHT, CAPTAIN.
WISST IHR ÜBERHAUPT, WAS WAFFE X IST? WOHL KAUM.
LOGAN, DU SCHON. SAG DEM FLAGGENMAST, WAS SEINE REGIERUNG MUTANTEN INSGEHEIM ANTUT.
WIE SIE UNS SCHICKEN, UM ANDERE MUTANTEN, DIE ÄRGER MACHEN KÖNNTEN, ZU ERMORDEN.
UND WENN DU NEIN SAGST-- SPERREN SIE DICH WEG.
BLA, BLA.
BUU-HUU.
DAS VON DIR.
LOS, TÖTE SIE.
TÖTE SIE UND WIRF DIE LEICHEN IN ANDERE TERRITORIEN.
FINDET IRGENDWER HERAUS, DASS DU CAPTAIN AMERICA UND TONY STARK GEFANGEN GEHALTEN HAST-- KAUFT DICH ALLES VIBRANIUM DER WELT NICHT FREI.
KARL, DIES IST EINE GELEGENHEIT, UM ZU--
KEINE EXPERIMENTE. TÖTE SIE. UND ZWAR JETZT, LOS!

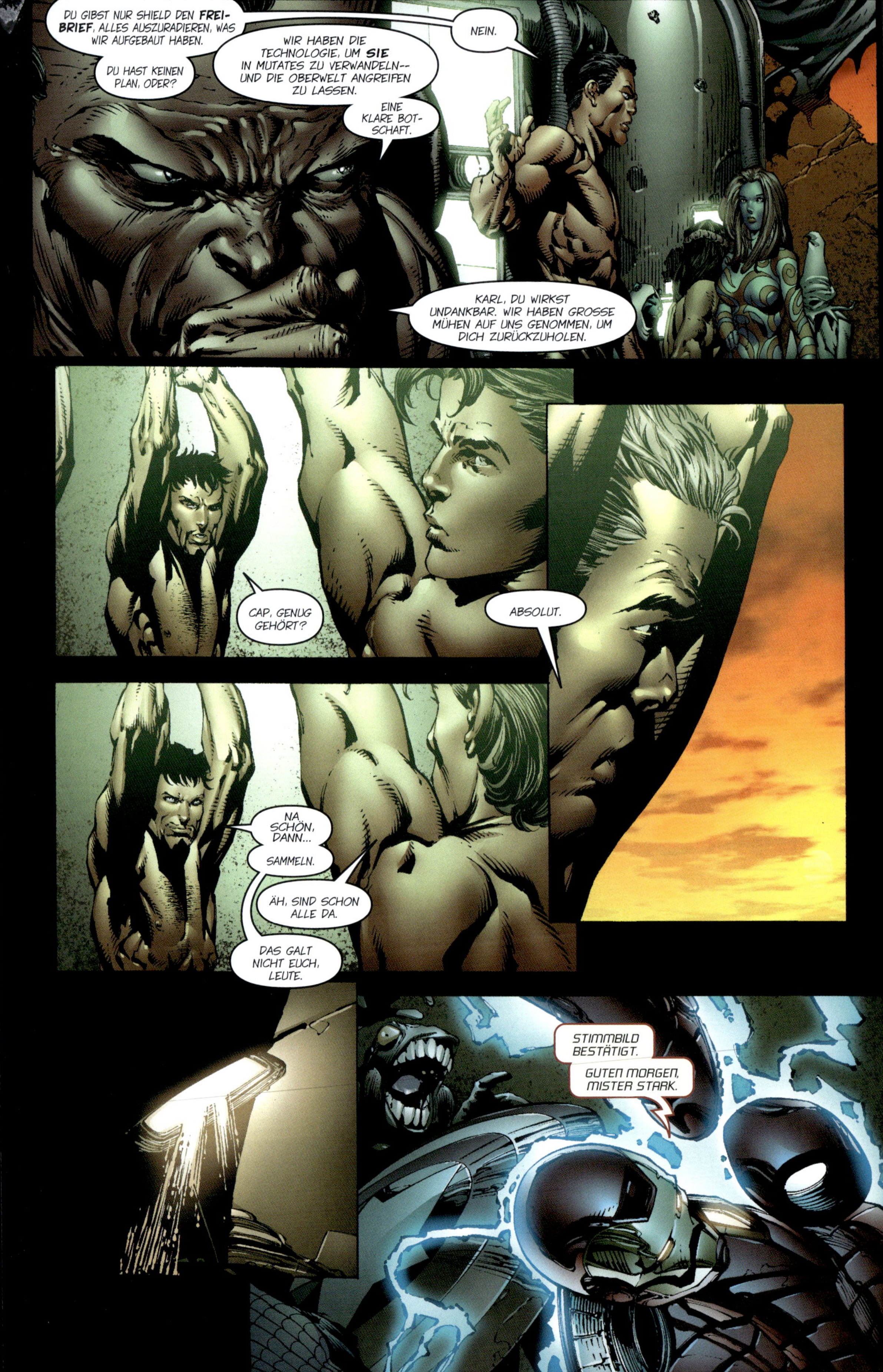
DU GIBST NUR SHIELD DEN FREIBRIEF, ALLES AUSZURADIEREN, WAS WIR AUFGEBAUT HABEN.
NEIN.
DU HAST KEINEN PLAN, ODER?
WIR HABEN DIE TECHNOLOGIE, UM SIE IN MUTATES ZU VERWANDELN-- UND DIE OBERWELT ANGREIFEN ZU LASSEN.
EINE KLARE BOTSCHAFT.
KARL, DU WIRKST UNDANKBAR. WIR HABEN GROSSE MÜHEN AUF UNS GENOMMEN, UM DICH ZURÜCKZUHOLEN.
CAP, GENUG GEHÖRT?
ABSOLUT.
NA, SCHÖN, DANN...
SAMMELN.
ÄH, SIND SCHON ALLE DA.
DAS GALT NICHT EUCH, LEUTE.
STIMMBILD BESTÄTIGT.
GUTEN MORGEN, MISTER STARK.

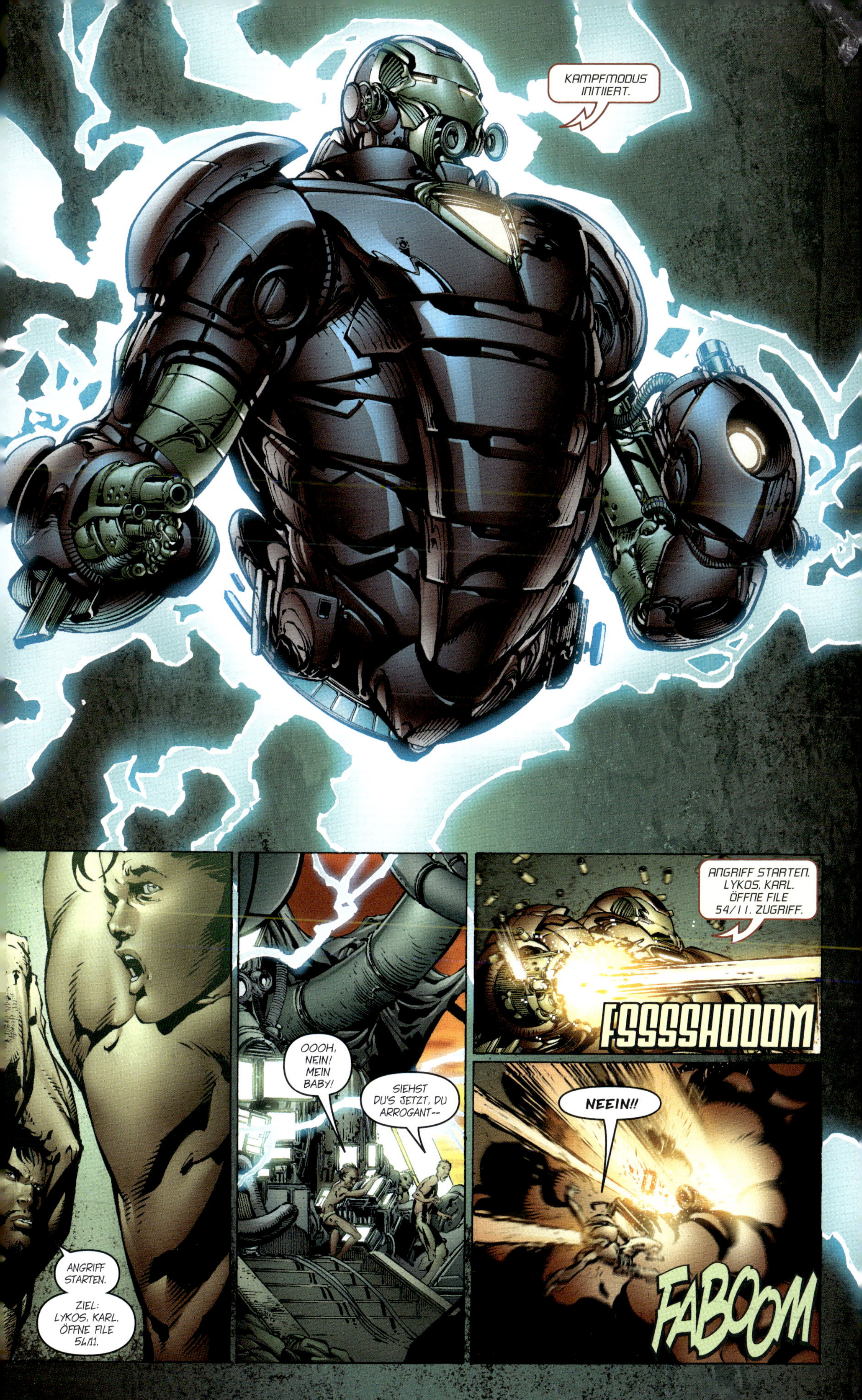
KAMPFMODUS INITIIERT.
ANGRIFF STARTEN.
ZIEL: LYKOS, KARL. ÖFFNE FILE 54/11.
OOOH, NEIN! MEIN BABY!
SIEHST DU'S JETZT, DU ARROGANT--
ANGRIFF STARTEN. LYKOS, KARL. ÖFFNE FILE 54/11. ZUGRIFF.
FSSSSHOOOM
NEEIN!!
FABOOM

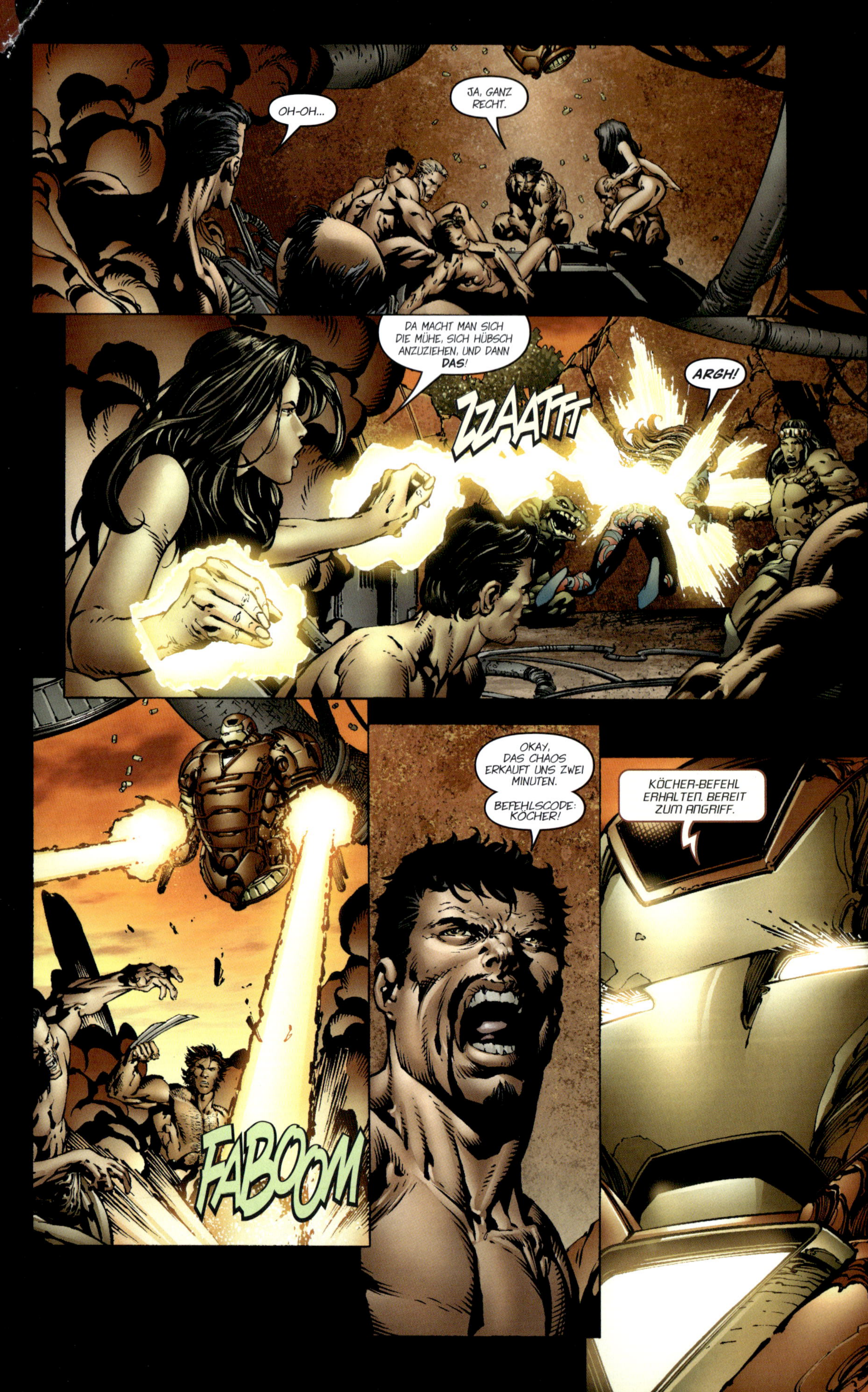
OH-OH...
JA, GANZ RECHT.
DA MACHT MAN SICH DIE MÜHE, SICH HÜBSCH ANZUZIEHEN, UND DANN **DAS**!
ZZAATTT
ARGH!
FABOOM
OKAY, DAS CHAOS ERKAUFT UNS ZWEI MINUTEN.
BEFEHLSCODE: KÖCHER!
KÖCHER-BEFEHL ERHALTEN. BEREIT ZUM ANGRIFF.

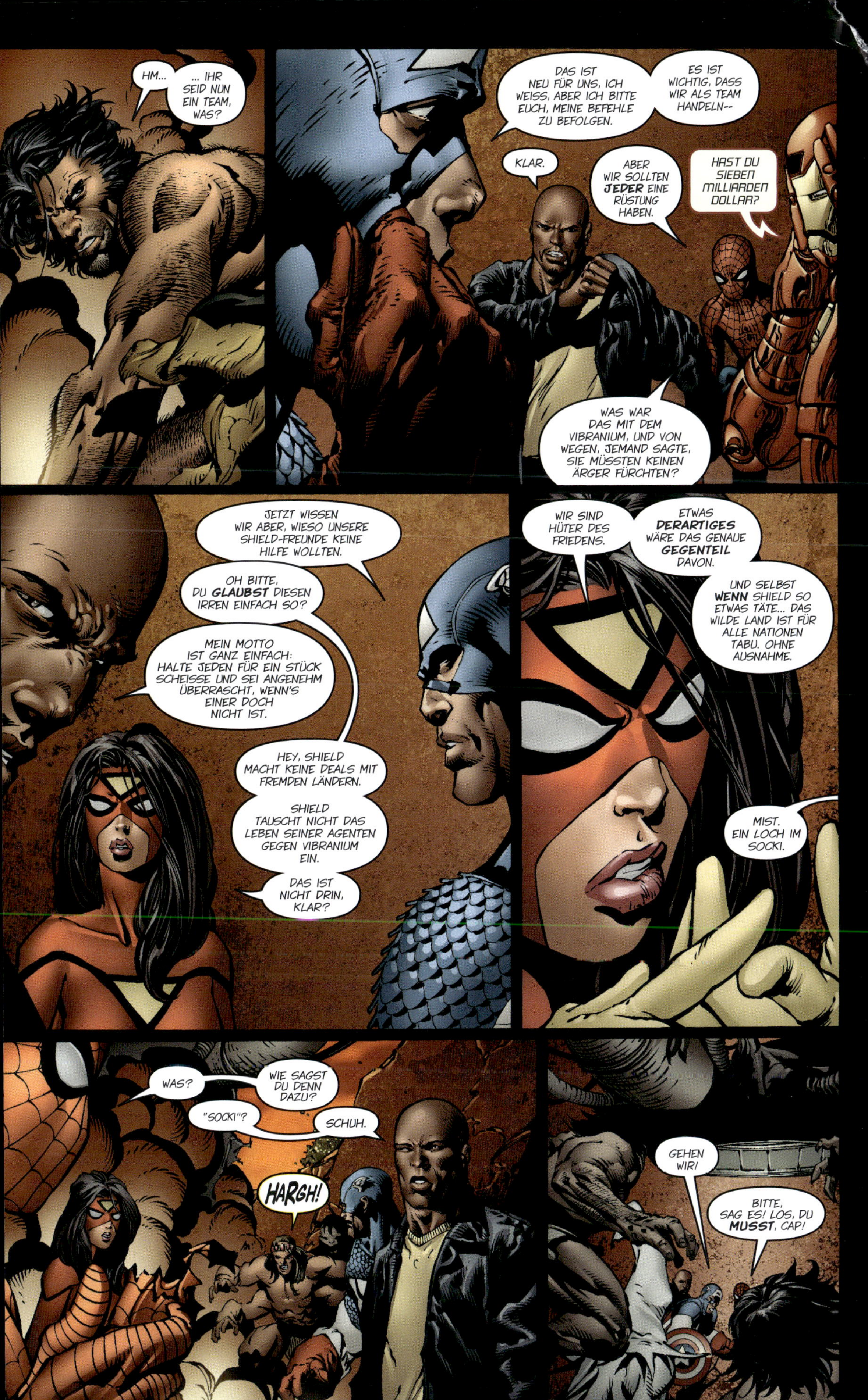
HM...
... IHR SEID NUN EIN TEAM, WAS?
DAS IST NEU FÜR UNS, ICH WEISS, ABER ICH BITTE EUCH, MEINE BEFEHLE ZU BEFOLGEN.
ES IST WICHTIG, DASS WIR ALS TEAM HANDELN--
KLAR.
ABER WIR SOLLTEN **JEDER** EINE RÜSTUNG HABEN.
HAST DU SIEBEN MILLIARDEN DOLLAR?
WAS WAR DAS MIT DEM VIBRANIUM, UND VON WEGEN, JEMAND SAGTE, SIE MÜSSTEN KEINEN ÄRGER FÜRCHTEN?
JETZT WISSEN WIR ABER, WIESO UNSERE SHIELD-FREUNDE KEINE HILFE WOLLTEN.
OH BITTE, DU **GLAUBST** DIESEN IRREN EINFACH SO?
MEIN MOTTO IST GANZ EINFACH: HALTE JEDEN FÜR EIN STÜCK SCHEISSE UND SEI ANGENEHM ÜBERRASCHT, WENN'S EINER DOCH NICHT IST.
HEY, SHIELD MACHT KEINE DEALS MIT FREMDEN LÄNDERN.
SHIELD TAUSCHT NICHT DAS LEBEN SEINER AGENTEN GEGEN VIBRANIUM EIN.
DAS IST NICHT DRIN, KLAR?
WIR SIND HÜTER DES FRIEDENS.
ETWAS **DERARTIGES** WÄRE DAS GENAUE **GEGENTEIL** DAVON.
UND SELBST **WENN** SHIELD SO ETWAS TÄTE... DAS WILDE LAND IST FÜR ALLE NATIONEN TABU. OHNE AUSNAHME.
MIST. EIN LOCH IM SOCKI.
WAS?
WIE SAGST DU DENN DAZU?
"SOCKI"?
SCHUH.
HARGH!
GEHEN WIR!
BITTE, SAG ES! LOS, DU **MUSST**, CAP!

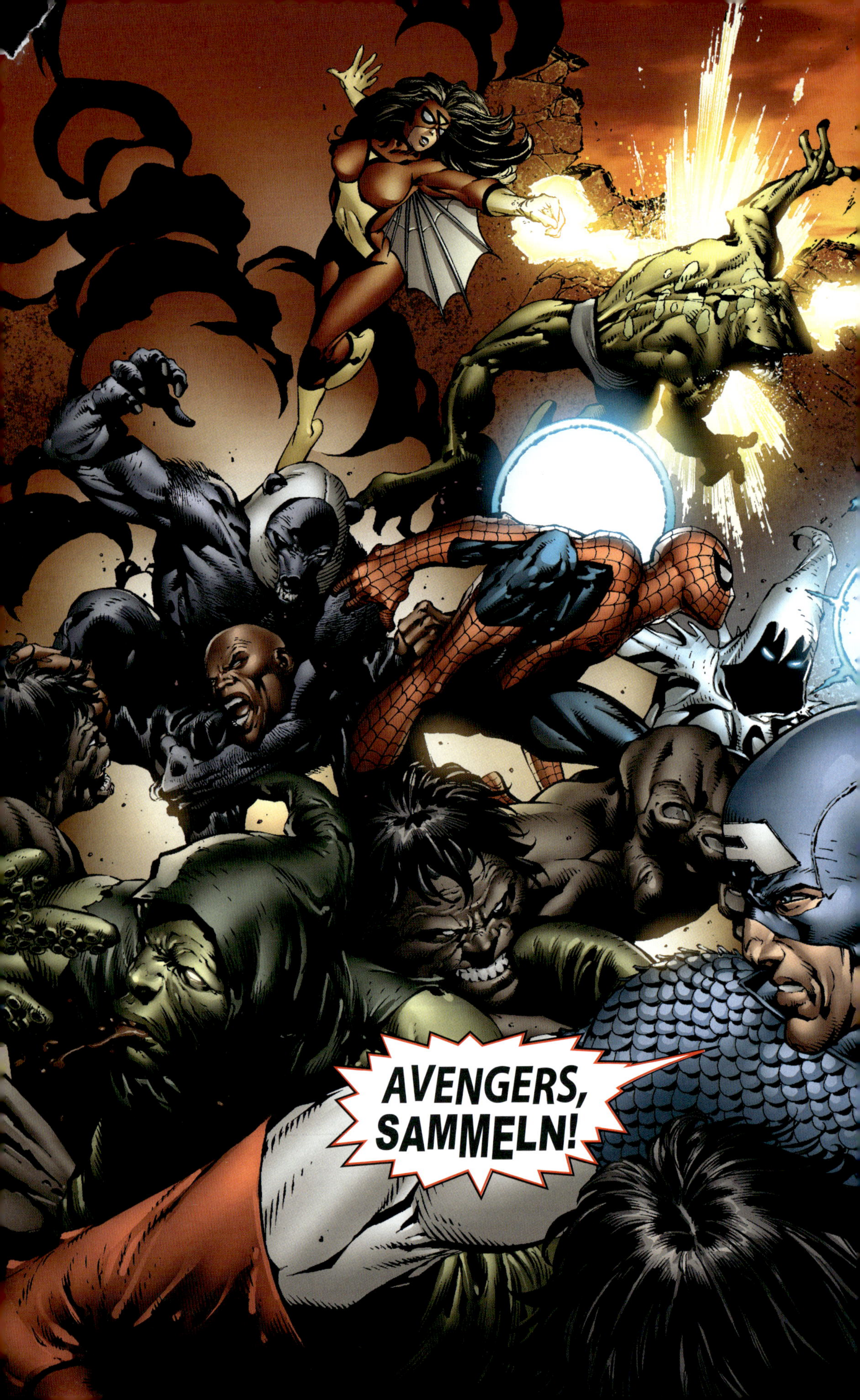
AVENGERS, SAMMELN!

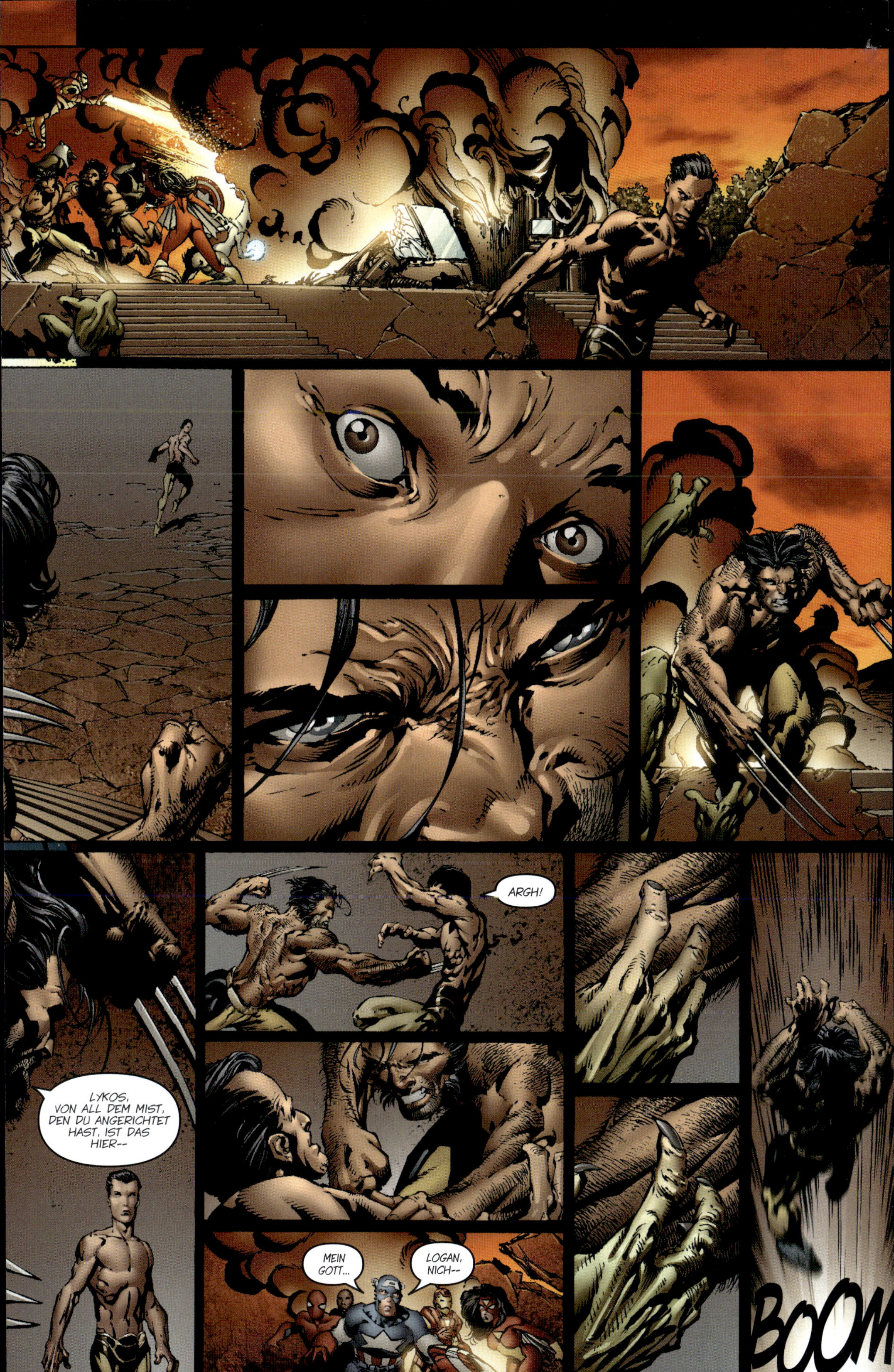
ARGH!
LYKOS, VON ALL DEM MIST, DEN DU ANGERICHTET HAST, IST DAS HIER--
MEIN GOTT...
LOGAN, NICH--
BOOM

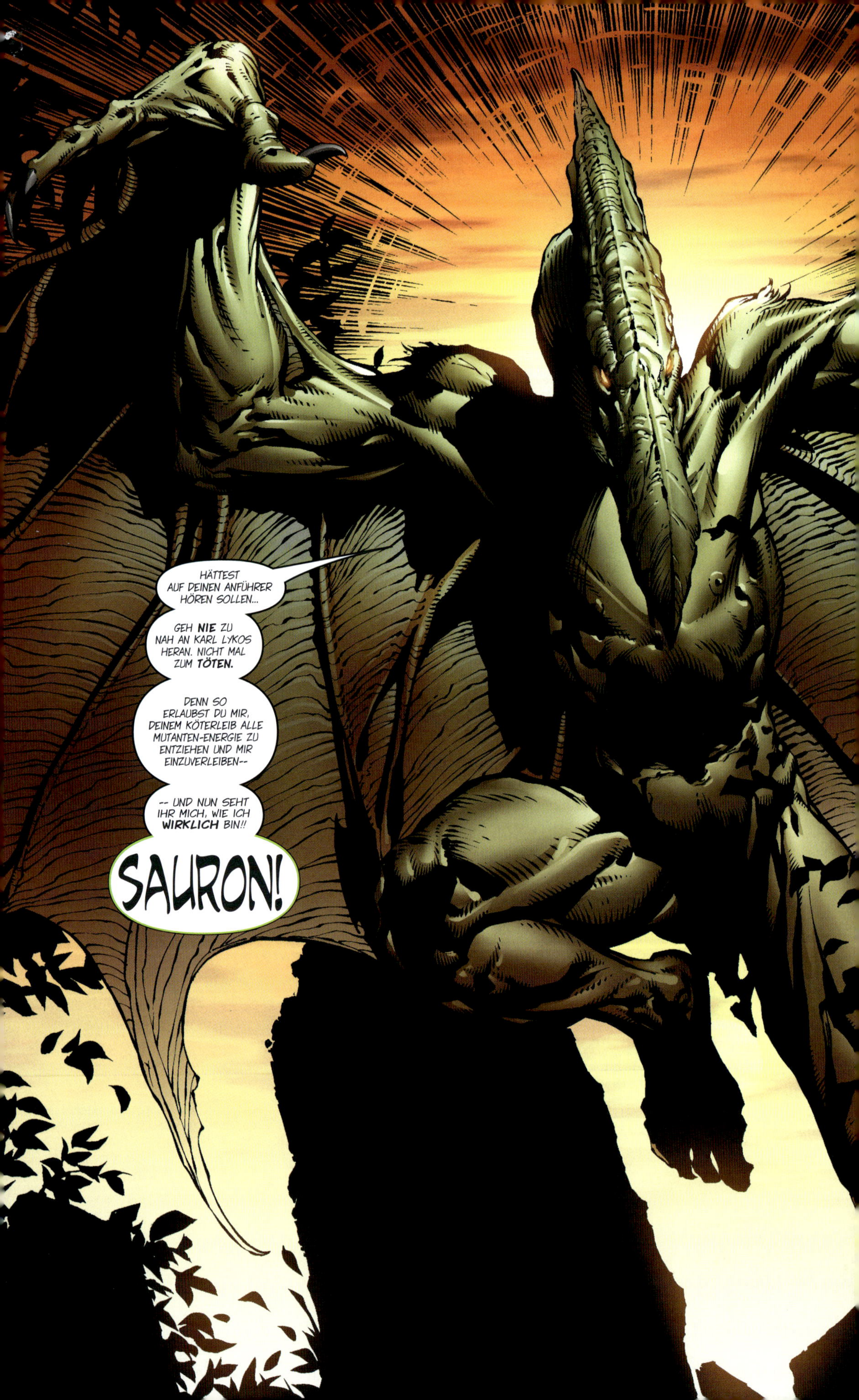
HÄTTEST AUF DEINEN ANFÜHRER HÖREN SOLLEN...
GEH **NIE** ZU NAH AN KARL LYKOS HERAN. NICHT MAL ZUM **TÖTEN.**
DENN SO ERLAUBST DU MIR, DEINEM KÖTERLEIB ALLE MUTANTEN-ENERGIE ZU ENTZIEHEN UND MIR EINZUVERLEIBEN--
-- UND NUN SEHT IHR MICH, WIE ICH **WIRKLICH** BIN!!
SAURON!

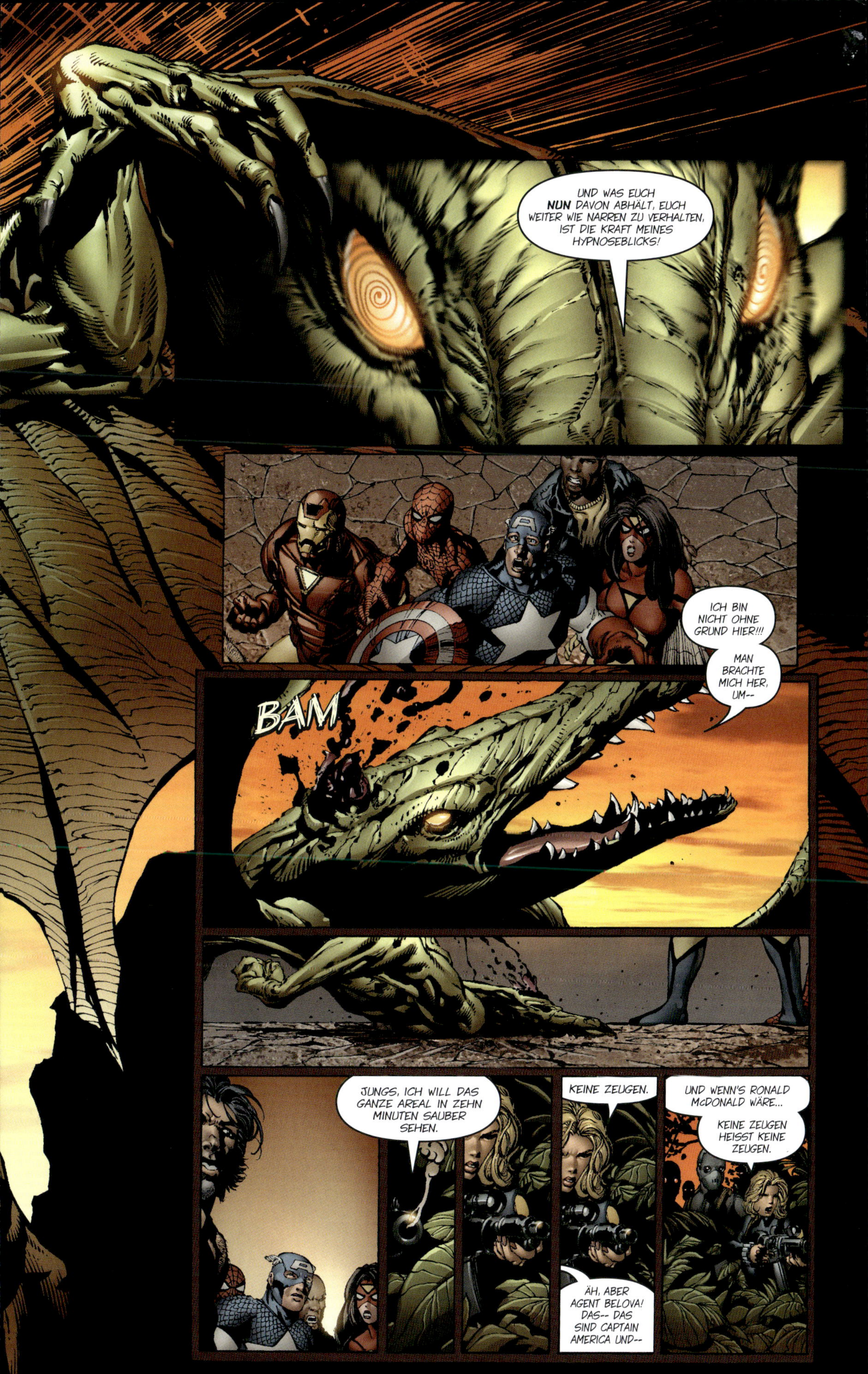
UND WAS EUCH **NUN** DAVON ABHÄLT, EUCH WEITER WIE NARREN ZU VERHALTEN, IST DIE KRAFT MEINES HYPNOSEBLICKS!
ICH BIN NICHT OHNE GRUND HIER!!!
MAN BRACHTE MICH HER, UM--
BAM
JUNGS, ICH WILL DAS GANZE AREAL IN ZEHN MINUTEN SAUBER SEHEN.
KEINE ZEUGEN.
ÄH, ABER AGENT BELOVA! DAS-- DAS SIND CAPTAIN AMERICA UND--
UND WENN'S RONALD McDONALD WÄRE...
KEINE ZEUGEN HEISST KEINE ZEUGEN.

AUSBRUCH, TEIL 6

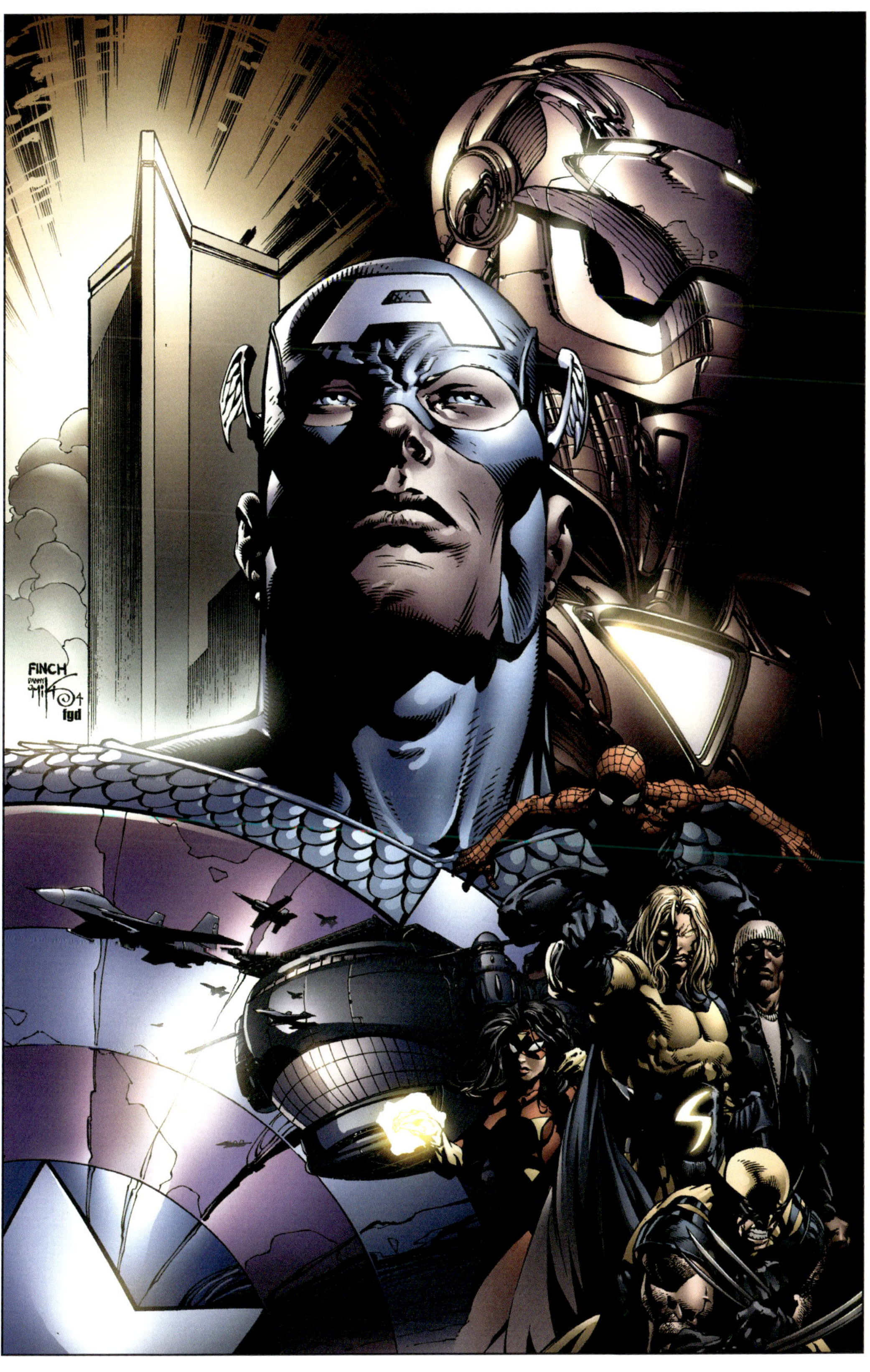

New Avengers (2005) 6
Cover von **DAVID FINCH**

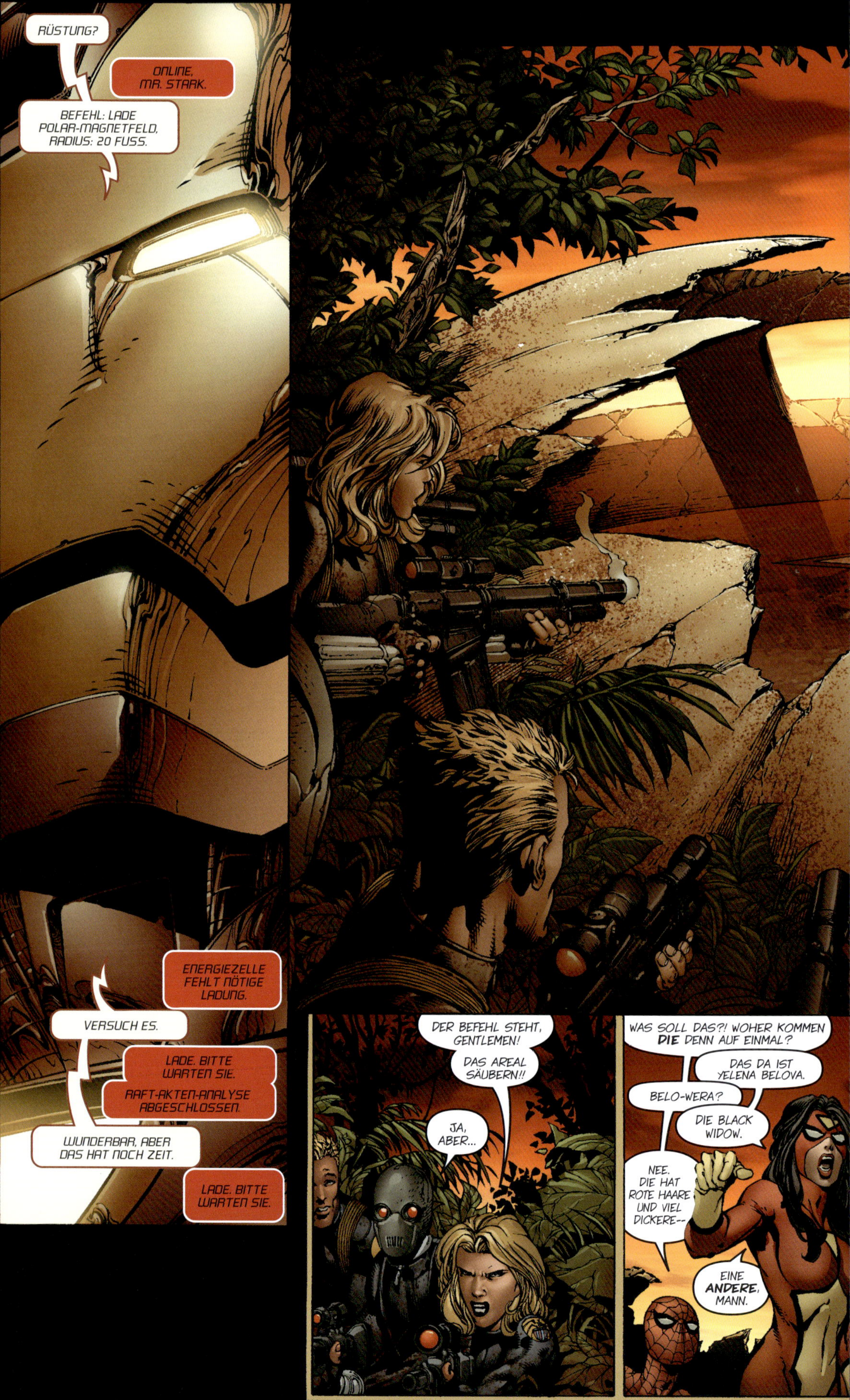
RÜSTUNG?
ONLINE, MR. STARK.
BEFEHL: LADE POLAR-MAGNETFELD, RADIUS: 20 FUSS.
ENERGIEZELLE FEHLT NÖTIGE LADUNG.
VERSUCH ES.
LADE. BITTE WARTEN SIE.
RAFT-AKTEN-ANALYSE ABGESCHLOSSEN.
WUNDERBAR, ABER DAS HAT NOCH ZEIT.
LADE. BITTE WARTEN SIE.
DER BEFEHL STEHT, GENTLEMEN!
DAS AREAL SÄUBERN!!
JA, ABER...
WAS SOLL DAS?! WOHER KOMMEN **DIE** DENN AUF EINMAL?
DAS DA IST YELENA BELOVA.
BELO-WERA?
DIE BLACK WIDOW.
NEE. DIE HAT ROTE HAARE UND VIEL DICKERE--
EINE **ANDERE**, MANN.

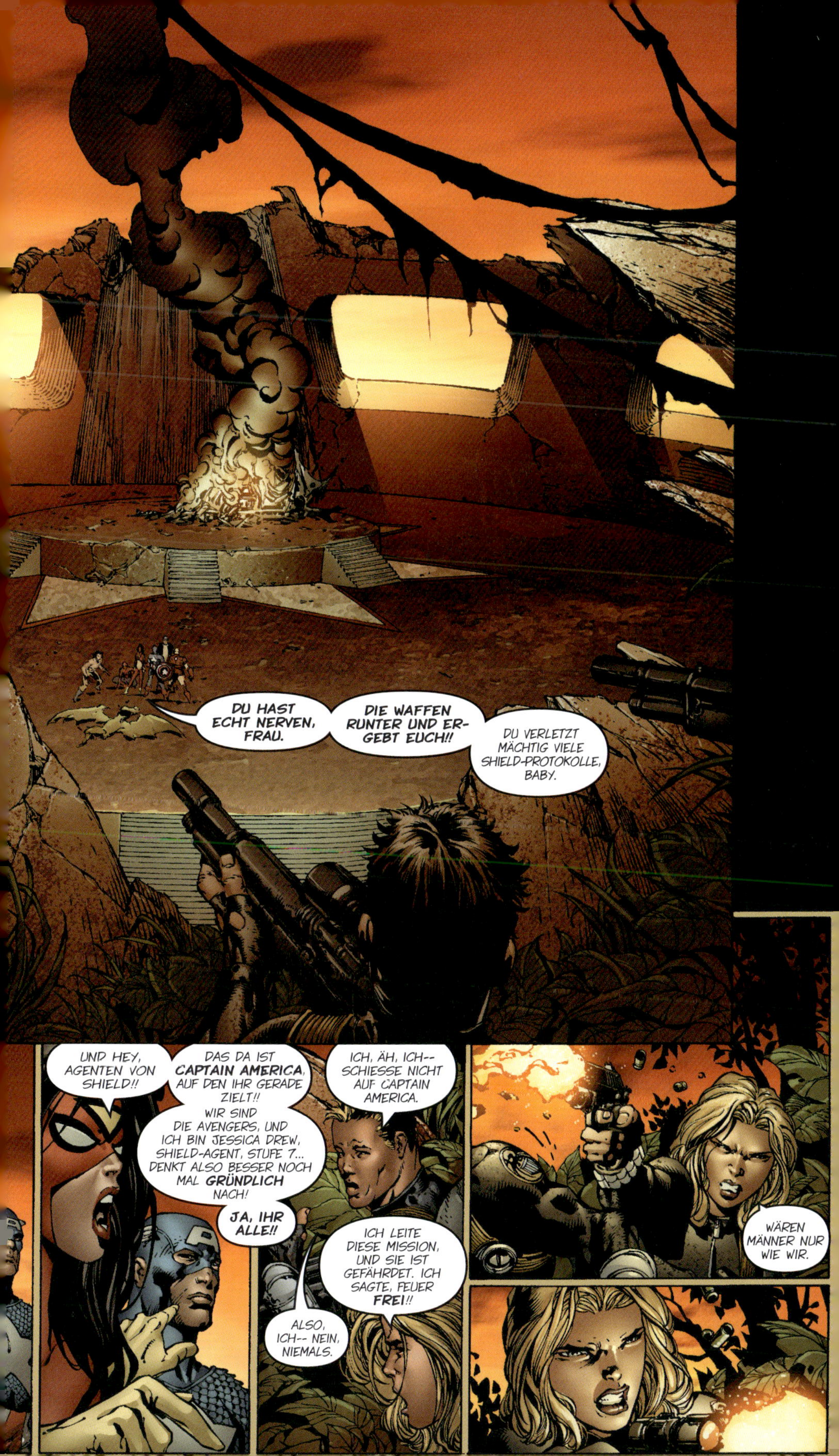
DU HAST ECHT NERVEN, FRAU.
DIE WAFFEN RUNTER UND ERGEBT EUCH!!
DU VERLETZT MÄCHTIG VIELE SHIELD-PROTOKOLLE, BABY.
UND HEY, AGENTEN VON SHIELD!!
DAS DA IST CAPTAIN AMERICA, AUF DEN IHR GERADE ZIELT!!
WIR SIND DIE AVENGERS, UND ICH BIN JESSICA DREW, SHIELD-AGENT, STUFE 7... DENKT ALSO BESSER NOCH MAL GRÜNDLICH NACH!
JA, IHR ALLE!!
ICH, ÄH, ICH-- SCHIESSE NICHT AUF CAPTAIN AMERICA.
ICH LEITE DIESE MISSION, UND SIE IST GEFÄHRDET. ICH SAGTE, FEUER FREI!!
ALSO, ICH-- NEIN, NIEMALS.
WÄREN MÄNNER NUR WIE WIR.

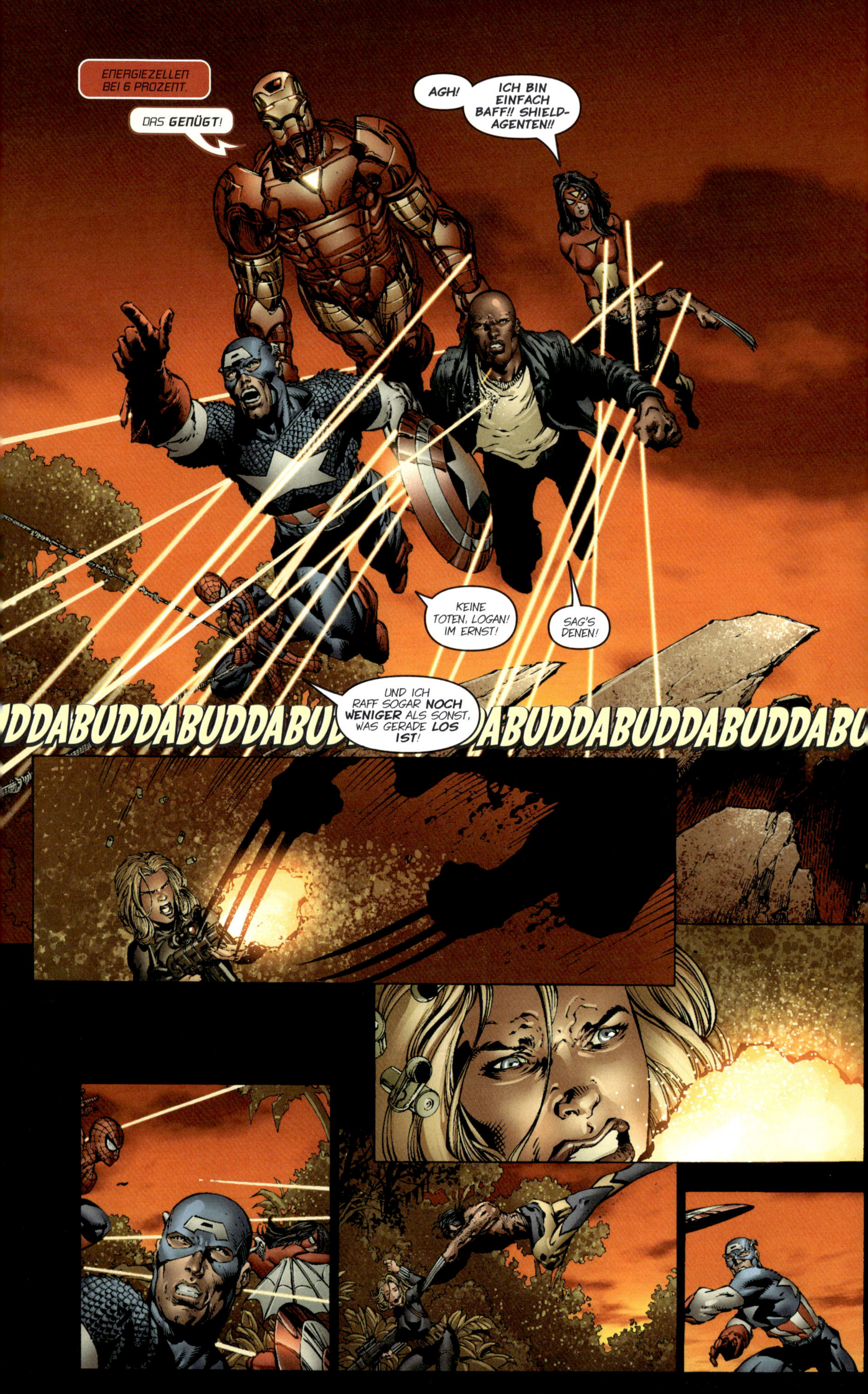
ENERGIEZELLEN BEI 6 PROZENT.
DAS GENÜGT!
AGH!
ICH BIN EINFACH BAFF!! SHIELD-AGENTEN!!
KEINE TOTEN, LOGAN! IM ERNST!
SAG'S DENEN!
UND ICH RAFF SOGAR NOCH WENIGER ALS SONST, WAS GERADE LOS IST!
DDABUDDABUDDABU
ABUDDABUDDABUDDABU

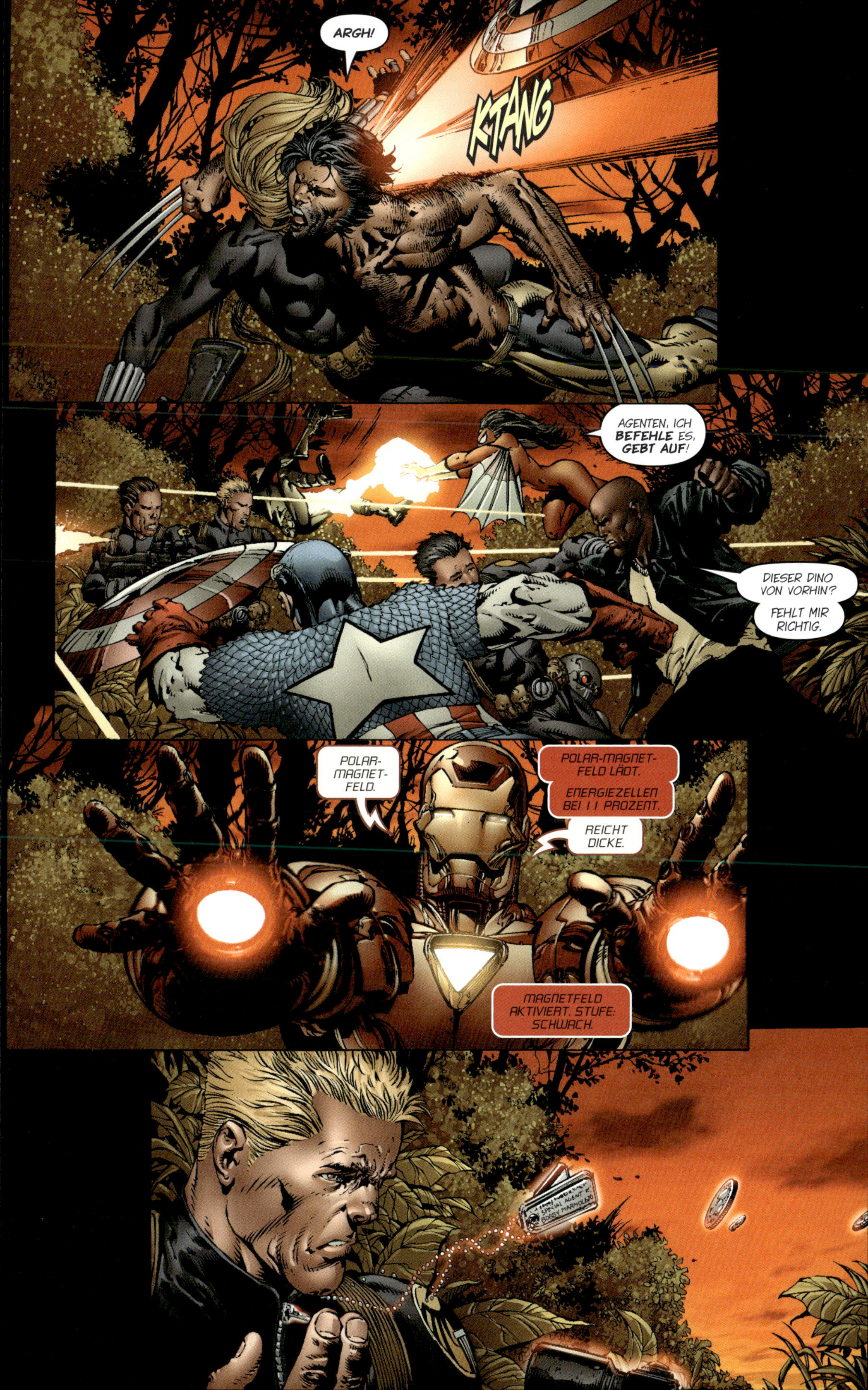
ARGH!
KTANG
AGENTEN, ICH BEFEHLE ES, GEBT AUF!
DIESER DINO VON VORHIN?
FEHLT MIR RICHTIG.
POLAR-MAGNET-FELD.
POLAR-MAGNET-FELD LÄDT.
ENERGIEZELLEN BEI 11 PROZENT.
REICHT DICKE.
MAGNETFELD AKTIVIERT. STUFE: SCHWACH.

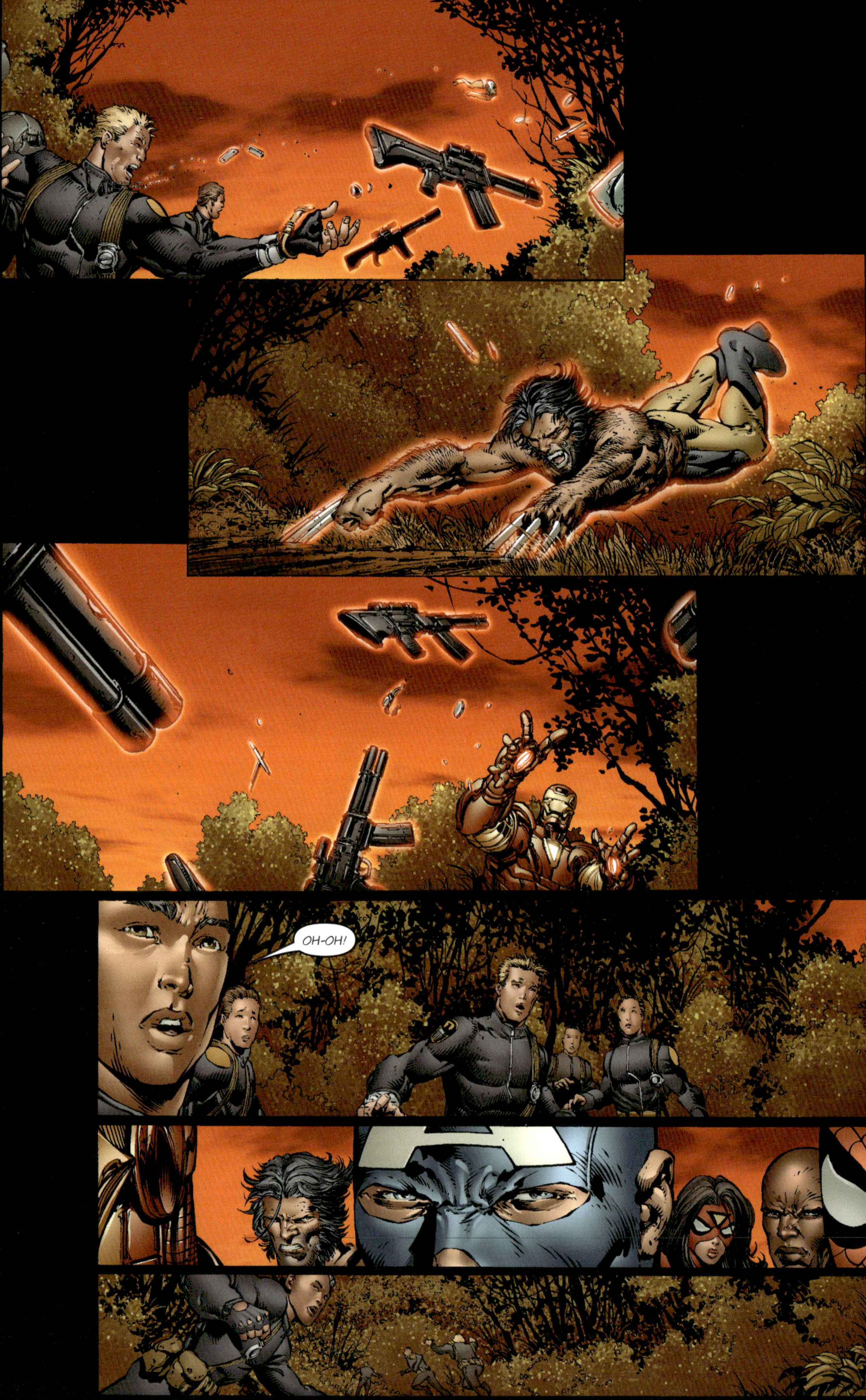
OH-OH!

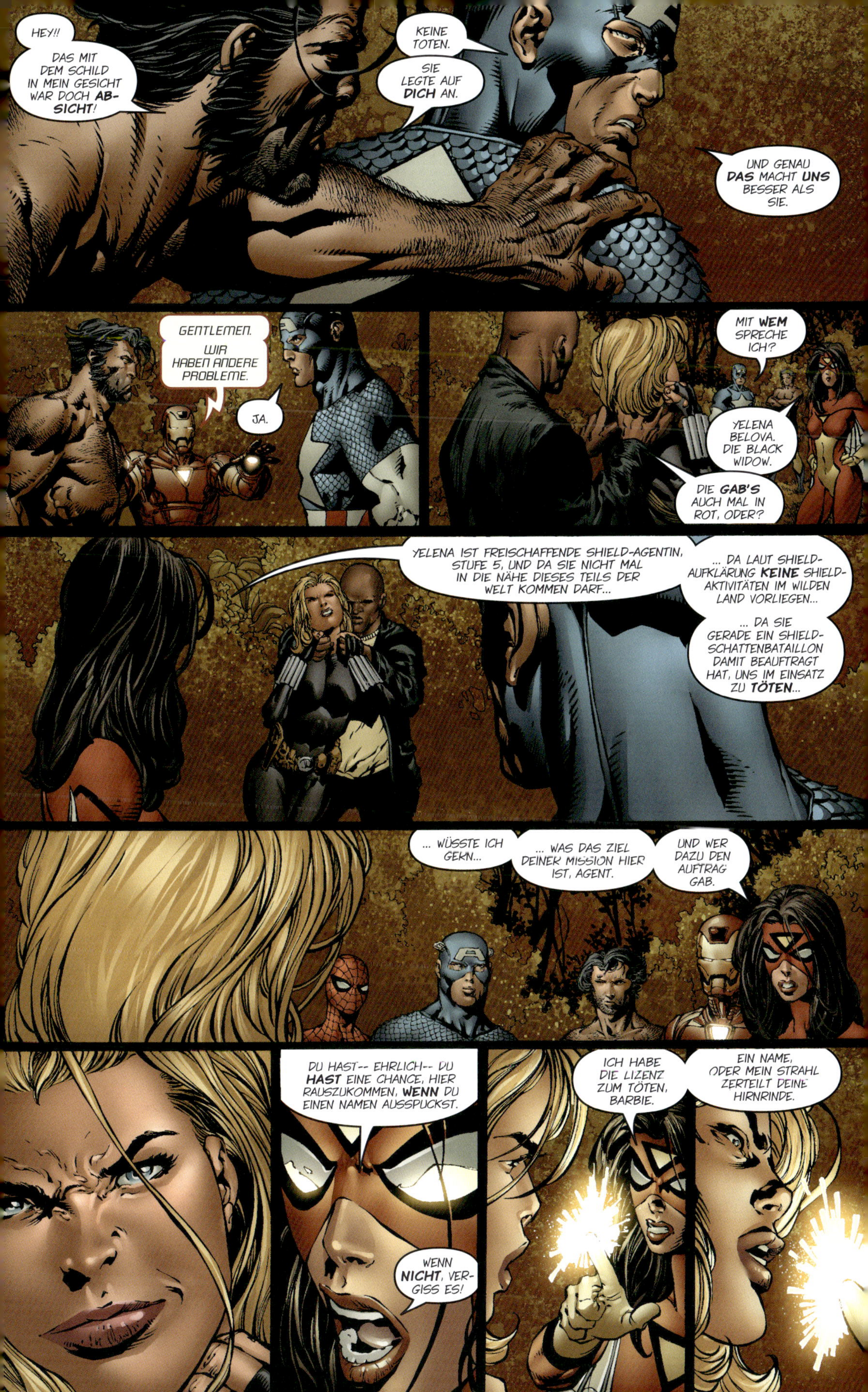

HEY!!
DAS MIT DEM SCHILD IN MEIN GESICHT WAR DOCH ABSICHT!
KEINE TOTEN.
SIE LEGTE AUF DICH AN.
UND GENAU DAS MACHT UNS BESSER ALS SIE.
GENTLEMEN. WIR HABEN ANDERE PROBLEME.
JA.
MIT WEM SPRECHE ICH?
YELENA BELOVA. DIE BLACK WIDOW.
DIE GAB'S AUCH MAL IN ROT, ODER?
YELENA IST FREISCHAFFENDE SHIELD-AGENTIN, STUFE 5, UND DA SIE NICHT MAL IN DIE NÄHE DIESES TEILS DER WELT KOMMEN DARF...
... DA LAUT SHIELD-AUFKLÄRUNG KEINE SHIELD-AKTIVITÄTEN IM WILDEN LAND VORLIEGEN...
... DA SIE GERADE EIN SHIELD-SCHATTENBATAILLON DAMIT BEAUFTRAGT HAT, UNS IM EINSATZ ZU TÖTEN...
... WÜSSTE ICH GERN...
... WAS DAS ZIEL DEINER MISSION HIER IST, AGENT.
UND WER DAZU DEN AUFTRAG GAB.
DU HAST-- EHRLICH-- DU HAST EINE CHANCE, HIER RAUSZUKOMMEN, WENN DU EINEN NAMEN AUSSPUCKST.
WENN NICHT, VERGISS ES!
ICH HABE DIE LIZENZ ZUM TÖTEN, BARBIE.
EIN NAME, ODER MEIN STRAHL ZERTEILT DEINE HIRNRINDE.

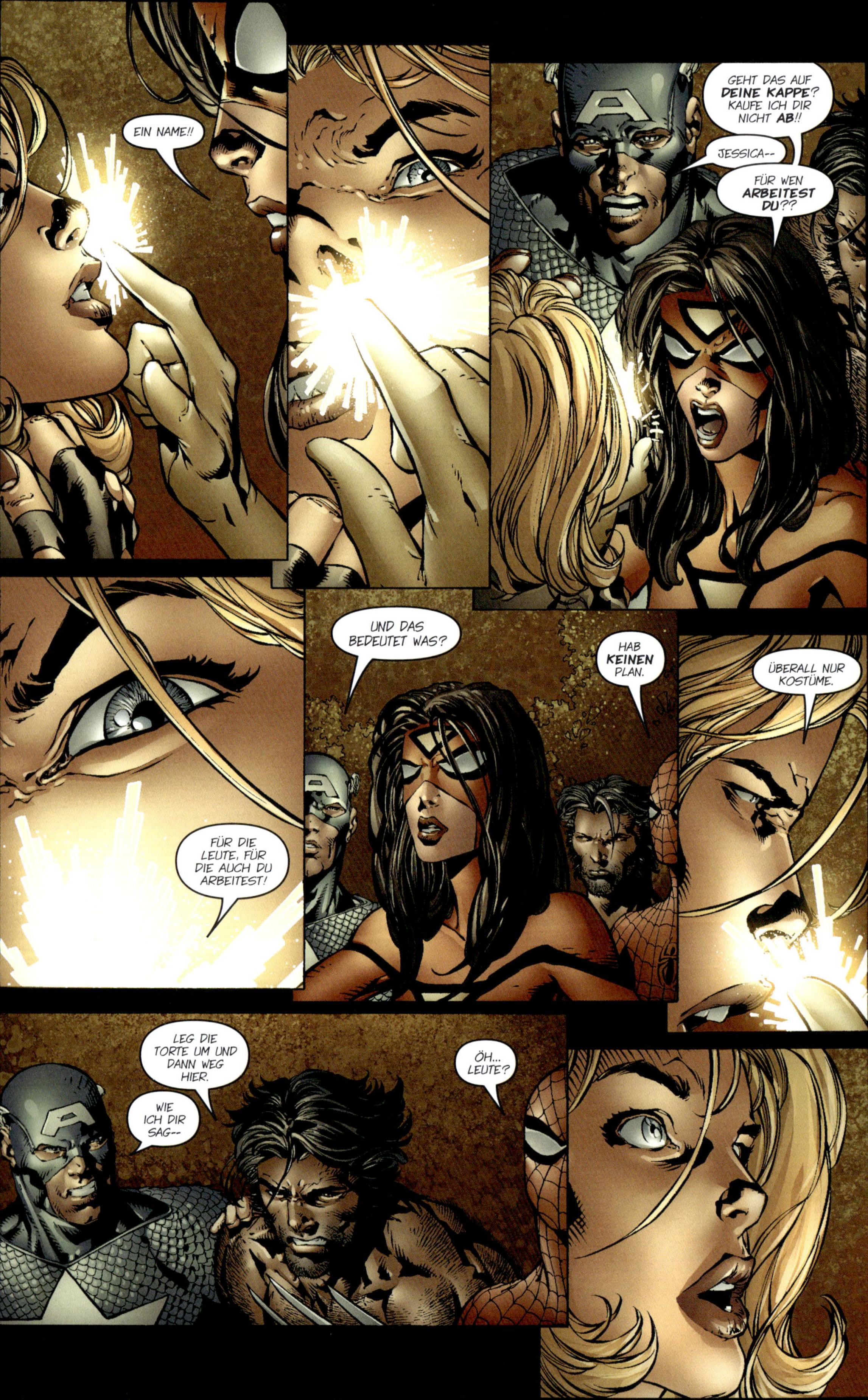
EIN NAME!!
GEHT DAS AUF DEINE KAPPE? KAUFE ICH DIR NICHT AB!!
JESSICA--
FÜR WEN ARBEITEST DU??
FÜR DIE LEUTE, FÜR DIE AUCH DU ARBEITEST!
UND DAS BEDEUTET WAS?
HAB KEINEN PLAN.
ÜBERALL NUR KOSTÜME.
LEG DIE TORTE UM UND DANN WEG HIER.
WIE ICH DIR SAG--
ÖH... LEUTE?

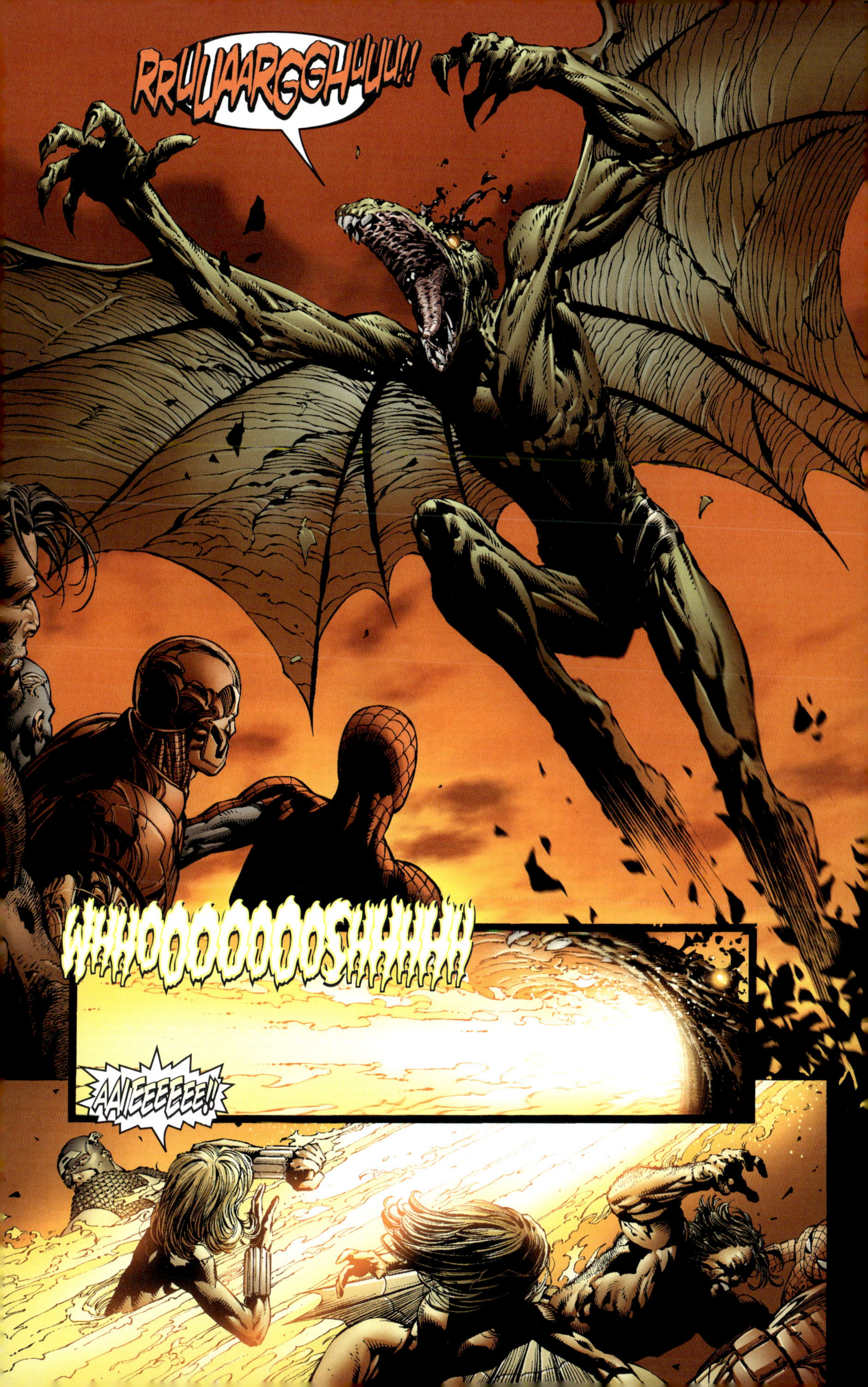

RRUAARGGHUUU!!
WHHOOOOOOOOSHHHHH
AAIIEEEEEE!!

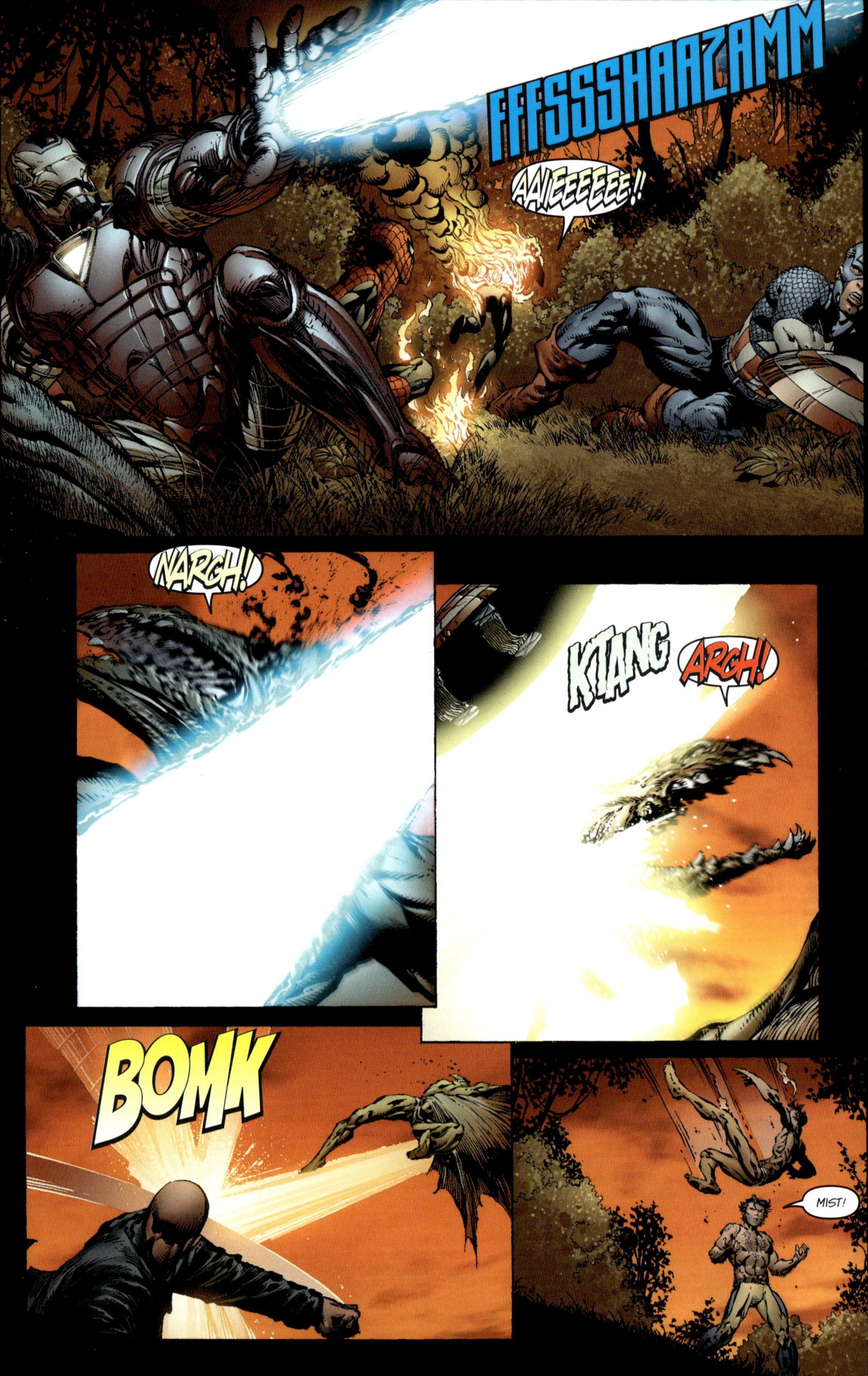
FFFSSSHAAZAMM
AAIEEEEEE!!
NARGH!
KTANG
ARGH!
BOMK
MIST!

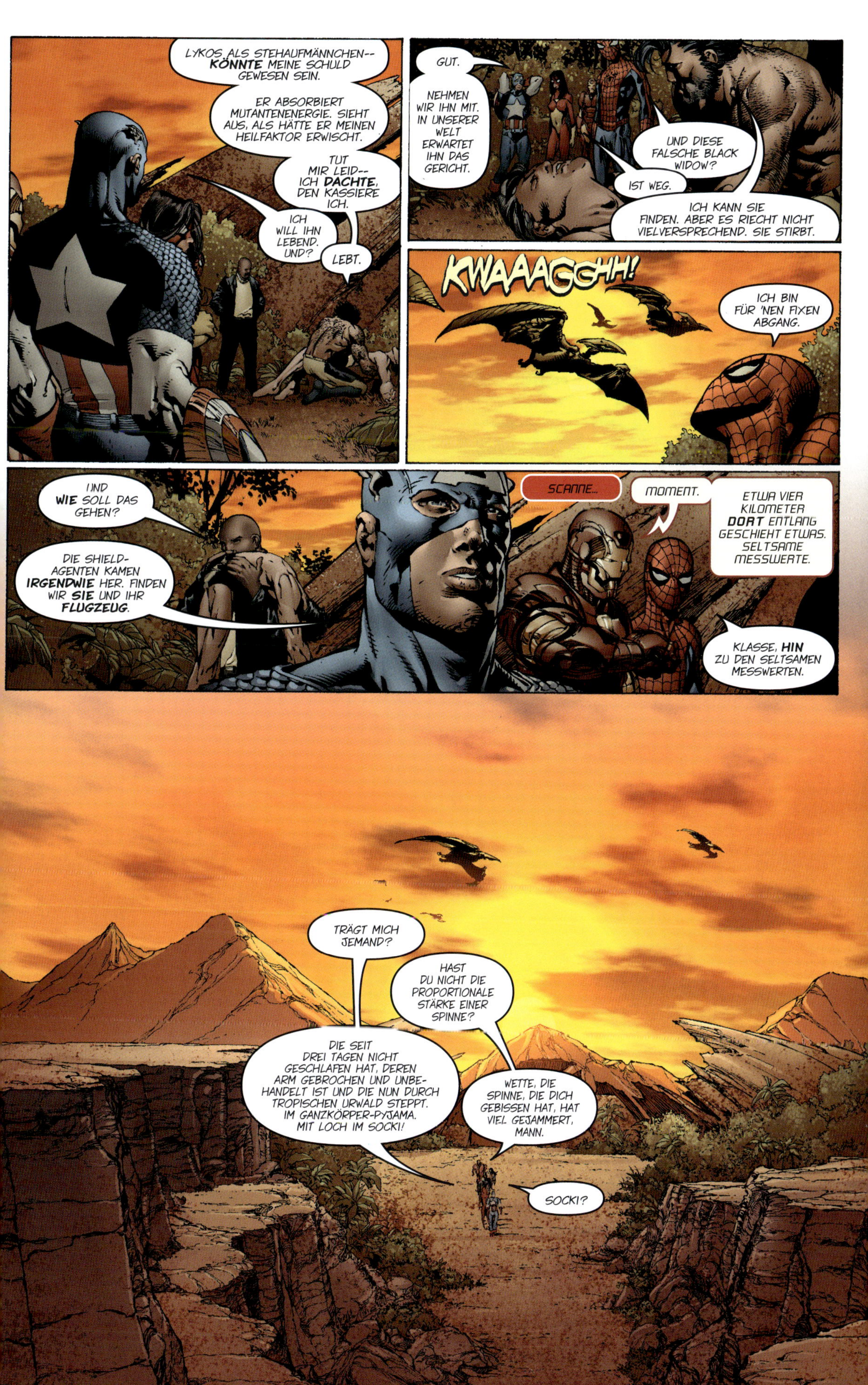
LYKOS. ALS STEHAUFMÄNNCHEN-- **KÖNNTE** MEINE SCHULD GEWESEN SEIN.
ER ABSORBIERT MUTANTENENERGIE. SIEHT AUS, ALS HÄTTE ER MEINEN HEILFAKTOR ERWISCHT.
TUT MIR LEID-- ICH **DACHTE**, DEN KASSIERE ICH.
ICH WILL IHN LEBEND. UND?
LEBT.
GUT.
NEHMEN WIR IHN MIT. IN UNSERER WELT ERWARTET IHN DAS GERICHT.
UND DIESE FALSCHE BLACK WIDOW?
IST WEG.
ICH KANN SIE FINDEN. ABER ES RIECHT NICHT VIELVERSPRECHEND. SIE STIRBT.
KWAAAGGHH!
ICH BIN FÜR 'NEN FIXEN ABGANG.
UND **WIE** SOLL DAS GEHEN?
DIE SHIELD-AGENTEN KAMEN **IRGENDWIE** HER. FINDEN WIR **SIE** UND IHR **FLUGZEUG**.
SCANNE...
MOMENT.
ETWA VIER KILOMETER **DORT** ENTLANG GESCHIEHT ETWAS. SELTSAME MESSWERTE.
KLASSE, **HIN** ZU DEN SELTSAMEN MESSWERTEN.
TRÄGT MICH JEMAND?
HAST DU NICHT DIE PROPORTIONALE STÄRKE EINER SPINNE?
DIE SEIT DREI TAGEN NICHT GESCHLAFEN HAT, DEREN ARM GEBROCHEN UND UNBEHANDELT IST UND DIE NUN DURCH TROPISCHEN URWALD STEPPT. IM GANZKÖRPER-PYJAMA. MIT LOCH IM SOCK!
WETTE, DIE SPINNE, DIE DICH GEBISSEN HAT, HAT VIEL GEJAMMERT, MANN.
SOCK?

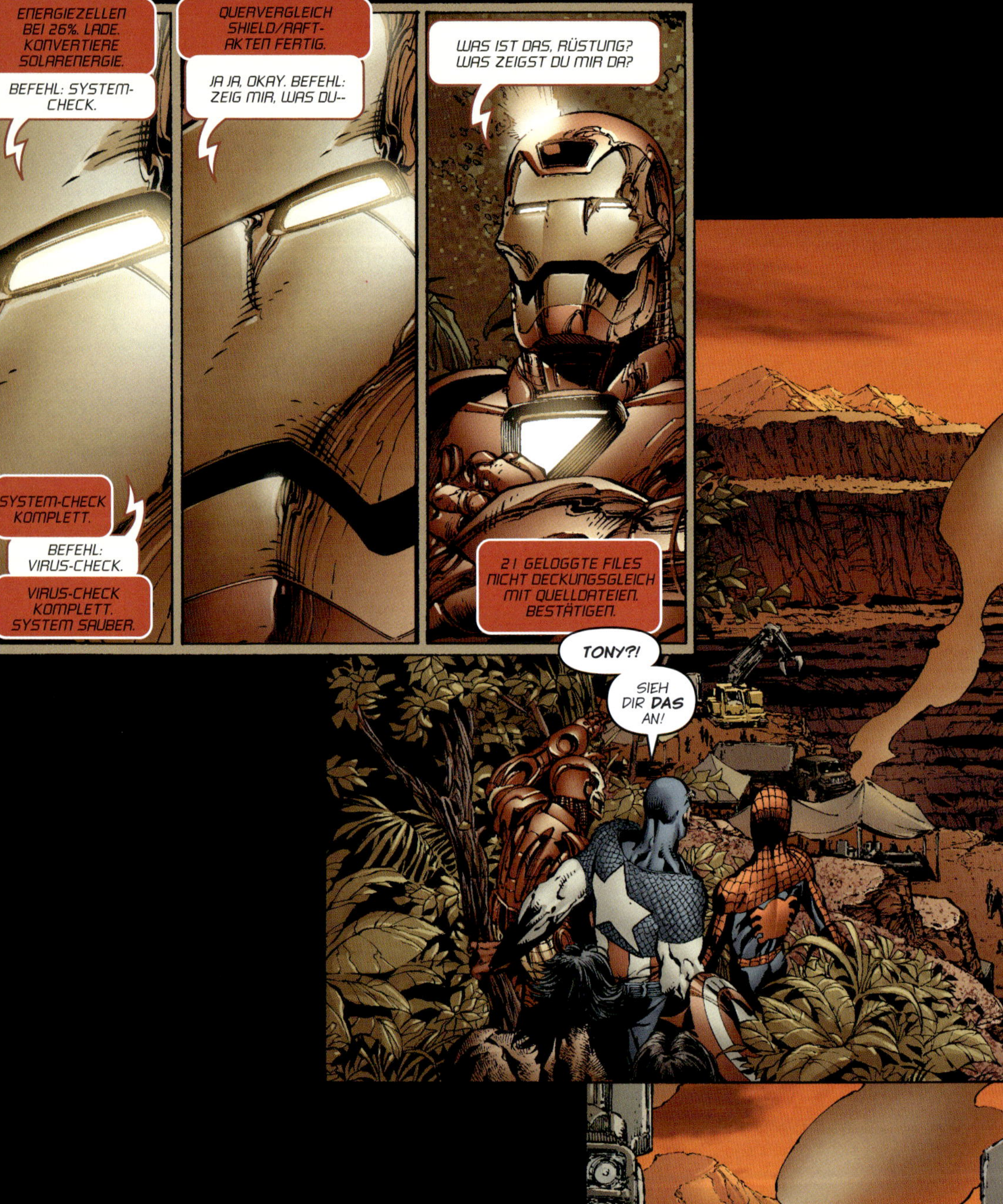
ENERGIEZELLEN BEI 26%. LADE. KONVERTIERE SOLARENERGIE.
BEFEHL: SYSTEM-CHECK.
SYSTEM-CHECK KOMPLETT.
BEFEHL: VIRUS-CHECK.
VIRUS-CHECK KOMPLETT. SYSTEM SAUBER.
QUERVERGLEICH SHIELD/RAFT-AKTEN FERTIG.
JA JA, OKAY. BEFEHL: ZEIG MIR, WAS DU--
WAS IST DAS, RÜSTUNG? WAS ZEIGST DU MIR DA?
21 GELOGGTE FILES NICHT DECKUNGSGLEICH MIT QUELLDATEIEN. BESTÄTIGEN.
TONY?!
SIEH DIR **DAS** AN!

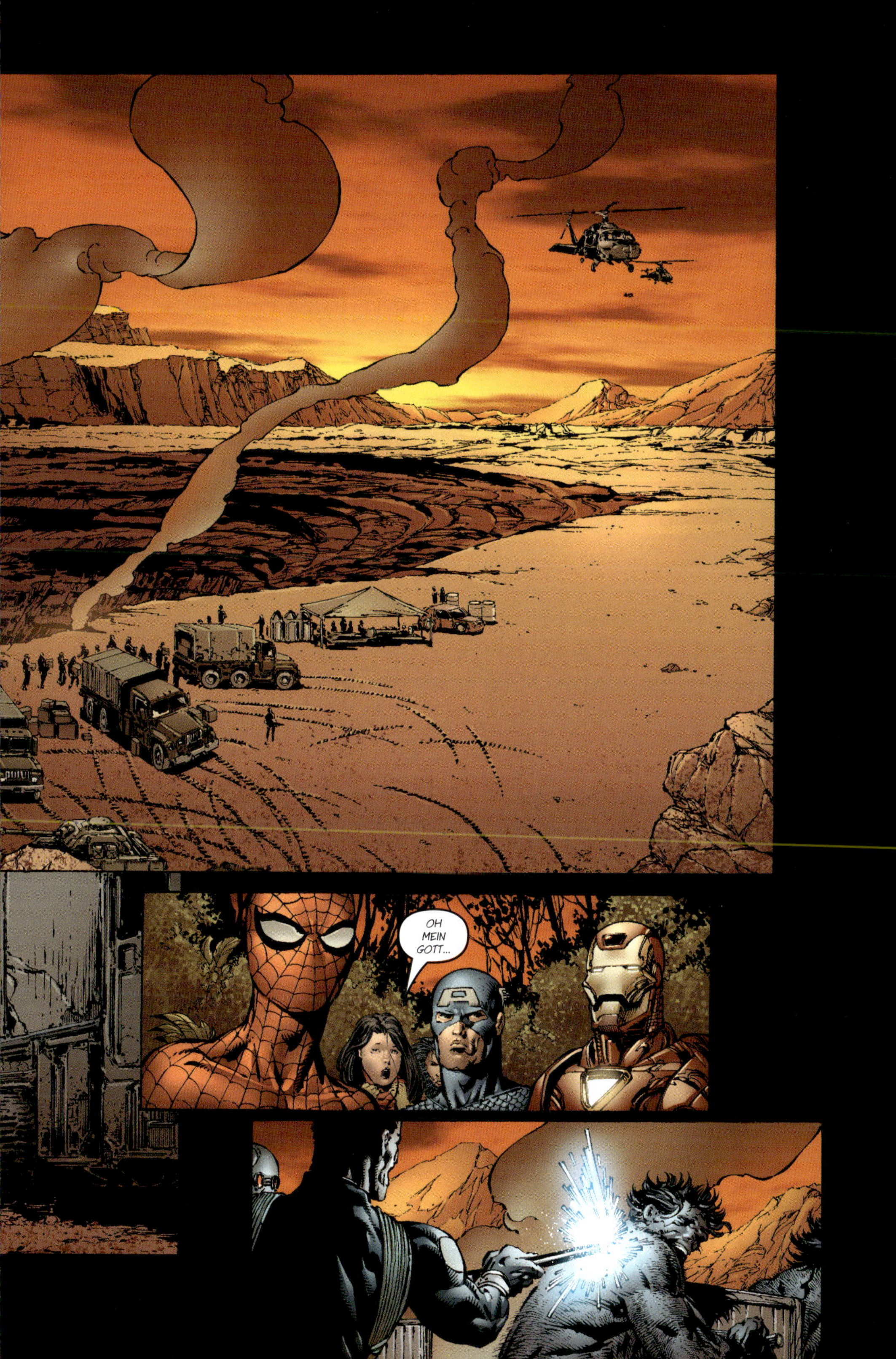
OH
MEIN
GOTT...

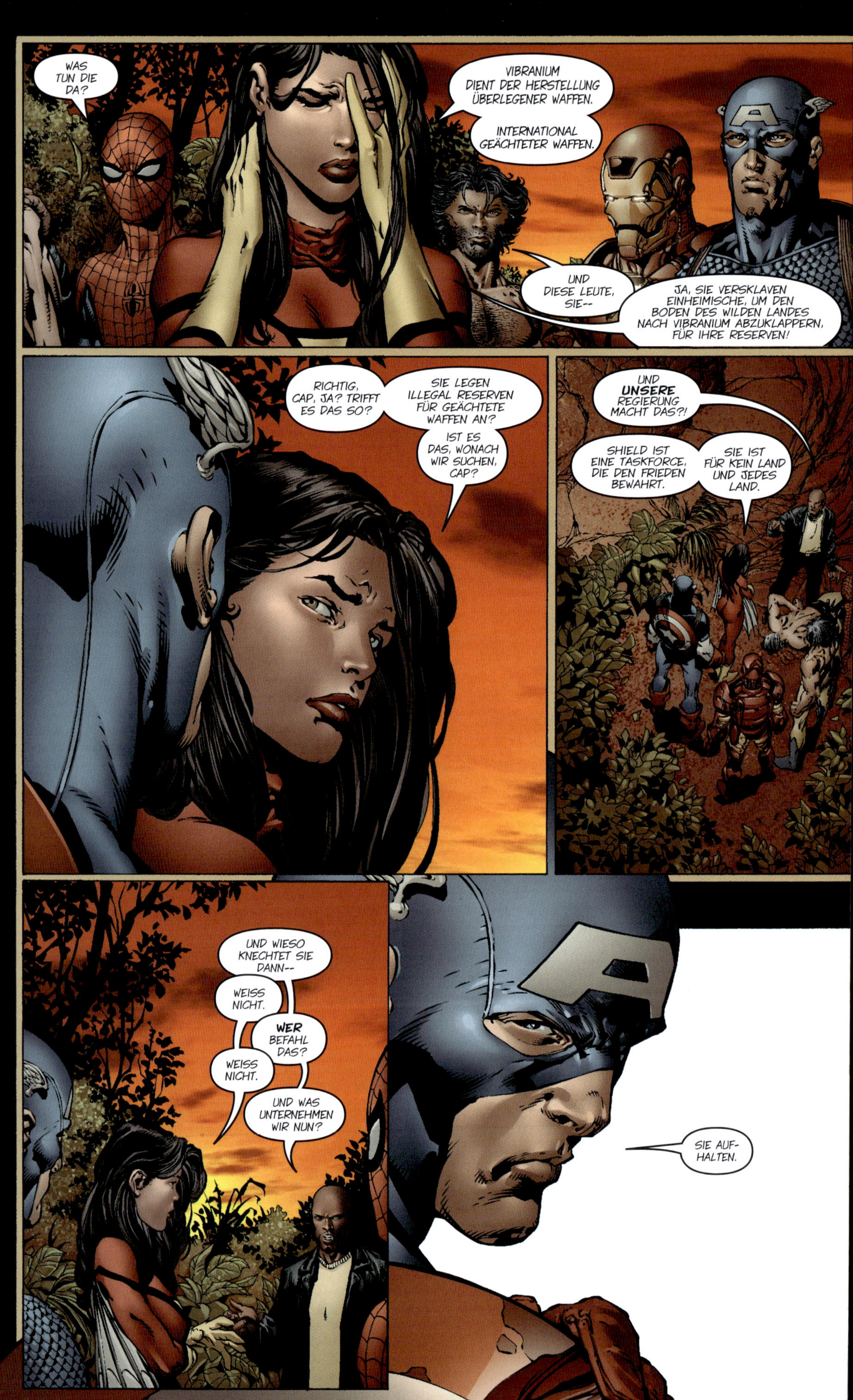
WAS TUN DIE DA?
VIBRANIUM DIENT DER HERSTELLUNG ÜBERLEGENER WAFFEN.
INTERNATIONAL GEÄCHTETER WAFFEN.
UND DIESE LEUTE, SIE--
JA, SIE VERSKLAVEN EINHEIMISCHE, UM DEN BODEN DES WILDEN LANDES NACH VIBRANIUM ABZUKLAPPERN, FÜR IHRE RESERVEN!
RICHTIG, CAP, JA? TRIFFT ES DAS SO?
SIE LEGEN ILLEGAL RESERVEN FÜR GEÄCHTETE WAFFEN AN?
IST ES DAS, WONACH WIR SUCHEN, CAP?
UND UNSERE REGIERUNG MACHT DAS?!
SHIELD IST EINE TASKFORCE, DIE DEN FRIEDEN BEWAHRT.
SIE IST FÜR KEIN LAND UND JEDES LAND.
UND WIESO KNECHTET SIE DANN--
WEISS NICHT.
WER BEFAHL DAS?
WEISS NICHT.
UND WAS UNTERNEHMEN WIR NUN?
SIE AUF-HALTEN.

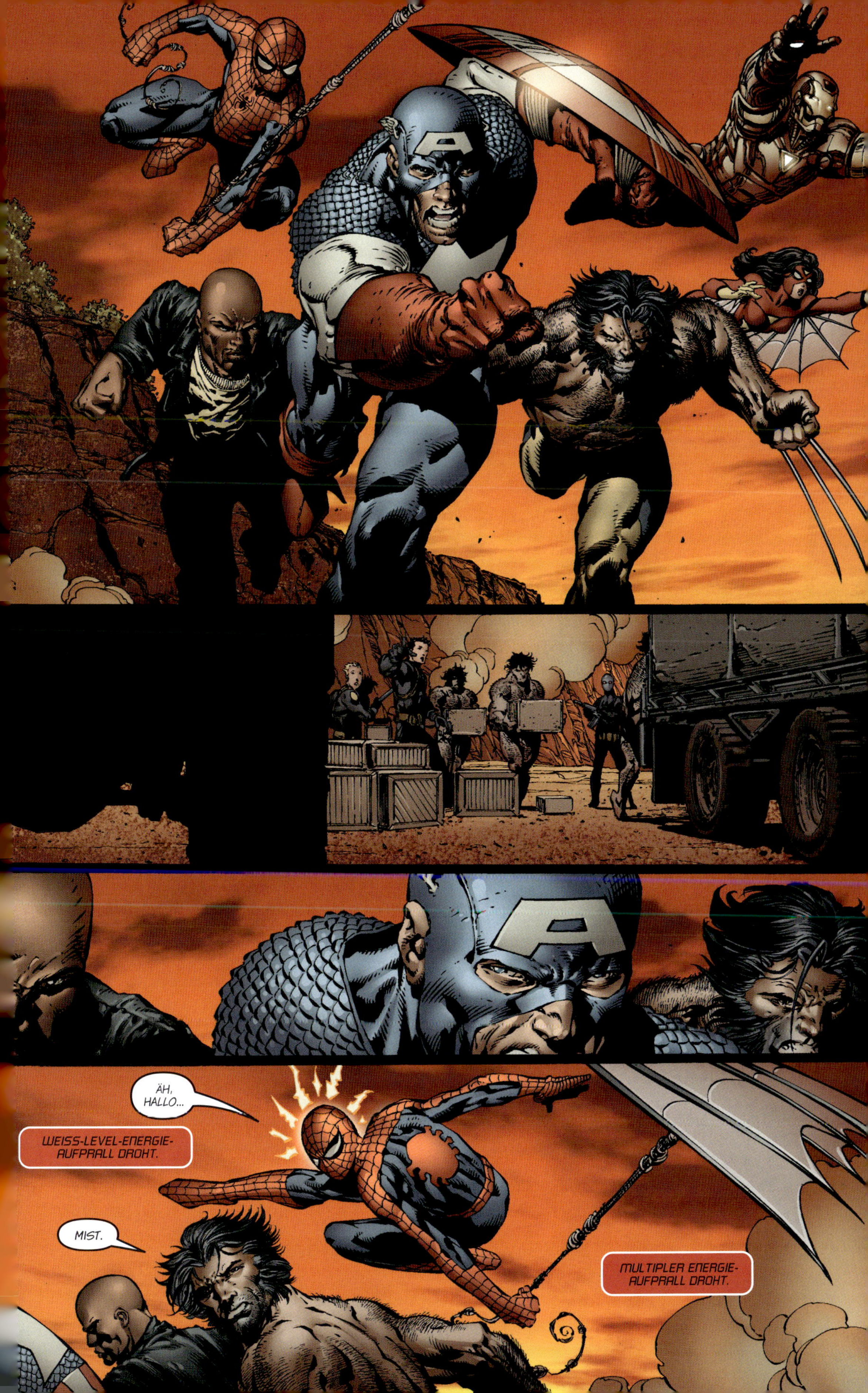
ÄH, HALLO...
WEISS-LEVEL-ENERGIE-AUFPRALL DROHT.
MIST.
MULTIPLER ENERGIE-AUFPRALL DROHT.

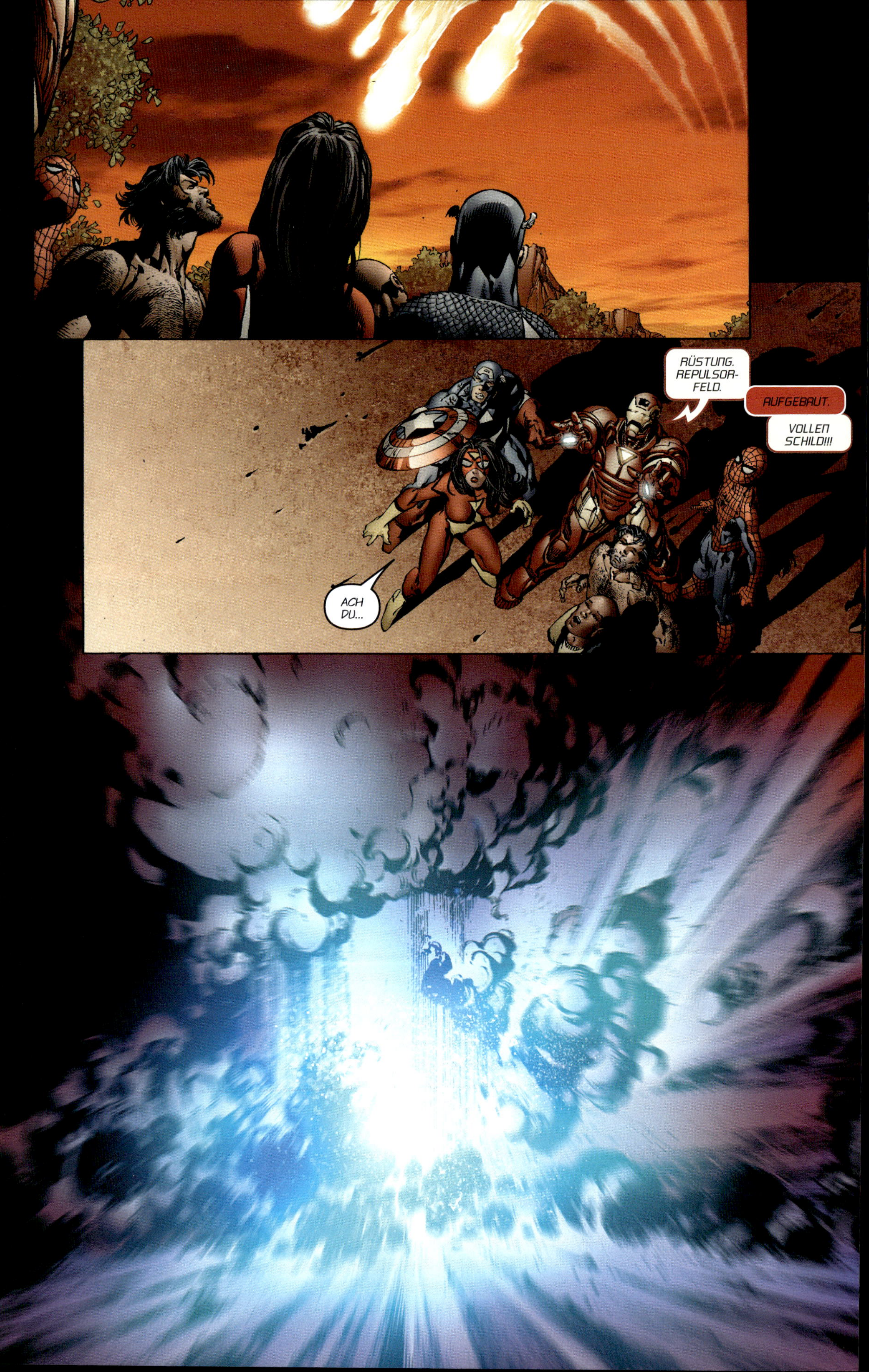
RÜSTUNG. REPULSOR-FELD.
AUFGEBAUT.
VOLLEN SCHILD!!!
ACH DU...

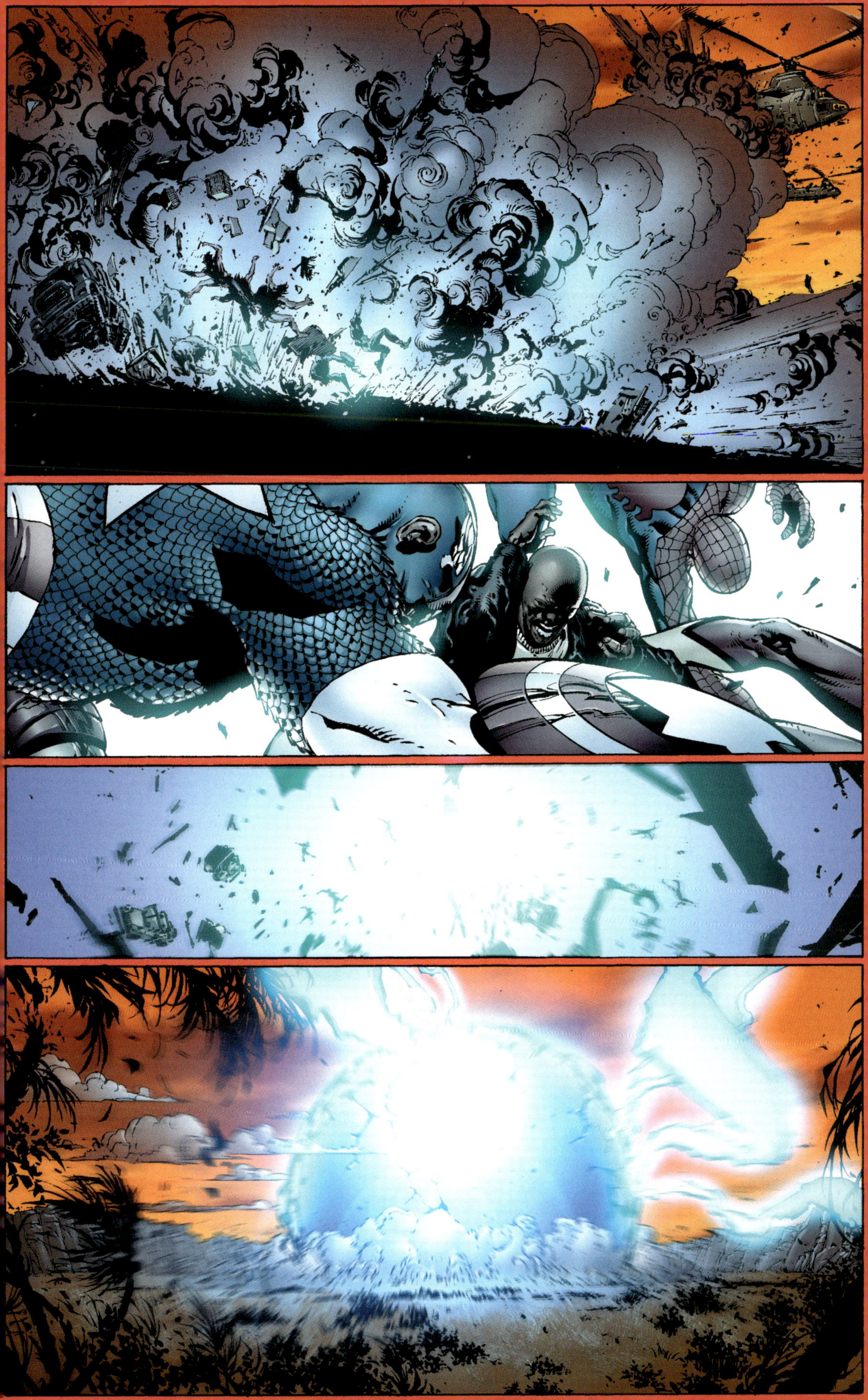

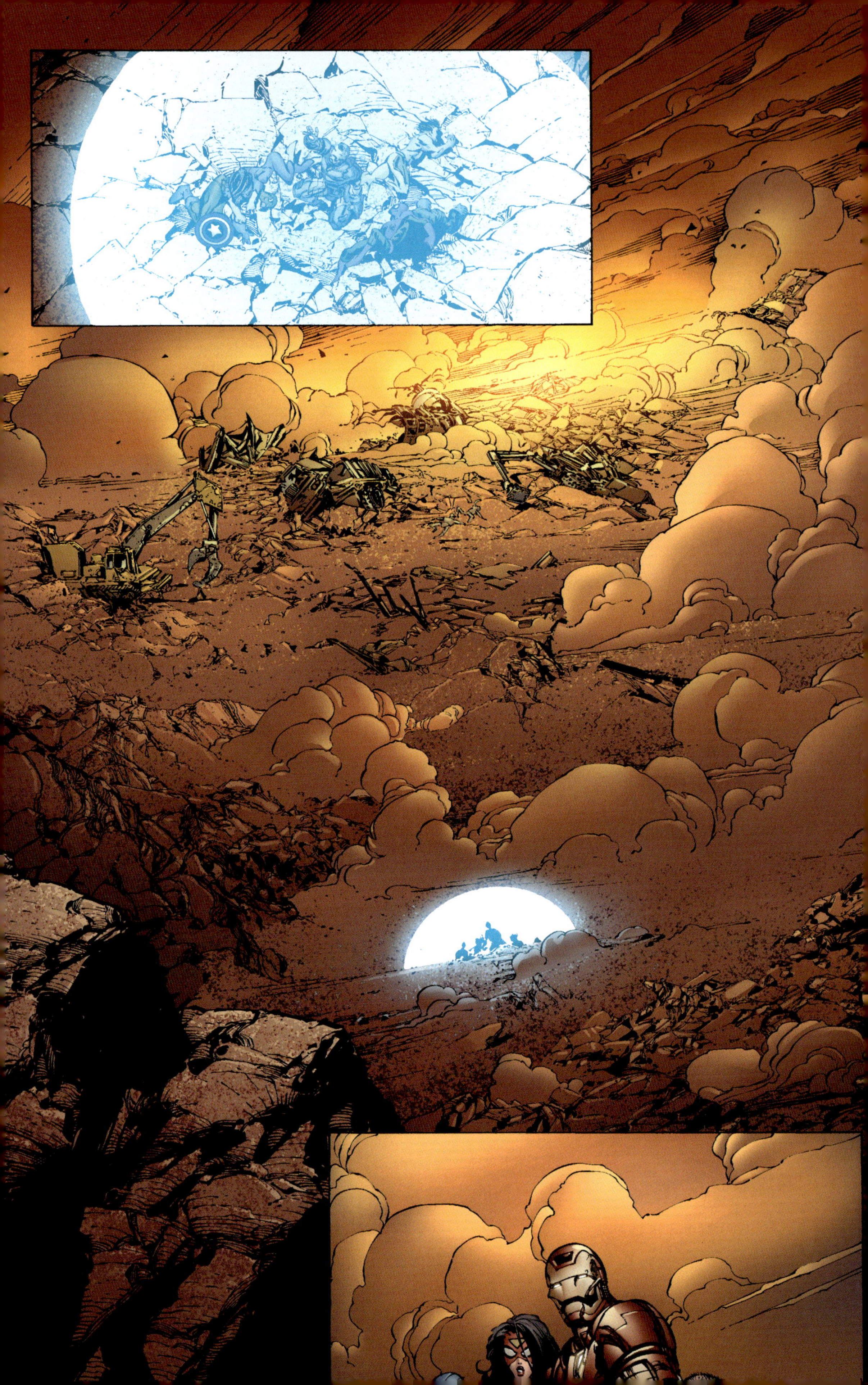

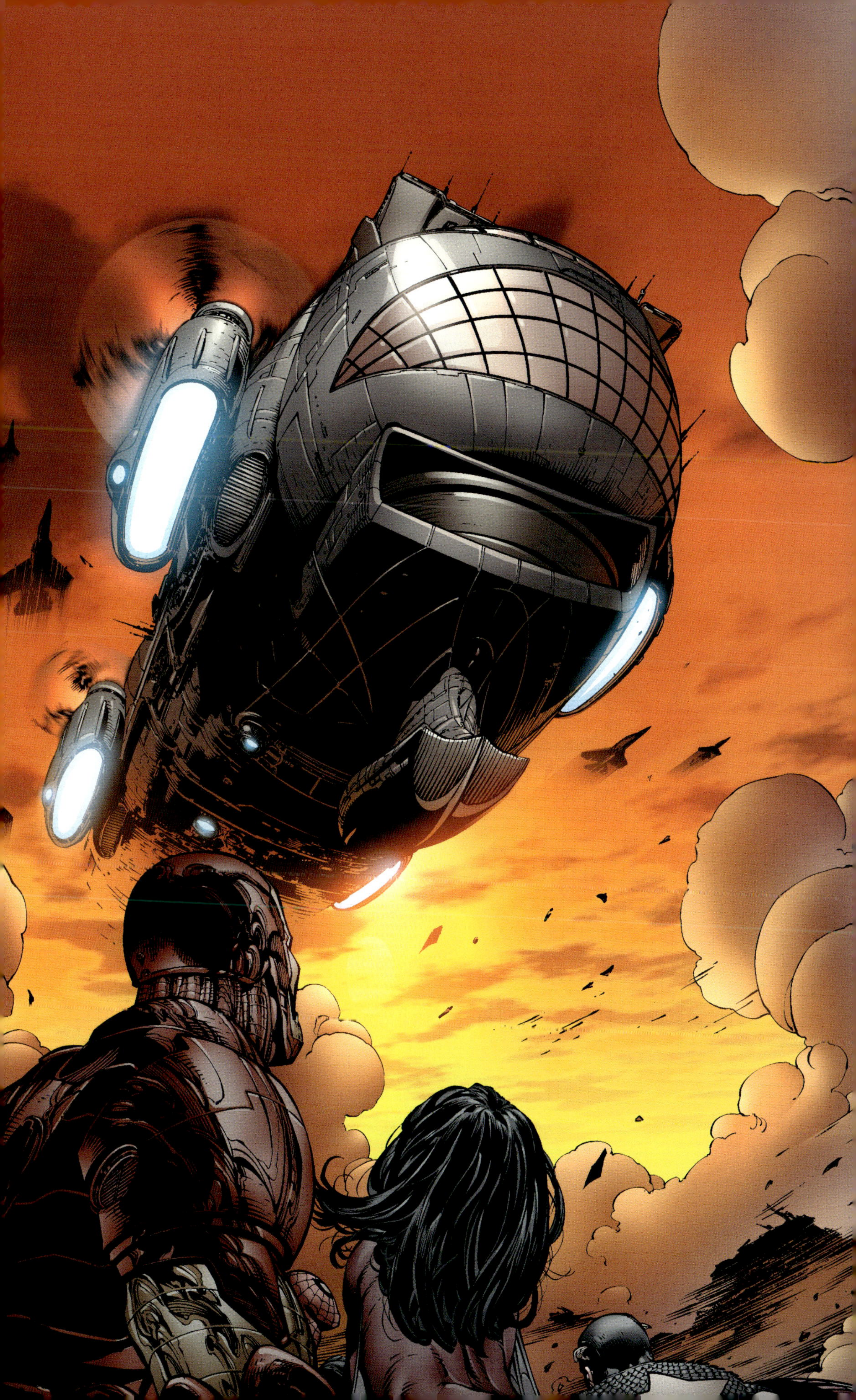

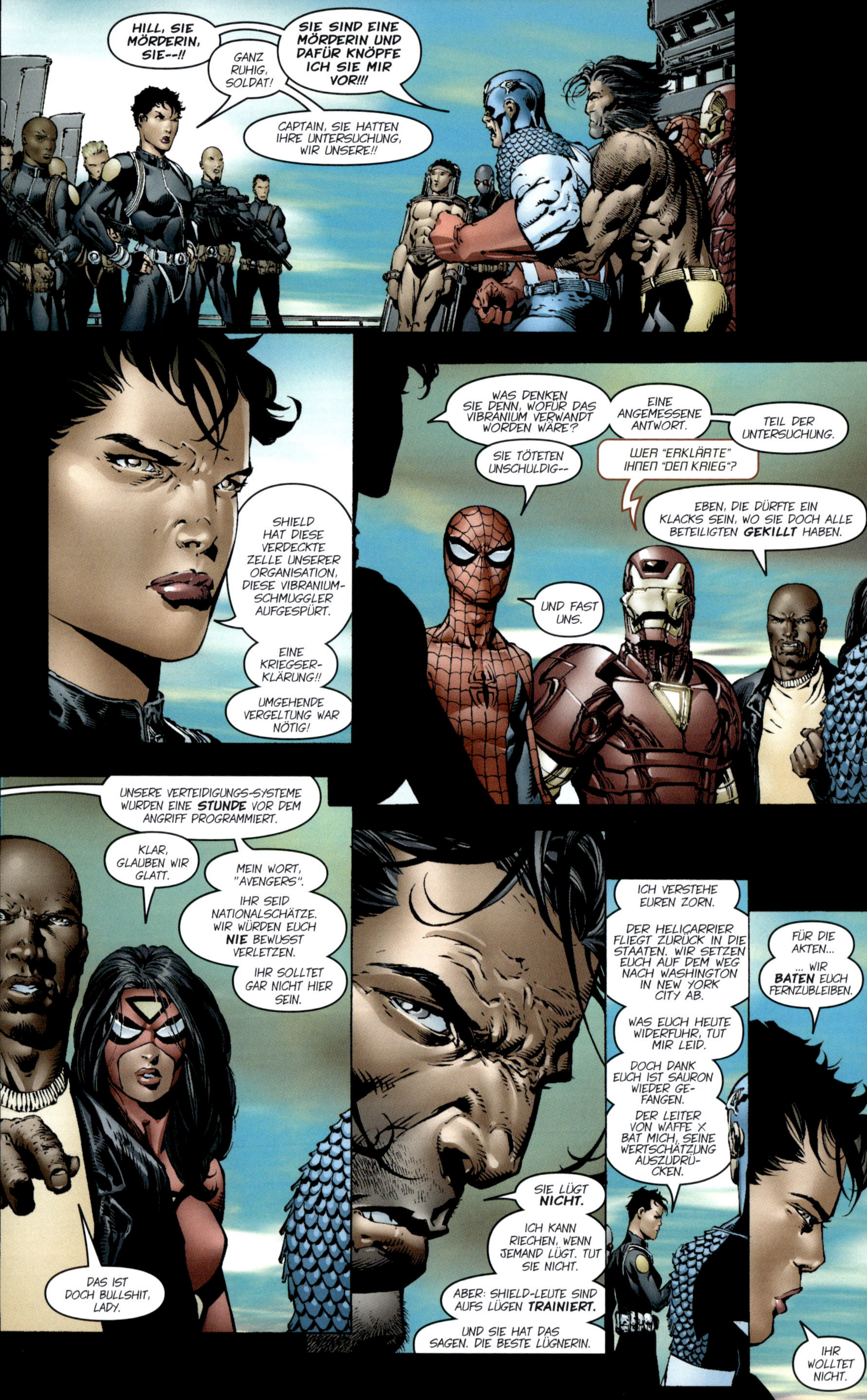
HILL, SIE MÖRDERIN, SIE--!!
SIE SIND EINE MÖRDERIN UND DAFÜR KNÖPFE ICH SIE MIR VOR!!!
GANZ RUHIG, SOLDAT!
CAPTAIN, SIE HATTEN IHRE UNTERSUCHUNG, WIR UNSERE!!
SHIELD HAT DIESE VERDECKTE ZELLE UNSERER ORGANISATION, DIESE VIBRANIUM-SCHMUGGLER AUFGESPÜRT.
EINE KRIEGSERKLÄRUNG!!
UMGEHENDE VERGELTUNG WAR NÖTIG!
WAS DENKEN SIE DENN, WOFÜR DAS VIBRANIUM VERWANDT WORDEN WÄRE?
EINE ANGEMESSENE ANTWORT.
TEIL DER UNTERSUCHUNG.
SIE TÖTETEN UNSCHULDIG--
WER "ERKLÄRTE" IHNEN "DEN KRIEG"?
EBEN, DIE DÜRFTE EIN KLACKS SEIN, WO SIE DOCH ALLE BETEILIGTEN GEKILLT HABEN.
UND FAST UNS.
UNSERE VERTEIDIGUNGS-SYSTEME WURDEN EINE STUNDE VOR DEM ANGRIFF PROGRAMMIERT.
KLAR, GLAUBEN WIR GLATT.
MEIN WORT, "AVENGERS".
IHR SEID NATIONALSCHÄTZE. WIR WÜRDEN EUCH NIE BEWUSST VERLETZEN.
IHR SOLLTET GAR NICHT HIER SEIN.
DAS IST DOCH BULLSHIT, LADY.
ICH VERSTEHE EUREN ZORN.
DER HELICARRIER FLIEGT ZURÜCK IN DIE STAATEN. WIR SETZEN EUCH AUF DEM WEG NACH WASHINGTON IN NEW YORK CITY AB.
WAS EUCH HEUTE WIDERFUHR, TUT MIR LEID.
DOCH DANK EUCH IST SAURON WIEDER GEFANGEN.
DER LEITER VON WAFFE X BAT MICH, SEINE WERTSCHÄTZUNG AUSZUDRÜCKEN.
FÜR DIE AKTEN...
... WIR BATEN EUCH FERNZUBLEIBEN.
IHR WOLLTET NICHT.
SIE LÜGT NICHT.
ICH KANN RIECHEN, WENN JEMAND LÜGT. TUT SIE NICHT.
ABER: SHIELD-LEUTE SIND AUFS LÜGEN TRAINIERT.
UND SIE HAT DAS SAGEN. DIE BESTE LÜGNERIN.

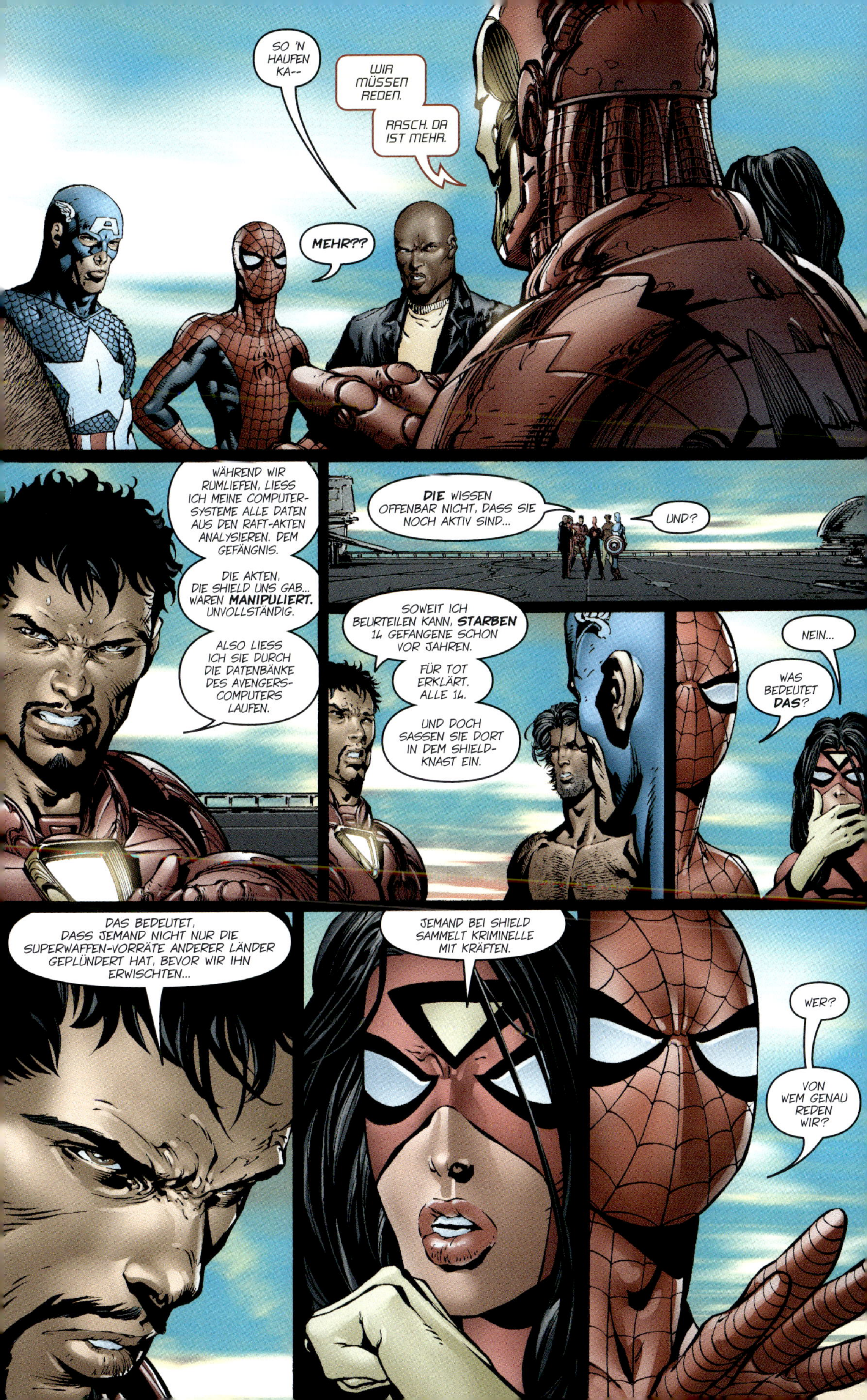
SO 'N HAUFEN KA--
WIR MÜSSEN REDEN.
RASCH. DA IST MEHR.
MEHR??
WÄHREND WIR RUMLIEFEN, LIESS ICH MEINE COMPUTER-SYSTEME ALLE DATEN AUS DEN RAFT-AKTEN ANALYSIEREN. DEM GEFÄNGNIS.
DIE AKTEN, DIE SHIELD UNS GAB... WAREN **MANIPULIERT.** UNVOLLSTÄNDIG.
ALSO LIESS ICH SIE DURCH DIE DATENBÄNKE DES AVENGERS-COMPUTERS LAUFEN.
DIE WISSEN OFFENBAR NICHT, DASS SIE NOCH AKTIV SIND...
UND?
SOWEIT ICH BEURTEILEN KANN, **STARBEN** 14 GEFANGENE SCHON VOR JAHREN.
FÜR TOT ERKLÄRT. ALLE 14.
UND DOCH SASSEN SIE DORT IN DEM SHIELD-KNAST EIN.
NEIN...
WAS BEDEUTET **DAS**?
DAS BEDEUTET, DASS JEMAND NICHT NUR DIE SUPERWAFFEN-VORRÄTE ANDERER LÄNDER GEPLÜNDERT HAT, BEVOR WIR IHN ERWISCHTEN...
JEMAND BEI SHIELD SAMMELT KRIMINELLE MIT KRÄFTEN.
WER?
VON WEM GENAU REDEN WIR?

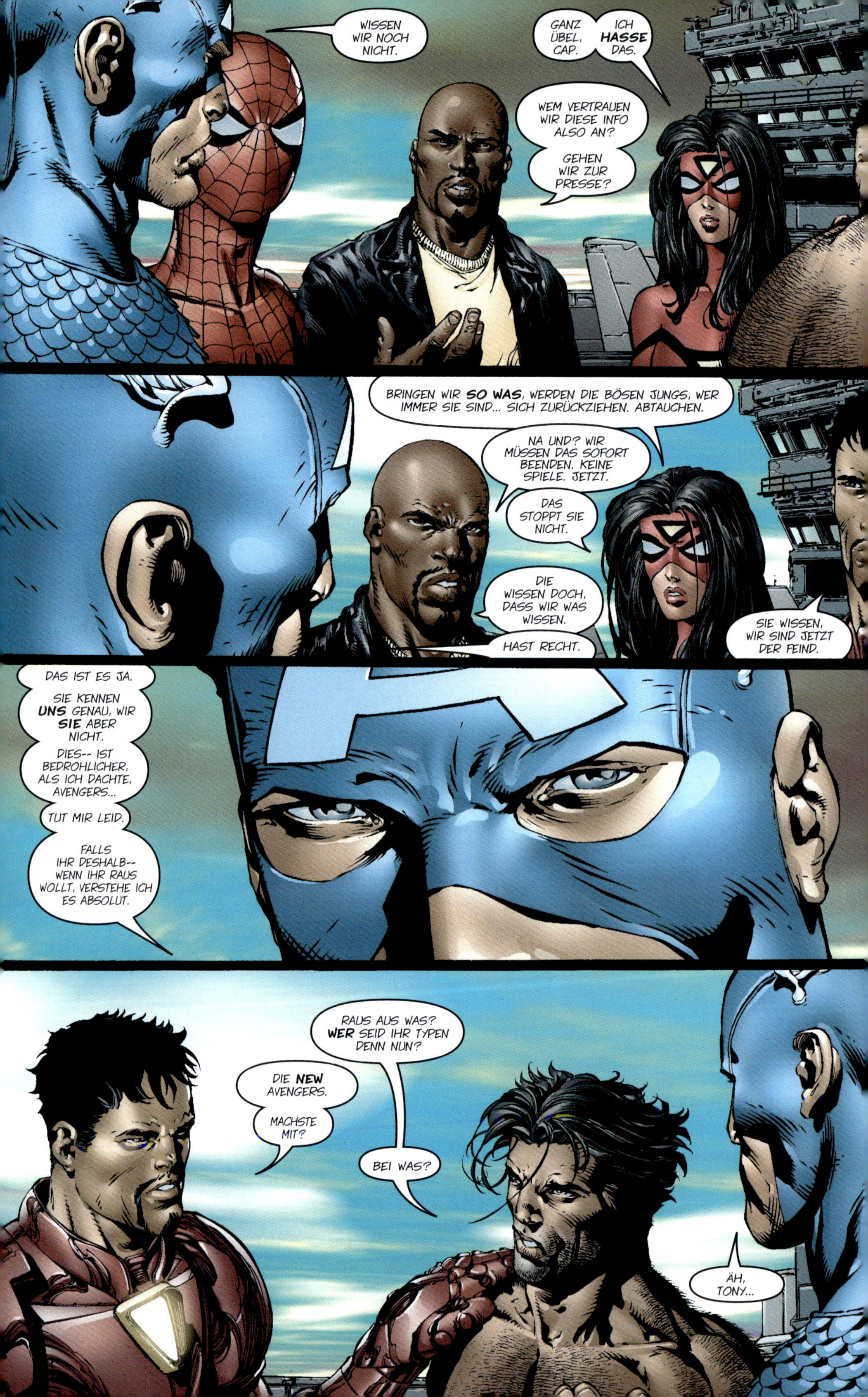
WISSEN WIR NOCH NICHT.
GANZ ÜBEL, CAP.
ICH **HASSE** DAS.
WEM VERTRAUEN WIR DIESE INFO ALSO AN?
GEHEN WIR ZUR PRESSE?
BRINGEN WIR **SO WAS**, WERDEN DIE BÖSEN JUNGS, WER IMMER SIE SIND... SICH ZURÜCKZIEHEN. ABTAUCHEN.
NA UND? WIR MÜSSEN DAS SOFORT BEENDEN. KEINE SPIELE. JETZT.
DAS STOPPT SIE NICHT.
DIE WISSEN DOCH, DASS WIR WAS WISSEN.
HAST RECHT.
SIE WISSEN, WIR SIND JETZT DER FEIND.
DAS IST ES JA.
SIE KENNEN **UNS** GENAU, WIR **SIE** ABER NICHT.
DIES-- IST BEDROHLICHER, ALS ICH DACHTE, AVENGERS...
TUT MIR LEID.
FALLS IHR DESHALB-- WENN IHR RAUS WOLLT, VERSTEHE ICH ES ABSOLUT.
RAUS AUS WAS? **WER** SEID IHR TYPEN DENN NUN?
DIE **NEW** AVENGERS.
MACHSTE MIT?
BEI WAS?
ÄH, TONY...

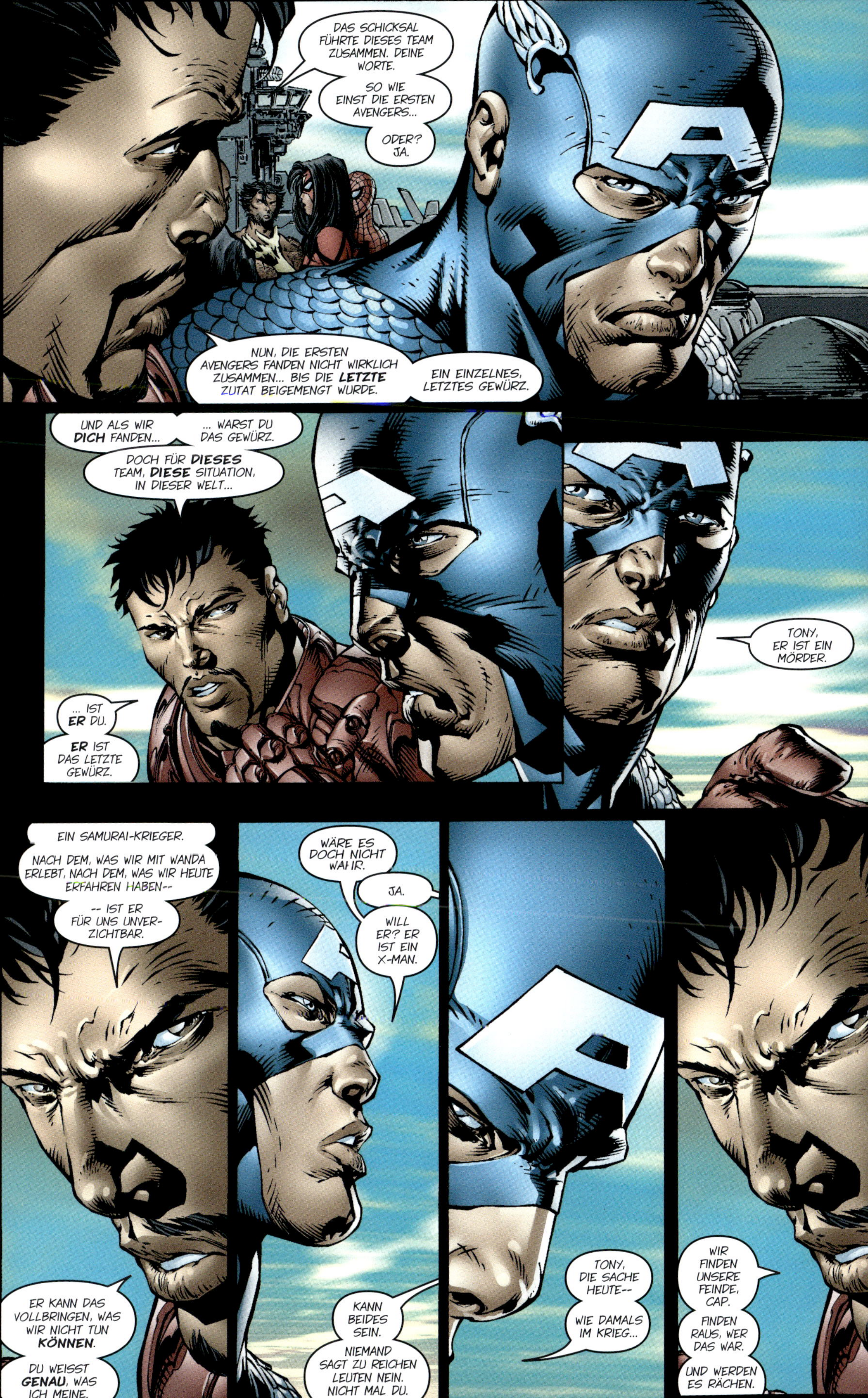
DAS SCHICKSAL FÜHRTE DIESES TEAM ZUSAMMEN. DEINE WORTE.
SO WIE EINST DIE ERSTEN AVENGERS...
ODER? JA.
NUN, DIE ERSTEN AVENGERS FANDEN NICHT WIRKLICH ZUSAMMEN... BIS DIE **LETZTE** ZUTAT BEIGEMENGT WURDE.
EIN EINZELNES, LETZTES GEWÜRZ.
UND ALS WIR **DICH** FANDEN...
... WARST DU DAS GEWÜRZ.
DOCH FÜR **DIESES** TEAM, **DIESE** SITUATION, IN DIESER WELT...
... IST **ER** DU.
ER IST DAS LETZTE GEWÜRZ.
TONY, ER IST EIN MÖRDER.
EIN SAMURAI-KRIEGER.
NACH DEM, WAS WIR MIT WANDA ERLEBT, NACH DEM, WAS WIR HEUTE ERFAHREN HABEN--
-- IST ER FÜR UNS UNVER-ZICHTBAR.
ER KANN DAS VOLLBRINGEN, WAS WIR NICHT TUN **KÖNNEN**.
DU WEISST **GENAU**, WAS ICH MEINE.
WÄRE ES DOCH NICHT WAHR.
JA.
WILL ER? ER IST EIN X-MAN.
KANN BEIDES SEIN.
NIEMAND SAGT ZU REICHEN LEUTEN NEIN. NICHT MAL DU.
TONY, DIE SACHE HEUTE--
WIE DAMALS IM KRIEG...
WIR FINDEN UNSERE FEINDE, CAP.
FINDEN RAUS, WER DAS WAR.
UND WERDEN ES RÄCHEN.

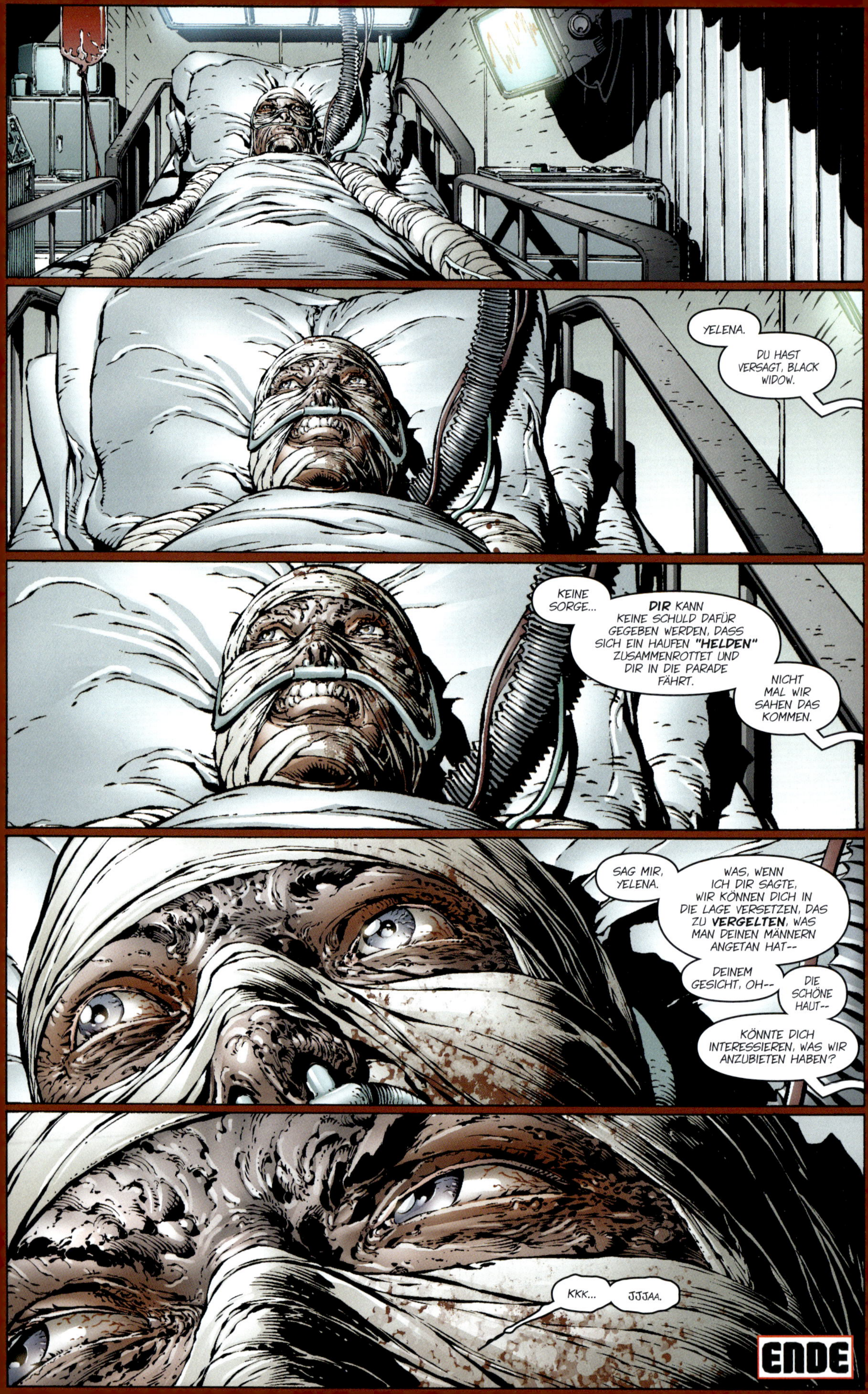
YELENA.
DU HAST VERSAGT, BLACK WIDOW.
KEINE SORGE...
DIR KANN KEINE SCHULD DAFÜR GEGEBEN WERDEN, DASS SICH EIN HAUFEN **"HELDEN"** ZUSAMMENROTTET UND DIR IN DIE PARADE FÄHRT.
NICHT MAL WIR SAHEN DAS KOMMEN.
SAG MIR, YELENA.
WAS, WENN ICH DIR SAGTE, WIR KÖNNEN DICH IN DIE LAGE VERSETZEN, DAS ZU **VERGELTEN**, WAS MAN DEINEN MÄNNERN ANGETAN HAT--
DEINEM GESICHT, OH--
DIE SCHÖNE HAUT--
KÖNNTE DICH INTERESSIEREN, WAS WIR ANZUBIETEN HABEN?
KKK...
JJJAA.
ENDE

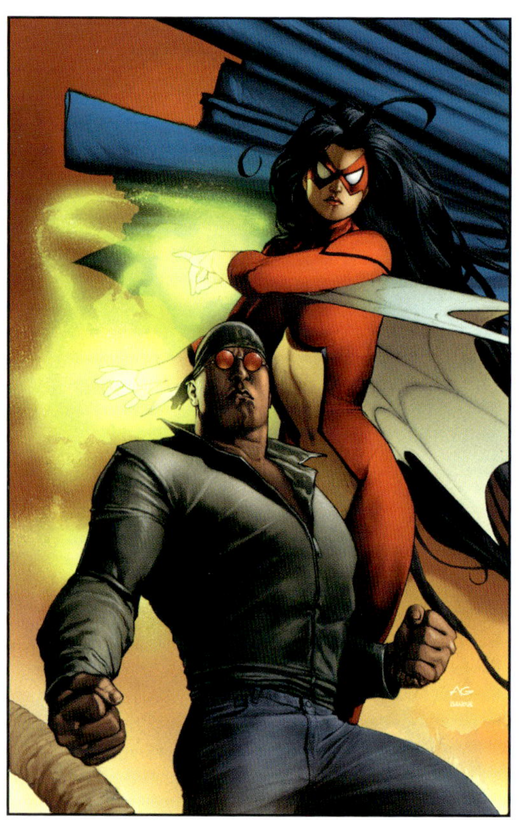

New Avengers (2005) 5
Variant-Cover von **ADI GRANOV**

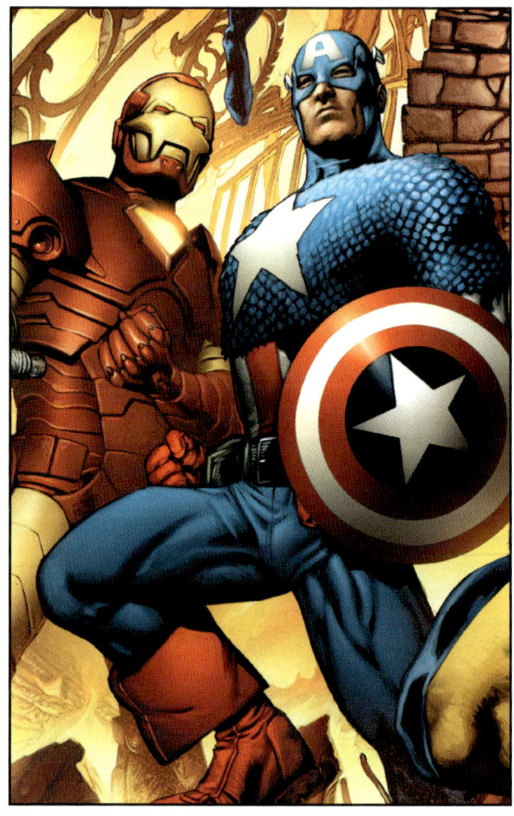

New Avengers (2005) 6
Variant-Cover von **BRYAN HITCH**

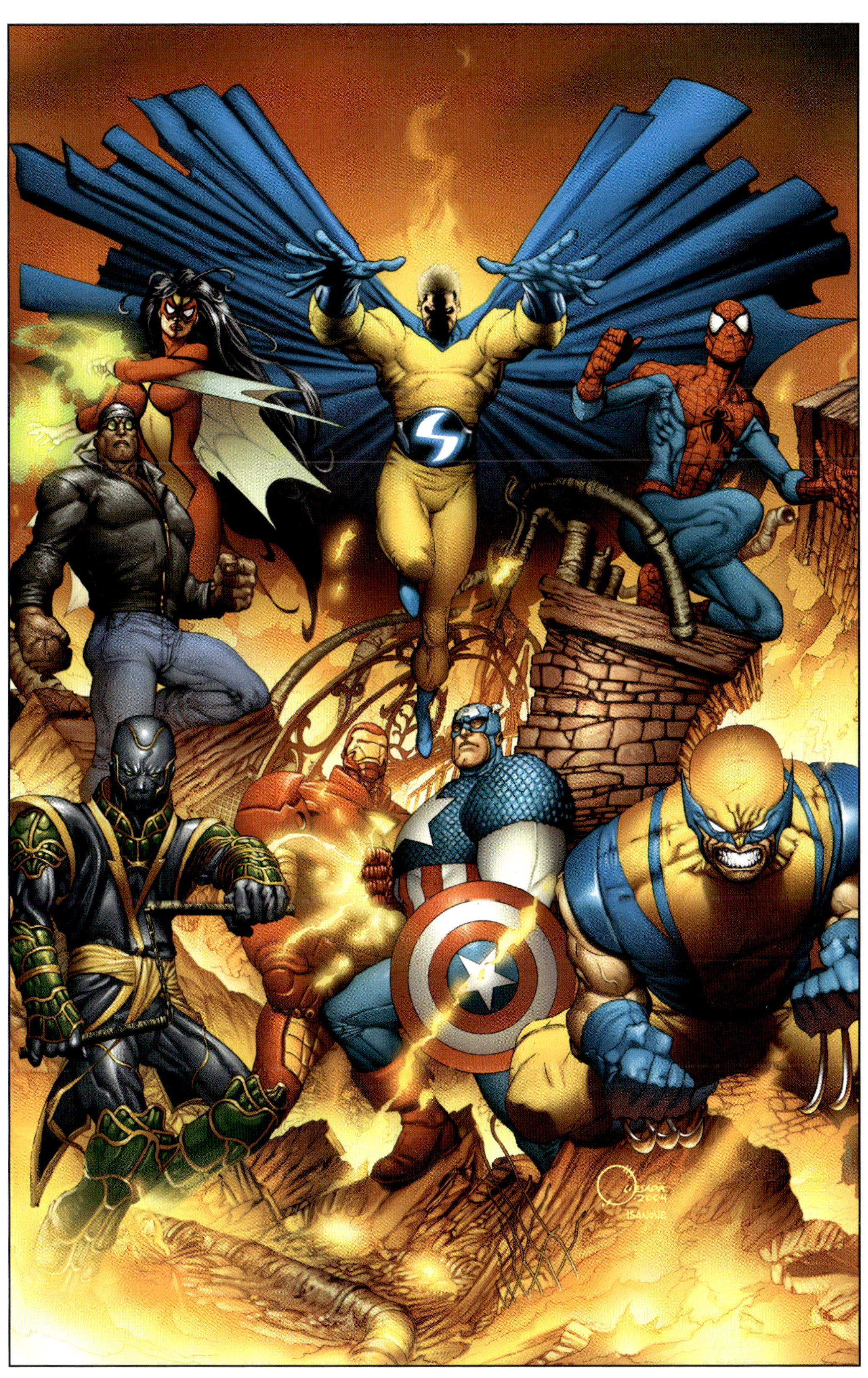

New Avengers (2005) 1
Variant-Cover von **JOE QUESADA**

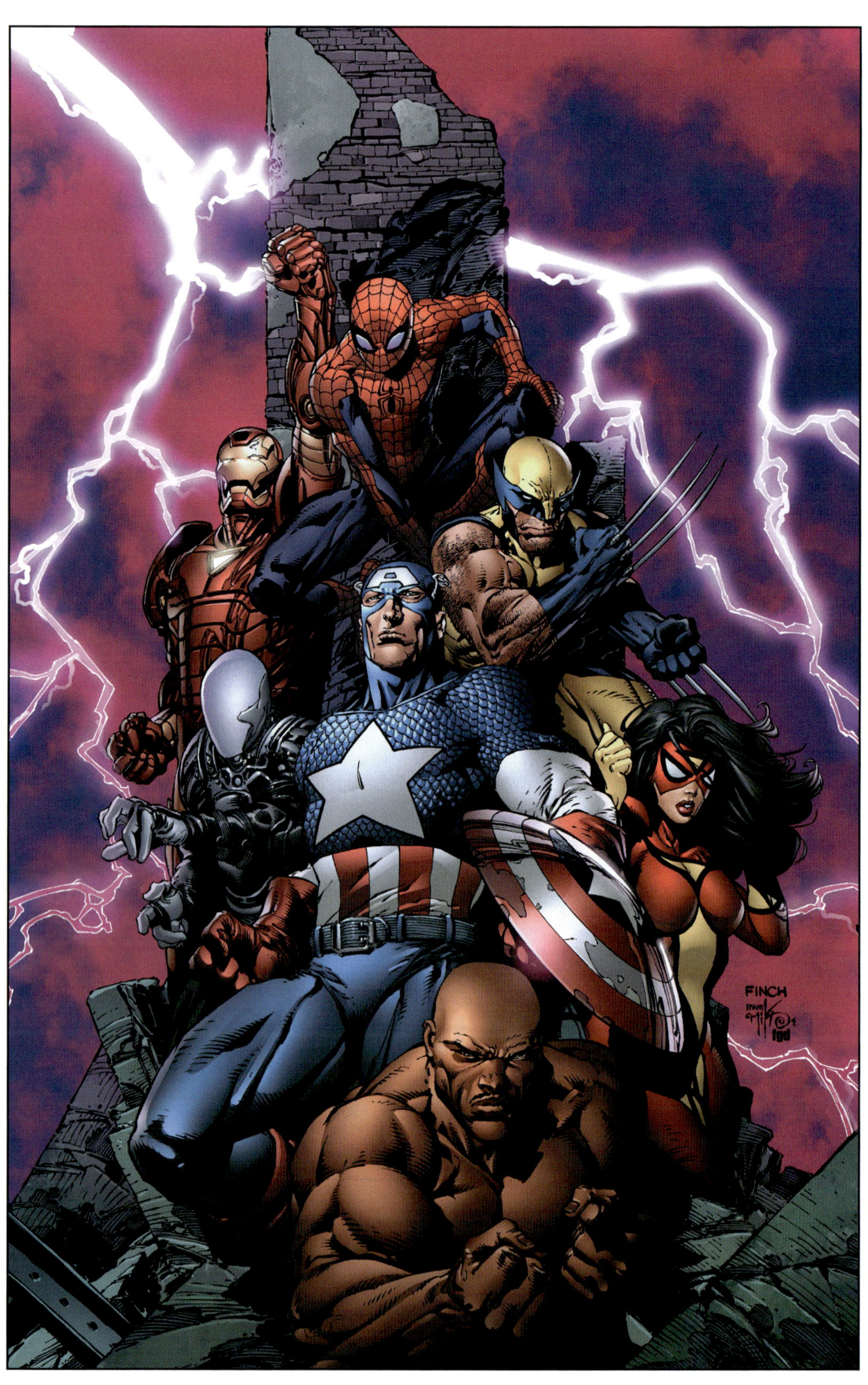

New Avengers (2005) 1
Variant-Cover von **DAVID FINCH**

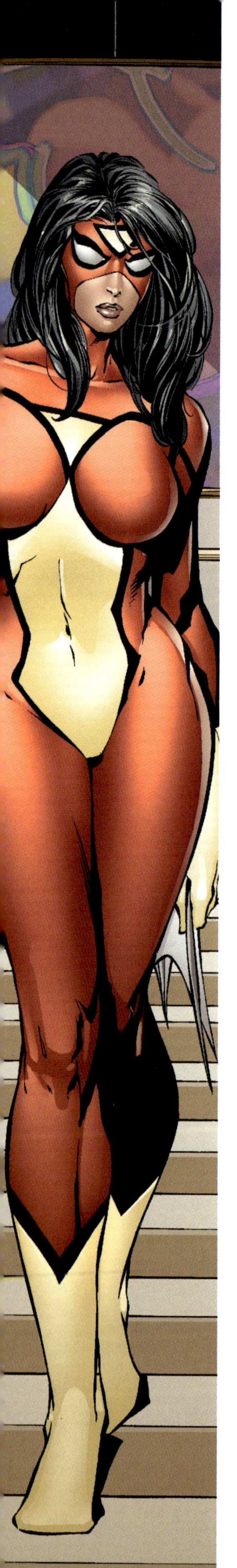

DIE MACHER

BRIAN MICHAEL BENDIS startete seine große Karriere mit mehreren von ihm geschriebenen und bebilderten Comic-Krimis. Dazu kam ein witziger autobiografischer Comic über seinen Versuch, als Drehbuchautor Hollywood zu erobern. Ende der 1990er kümmerte sich der 1967 geborene Amerikaner als Autor dann um *Sam and Twitch* aus dem SPAWN-Kosmos und legte mit Michael Avon Oeming die ersten Kapitel der eigenständigen, langlebigen und als TV-Serie adaptierten Superhelden-Cop-Serie POWERS vor. Von 2000 bis 2018 war Bendis schließlich einer der wichtigsten Autoren bei Marvel. Er half dabei, das Ultimative Universum zu erschaffen, und schrieb mehrere lange, viel beachtete Sagas mit dem Ultimativen Spider-Man, aber auch Titel wie DAREDEVIL, AVENGERS, NEW AVENGERS, DARK AVENGERS, GUARDIANS OF THE GALAXY, IRON MAN, DIE NEUEN X-MEN, SECRET INVASION, HOUSE OF M, AVENGERS VS. X-MEN, AGE OF ULTRON und CIVIL WAR II. Außerdem ersann er die Publikumslieblinge Jessica Jones und Miles Morales. Weitere Comics aus seiner Feder sind *Takio*, HALO und SCARLET. 2018 wechselte Bendis, der mit seiner Familie in Portland lebt und sogar als Gastprofessor an Unis unterrichtet, zu DC, wo der mehrfache Eisner Award-Gewinner die Traditionstitel SUPERMAN und SUPERMAN – ACTION COMICS übernahm. Des Weiteren verfasste er LEVIATHAN, YOUNG JUSTICE, BATMAN: DIE JAGD DES DUNKLEN RITTERS und JUSTICE LEAGUE. Bendis arbeitete bereits an diversen Videogames, Filmen und Fernsehserien um die Marvel-Helden mit und veröffentlichte mit *Words for Pictures* obendrein ein Sachbuch über das Comic-Schreiben.

DAVID FINCH wurde massiv von Jim Lee, Marc Silvestri und anderen Superheldenzeichner-Ikonen der 1990er beeinflusst. Seine eigene Karriere begann als Zeichner der Abenteuer von Helden wie Darkness und Aphrodite IX beim Verlag Top Cow. Nach einem Comic zum Videospiel *Call of Duty* und dem Comic-Crossover *Star Trek/X-Men* illustrierte der Kanadier für Marvel DIE ULTIMATIVEN X-MEN, AVENGERS: HELDENFALL, SPIDER-MAN UND DIE NEUEN RÄCHER, MOON KNIGHT, FALLEN SON und ULTIMATUM. Dabei arbeitete er mit Brian Michael Bendis, Jeph Loeb, Charlie Huston und anderen Autorengrößen zusammen. Bei DC brachte er zunächst einige Batman-Geschichten von Grant Morrison zu Papier, ehe man eigens für Finch die Serie BATMAN – THE DARK KNIGHT startete, die er als Autor und Zeichner in Szene setzte. Danach bebilderte der Fanliebling, der mittlerweile selbst viele Comic-Macher inspiriert, die Crossover-Hauptserie FOREVER EVIL – HERRSCHAFT DES BÖSEN und JUSTICE LEAGUE OF AMERICA von Geoff Johns sowie Tom Kings viel beachtete BATMAN-Serie der Rebirth-Zeitrechnung. Darüber hinaus ist Finch, der mit dem Yellow Kid Award, dem Joe Shuster Award und dem Eisner Award ausgezeichnet wurde, ein gefragter Zeichner von Titelbildern und Variant-Covern. Als Konzeptkünstler war Finch überdies für Zack Snyders Verfilmung des Comic-Meilensteins WATCHMEN tätig, während er obendrein Plattencover für die Heavy Metal-Band Disturbed illustrierte.

AVENGERS

AUSBRUCH

BONUSTEIL

- HINTER DEN KULISSEN
- TIMELINE
- WEITERE LEKTÜRE
- ANMERKUNGEN
- WEITERE MUST-HAVE-TITEL

Die **Avengers** haben viele Tragödien und viele Umbesetzungen in ihren Reihen erlebt. Doch nichts war mit dem vergleichbar, was **Brian Michael Bendis** und **David Finch** in *New Avengers* planten. Werfen wir einen Blick hinter die Kulissen dieser bemerkenswerten Story und tauchen ein in die Geschichte dieser neuen Heldengruppe.

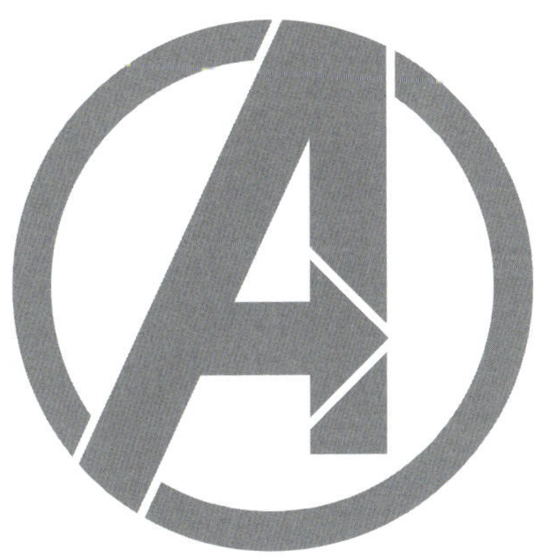

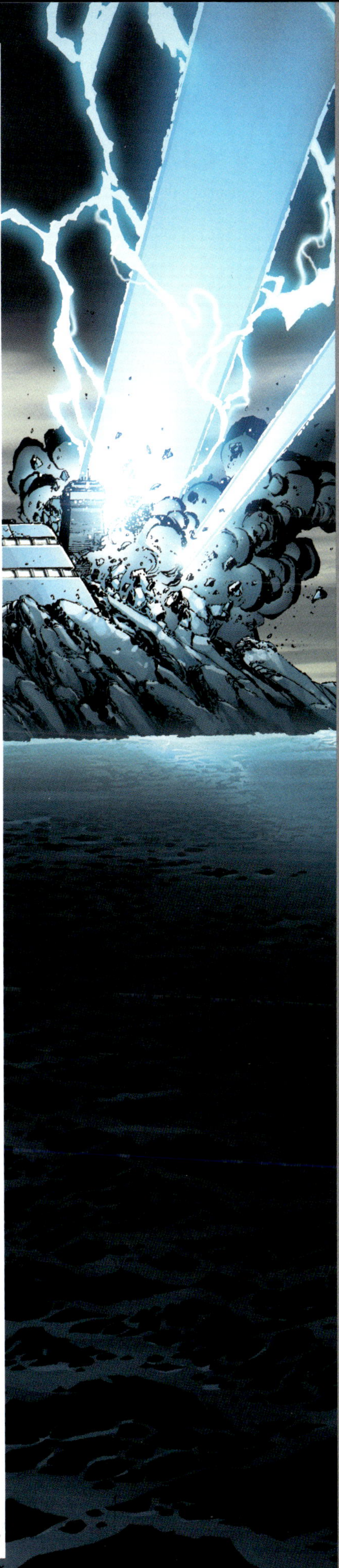

Wachwechsel

Als **Brian Michael Bendis** *Avengers* 2004 übernahm, zerstörte er in *Avengers: Disassembled* als Erstes das damals existierende Team. Es war eine kraftvolle, herzzerreißende Geschichte, in der die Gruppe ihren schlimmsten Tag erlebte. Und es war genau das, was der Autor brauchte, um für seine nächste Idee reinen Tisch zu machen.

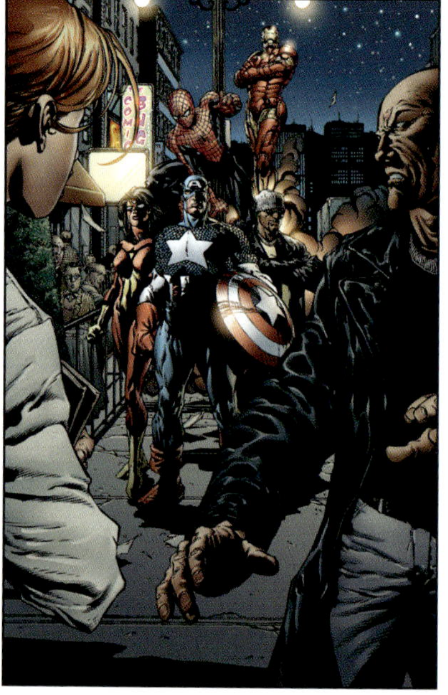

Die **New Avengers** stellen **Electro**. Zeichnung von **David Finch**.

New Avengers wurde bei einer der legendären Autorenkonferenzen von Marvel ausgeheckt, bei denen sich die Redaktion und freiberufliche Künstler treffen, um die Geschichten für das nächste Jahr zu besprechen. Und so kam es, dass sich Bendis und der schottische Autor **Mark Millar** lebhaft darüber austauschten, dass die **Avengers** eigentlich gar nicht aus den mächtigsten Marvel-Helden bestehen – es waren keine Topfiguren wie **Spider-Man** oder **Wolverine** dabei. Ihre Bemerkungen führten zu einer hitzigen und sehr leidenschaftlichen Diskussion der Anwesenden, was Marvels Chefredakteur **Joe Quesada** und Executive Vice President **Bill Jemas** interessiert zur Kenntnis nahmen.

„Gut zwanzig Minuten lang herrschte pures Chaos", erinnerte sich Bendis. „Und ich blickte hinüber zu Joe und Jemas und sah buchstäblich Dollar-Zeichen in ihren Augen aufleuchten. Denn sie wussten genau, wenn etwas in diesem Raum so einen Wirbel verursachte, würde im Internet und in jedem Comic-Laden des Landes dasselbe geschehen. Während der Diskussion hatte ich diese Vision, wie die Serie aussehen könnte, aber ich wollte sie nicht schreiben. Ich hatte meine Jobs und war glücklich und zufrieden damit. Außerdem hatte ich Angst davor." Doch je länger Bendis darüber nachdachte, desto mehr erkannte er, dass die Herausforderung es wert war. „Ich machte mir weis, dass ich es eigentlich tun wollte und nur ein Angsthase war. Ich liebte *Avengers*, denn es war der erste Comic, den ich als Kind gekauft hatte. Also ging ich noch während der Konferenz zu Joe und sagte: ‚Falls es nicht zu spät ist, ich möchte *Avengers* schreiben.' Und er sagte nur: ‚Oh, weiß ich. Du schreibst *Avengers*.'"

Die Marvel-Redakteure hatten richtig vermutet, denn die neue Beset-

▶ Bendis hatte von Beginn an geplant, dass sich die Besetzung des Teams im Laufe der Serie ändern würde. Neue Helden sollten für Missionen angeworben werden, die spezielle Fertigkeiten benötigen – etwa **Dr. Strange**, wenn Magie ins Spiel kam. Am Ende der ersten Serie bestand das Team aus **Ronin**, **Bucky Barnes** als Captain America, **Ms. Marvel**, **Mockingbird**, Spider-Man, Spider-Woman, Wolverine und Luke Cage,der als Anführer agierte.

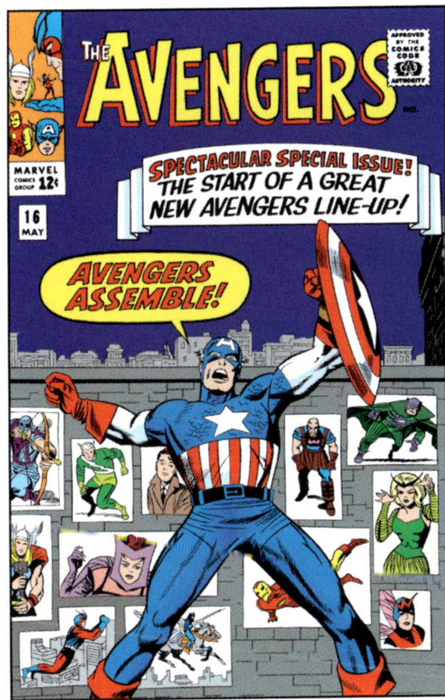

Die erste von vielen Besetzungsänderungen für die Avengers im klassischen Heft *Avengers* 16. Zeichnung von Jack Kirby.

zung wurde bei Erscheinen tatsächlich kontrovers diskutiert. Sie erwies sich allerdings auch als extrem populär. Tatsächlich war so eine drastische Veränderung nicht wirklich neu für das Team, das war Bendis sehr wohl bewusst. Und es war ein zentraler Teil seiner Idee für die Serie. „Im Grunde geht es um den Untertitel ‚Earth's Mightiest Heroes'. Um das, was diese Figuren darstellen. Und dass es in diesem Team immer auch um Veränderung ging. Die Mitglieder wechselten, ihre Beziehungen zueinander änderten sich ebenfalls. Es ist ähnlich wie damals, als Stan alle beliebten Helden rauswarf und durch **Hawkeye** und zwei Mitglieder der Bruderschaft der bösen Mutanten ersetzte [in der klassischen **Lee**/**Kirby**/**Dick Ayers**-Story *The Old Order Changeth!*, erschienen 1965 in *Avengers* 16].

Der Kern des neuen Teams war vielen Avengers-Fans allerdings bestens vertraut: **Iron Man** und **Captain America**. Da **Thor** nicht infrage kam, wurde sein Platz als Schwergewicht des Teams von **Sentry** übernommen – einer Figur, die außerhalb ihrer hochgelobten Miniserie selten benutzt worden war, die Bendis aber unbedingt einbauen wollte. Anschließend kamen Wolverine und Spider-Man. Im Gegensatz zu **X-Men**-Mitglied Wolverine war Spider-Man vor allem als Soloheld bekannt, was seine Rolle als Avenger viel interessanter machte. Es gab Bendis die Möglichkeit, das Gefühl des Netzschwingers zu thematisieren, dass er nicht gut genug sei für das Team. Bendis konnte zeigen, dass die anderen Superhelden ganz im Gegenteil jedoch größten Respekt vor ihm und seiner Leidensgeschichte hatten. Komplettiert wurde das Team von **Luke Cage** und **Spider-Woman**, die vor allem dabei waren, weil Bendis die Figuren so schätzte. Er hatte den Eindruck, dass sie reif waren für eine Neuerfindung, besonders Cage, den er von seinen Blaxploitation-Wurzeln befreite und zu einer modernen Figur machte.

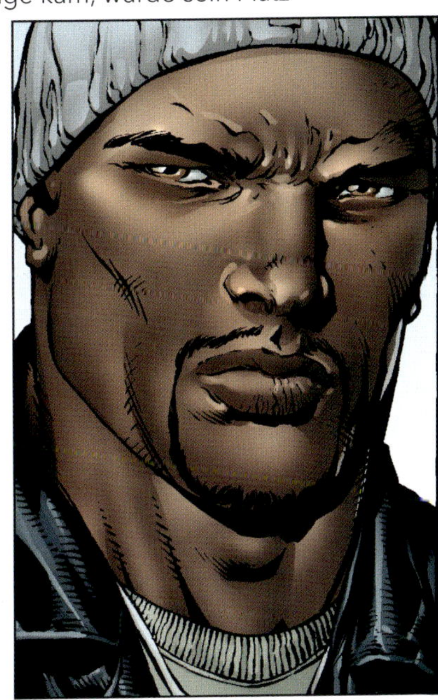

Luke Cage war immer einer der Lieblingshelden von Brian Michael Bendis. Zeichnung von David Finch.

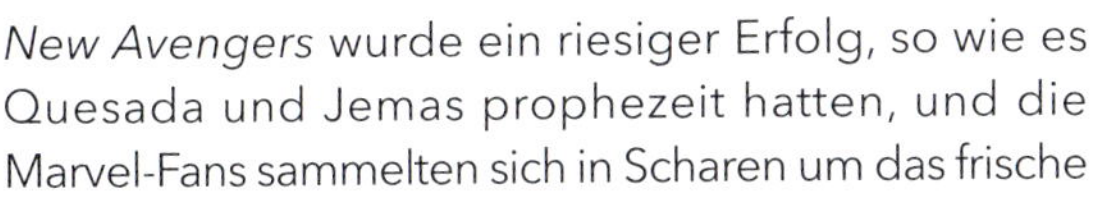

New Avengers wurde ein riesiger Erfolg, so wie es Quesada und Jemas prophezeit hatten, und die Marvel-Fans sammelten sich in Scharen um das frische Team. Die Besetzung hatte sich zwar drastisch geändert, aber die Serie hielt an der Essenz fest, die die Avengers groß gemacht hatte – die mächtigsten Helden der Erde, um gegen Feinde zu bestehen, gegen die ein Einzelner keine Chance hätte!

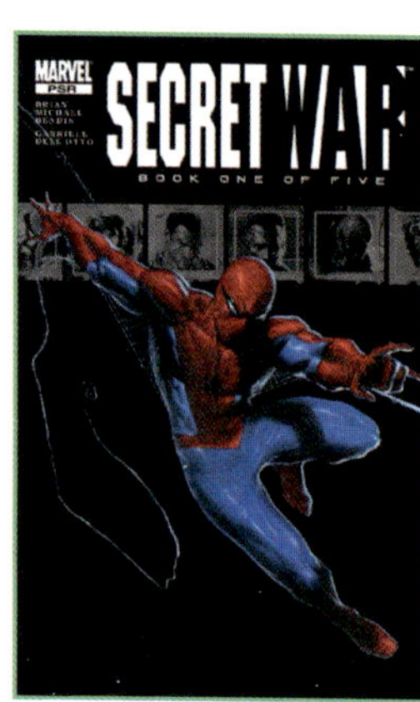

***Secret War* 1 (2004)**
BRIAN MICHAEL BENDIS
GABRIELE DELL'OTTO
Bendis sammelt eine Gruppe Helden für eine Geheimmission in Latveria, darunter die zukünftigen Avengers ***Captain America****,* ***Spider-Man****,* ***Wolverine*** *und* ***Luke Cage****.*

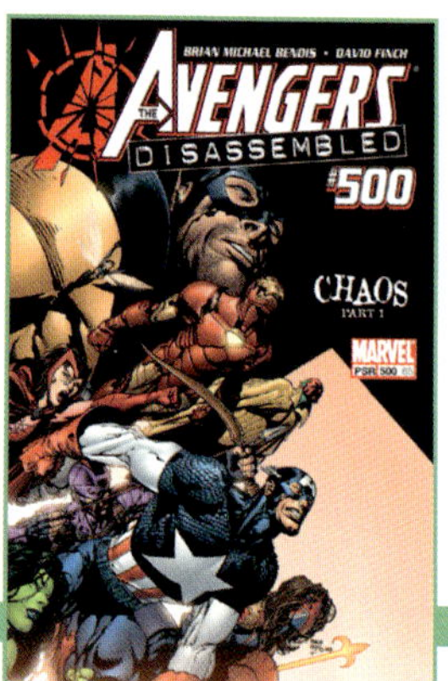

***Avengers* 500 (2004)**
BRIAN MICHAEL BENDIS
DAVID FINCH
Das Leben der Avengers ändert sich für immer, denn hier beginnt Disassembled*, und das Team muss seinen schlimmsten Tag überstehen.*

AVENGERS
AUSBRUCH

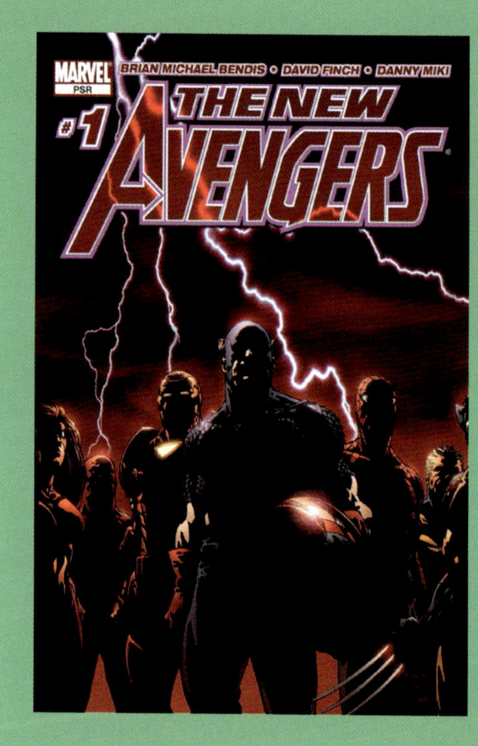

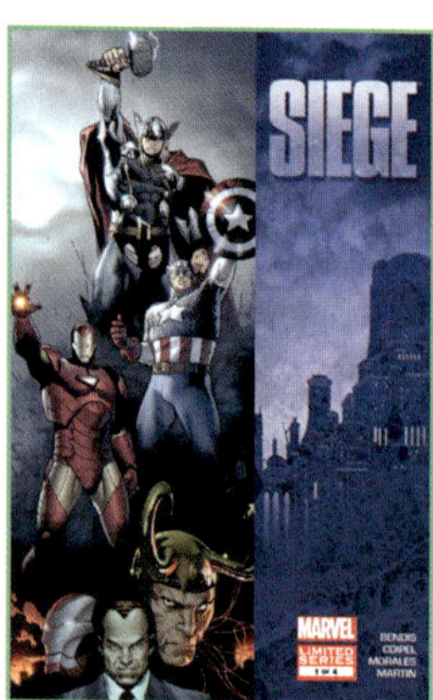

***Siege* 1 (2010)**
BRIAN MICHAEL BENDIS
OLIVIER COIPEL
Die Helden der Erde beenden ihren Zwist, um die Dark Avengers daran zu hindern, Asgard zu zerstören. Anschließend überzeugen sie die Regierung, das Superheldenregistrierungsgesetz abzuschaffen.

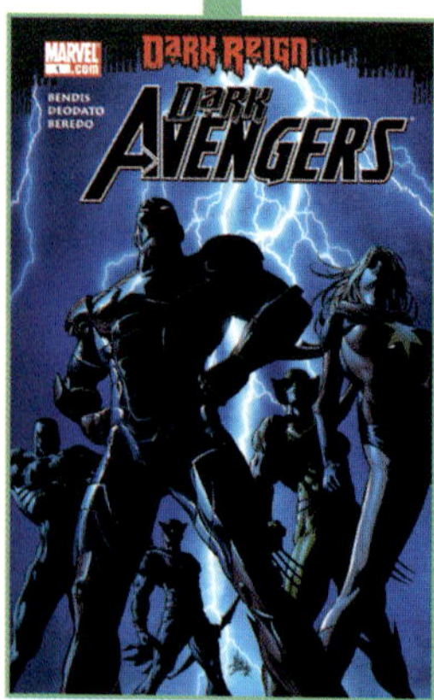

***Dark Avengers* 1 (2009)**
BRIAN MICHAEL BENDIS
MIKE DEODATO JR.
Tony Stark konnte die Skrulls nicht stoppen und wird durch ***Norman Osborn*** *ersetzt, der sein eigenes „****Dark“ Avengers****-Team einberuft – Schurken, die sich für Helden ausgeben.*

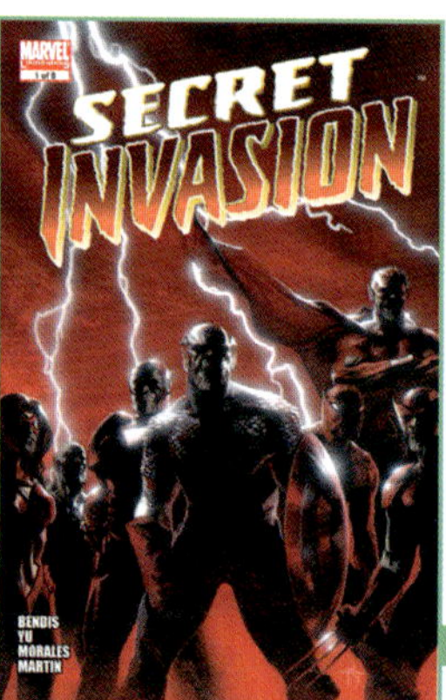

***Secret Invasion* 1 (2008)**
BRIAN MICHAEL BENDIS
LEINIL FRANCIS YU
Die Helden der Erde wissen nicht mehr, wem sie trauen können, denn Schläferagenten der formwandelnden ***Skrulls*** *bereiten die Invasion des Planeten vor.*

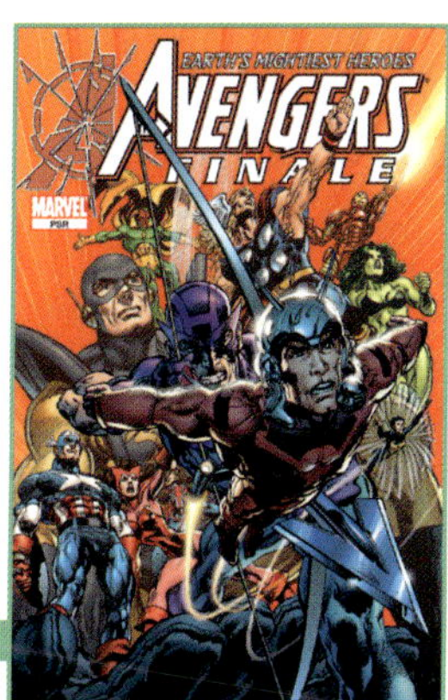

***Avengers Finale* 1 (2005)**
BRIAN MICHAEL BENDIS
DAVID FINCH U. A.
Das Ende einer Ära! Die mächtigsten Helden der Erde treffen sich zum letzten Mal – in den Trümmern der Avengers Mansion.

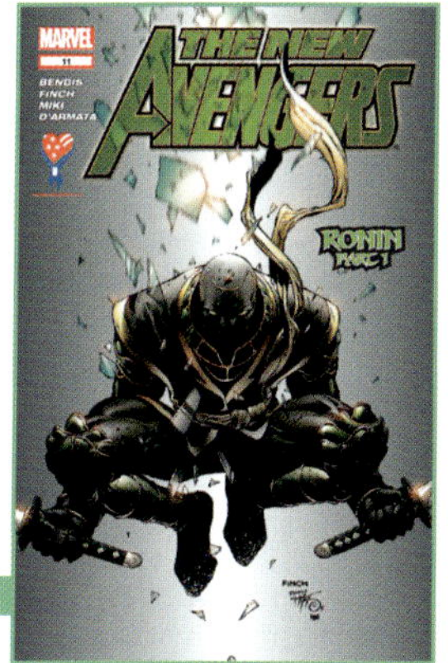

***New Avengers* 11 (2005)**
BRIAN MICHAEL BENDIS
DAVID FINCH
Ein neues Mitglied steigt ins Team ein, um bei Ermittlungen gegen die ***Hand*** *zu helfen – der geheimnisvolle Ninja, der schlicht* ***Ronin*** *genannt wird.*

Die **Avengers** sind tot, lang leben die **New Avengers**! Nachdem **Brian Michael Bendis** 2004 das Team in *Avengers: Disassembled* zerlegt hatte, musste er die mächtigsten Helden der Erde nun wieder zusammflicken, besser und stärker als je zuvor. Mit Zeichner **David Finch** an seiner Seite entstand ein Marvel-Meilenstein mit einer neuen Gruppe, die auf der unglaublichen Geschichte des Teams aufbaute, jedoch mit einer innovativen, topmodernen Anmutung, die keine andere Serie der Zeit hatte.

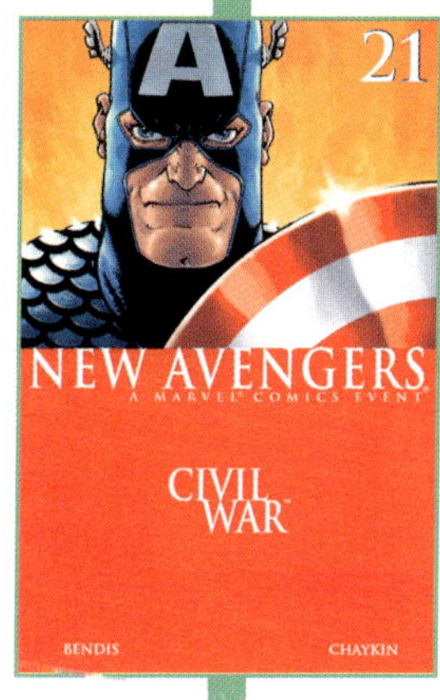

***New Avengers* 21 (2006)**
BRIAN MICHAEL BENDIS
HOWARD CHAYKIN
Iron Man *und Captain America stehen auf verschiedenen Seiten im Heldenkrieg – und die Mitglieder der New Avengers müssen sich für eine davon entscheiden.*

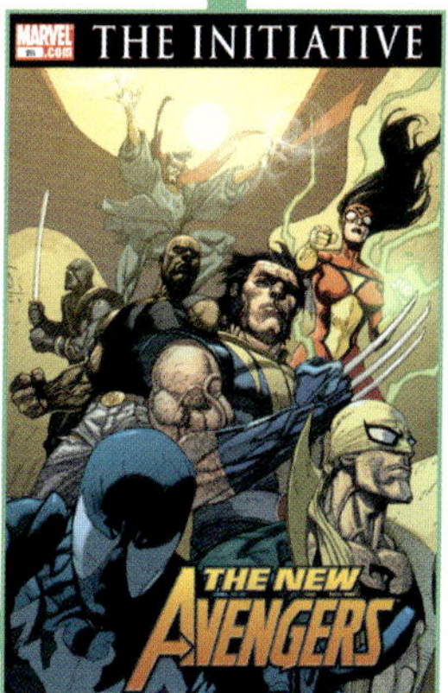

***New Avengers* 28 (2007)**
BRIAN MICHAEL BENDIS
LEINIL FRANCIS YU
Nach dem Krieg legt sich der Staub, und Luke Cage gründet mit anderen Helden, die sich nicht von der Regierung registrieren lassen wollen, sein eigenes Avengers-Untergrund-Team.

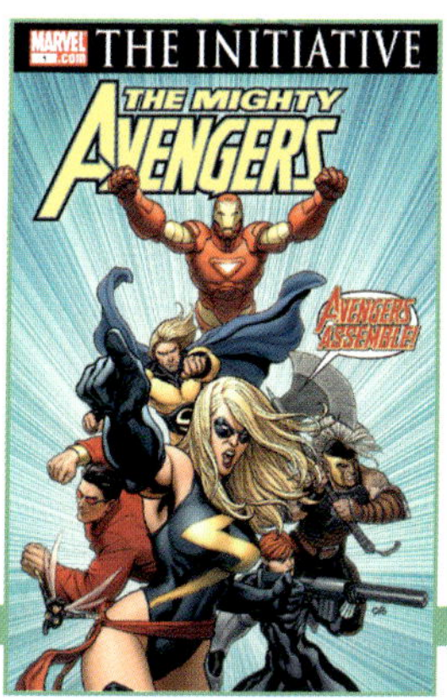

***Mighty Avengers* 1 (2007)**
BRIAN MICHAEL BENDIS
FRANK CHO
Tony Stark *versammelt ein offizielles Avengers-Team, das sich an die Richtlinien des Superheldenregistrierungsgesetzes hält.*

Interne Konflikte

Breakout legte das Fundament für viele weitere *New Avengers*-Geschichten und viele neue Rätsel. Doch oberste Priorität nach der ersten Mission hatte einer ihrer Kollegen. In der Story *The Sentry*, die von **Steve McNiven** gezeichnet und von **Paul Jenkins** mitverfasst wurde, will das Team dem Helden helfen, seine Dämonen zu überwinden und die Dunkelheit in seinem Innern zu besiegen, die nur als **Void** bekannt ist.

Die Skrulls starten ihren Angriff in *Secret Invasion*! Zeichnung von Leinil Francis Yu.

2007 arbeitete **Bendis** gemeinsam mit Zeichner **Frank Cho** an einem weiteren **Avengers**-Revival in Gestalt der *Mighty Avengers*. Das Team wurde nach *Civil War* – in dem das erste **New Avengers**-Team aufgelöst wurde – ins Leben gerufen und war das erste Avengers-Team nach dem Superheldenregistrierungsgesetz. Es bestand aus **Iron Man**, **Ms. Marvel**, **Ares**, **Black Widow**, **Sentry**, **Wasp** und **Wonder Man**. Gleichzeitig schrieb Bendis weiter *New Avengers*. Diese Serie beschäftigte sich nun mit einem Team aus Helden, die nicht registriert waren – **Luke Cage**, **Spider-Woman**, **Wolverine**, **Spider-Man**, **Iron Fist**, **Ronin** und **Dr. Strange** –, aber weiterhin gegen Superschurken kämpften, gleichzeitig allerdings der Polizei aus dem Weg gehen mussten.

Eine der offenen Fragen aus *Breakout* klärte Brian Michael Bendis schließlich 2008 in der gigantischen *Secret Invasion*-Story, die von **Leinil Francis Yu** gezeichnet wurde. Hier entdeckten die Helden der Erde, dass viele von ihnen von **Skrull**-Doppelgängern ersetzt worden waren – darunter auch einer, der seit der ersten Mission der New Avengers dabei war. Es stellte sich heraus, dass dies der Vorbereitung einer Invasion diente, die schließlich in einem großen Crossover-Event stattfand. Die Avengers und andere Helden kämpften gegen eine Armee aus Super-Skrulls, die alle mehrere Fähigkeiten benutzen konnten, die sie von den Helden der Erde kopiert hatten. Die Lage wurde noch zusätzlich erschwert, weil die Avengers nicht wussten, welche ihrer Kameraden heimlich Skrull-Agenten waren.

▶ **Yelena Belova** kehrte zurück, um das Team erneut zu quälen, und zwar im *New Avengers* Annual 1, das von **Olivier Coipel** gezeichnet wurde (und darüber hinaus die Hochzeit von **Jessica Jones** und Luke Cage enthielt). Die Superterrorgruppe **Hydra** hatte Yelena in eine neue Version des Super-Adaptoids verwandelt und ihr damit die Fähigkeit verschafft, die Kräfte von jedem zu kopieren, der sich in ihrer Nähe befand.

Rohe Kraft

Man könnte sagen, dass die Gründung der **New Avengers** vor allem an **Electro** lag, schließlich war er maßgeblich schuld am Ausbruch im Gefängnis namens **Raft**. Der klassische **Spider-Man**-Gegner tauchte erstmals 1964 in *Amazing Spider-Man* 9 auf und wurde von **Stan Lee** und **Steve Ditko** erdacht. **Max Dillon** war ein Elektriker, der bei der Reparatur einer Stromleitung vom Blitz getroffen wurde. Irgendwie verursachte der Stromstoß eine mutagene Veränderung in seinem Körper, die ihm erlaubte, Elektrizität als Waffe zu benutzen. Dillon nahm den Namen Electro an und wurde fortan als Verbrecher aktiv. Nachdem er den **Daily Bugle** ausgeraubt hatte, setzte Spider-Man ihn fest, doch der Wandkrabbler wurde dabei beinahe von Dillons aufgeladenem Körper getötet. Spidey gelang es schließlich, Electro kurzzuschließen, indem er ihm mit einem Schlauch eine Ladung Wasser verpasste – eine dumme Schwäche, die ihm auch in zukünftigen Kämpfen noch öfter zum Verhängnis werden sollte!

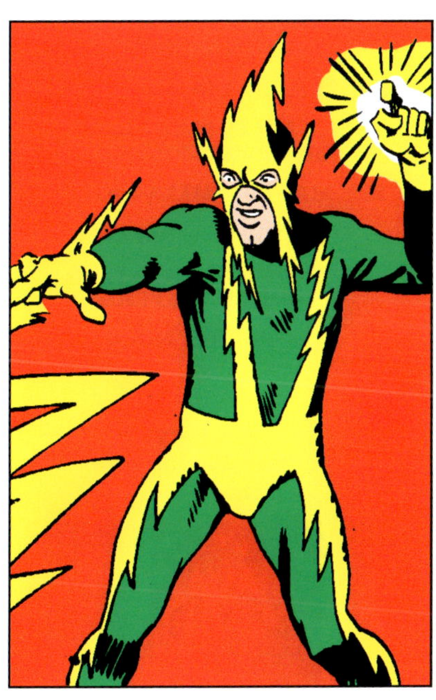

Electro feierte in *Amazing Spider-Man* 9 sein Debüt. Zeichnung von Steve Ditko.

Sentry tauchte erstmals 2000 in der nach ihm benannten Miniserie auf, die aus der Feder von **Paul Jenkins** und **Jae Lee** stammte. **Bob Reynolds** war ein übergewichtiger, mittelalter Mann, der seltsam realistische Träume hatte, in denen er ein Superheld war, der über die „Kraft von einer Million explodierender Sonnen" verfügte. Außerdem war er besessen von der Angst, dass sein Erzfeind **Void** zurückkehren könnte. Nachdem sich sein Weg mit einigen Helden gekreuzt hatte, stellte sich heraus, dass Bob tatsächlich Sentry war. Doch seine Existenz war wegen seiner Verbindung mit Void aus dem Gedächtnis aller Menschen der Welt getilgt worden, auch aus seinem eigenen. Denn Sentry und Void waren zwei Hälften desselben Wesens, und der einzige Weg, um Void zu zerstören, war die völlige Löschung Sentrys aus den Köpfen der Menschen. Doch obwohl es **Reed Richards** gelungen war, ein Gerät nachzubauen, das jede Spur der Existenz Sentrys löschen konnte, gelang es nicht zur Gänze.

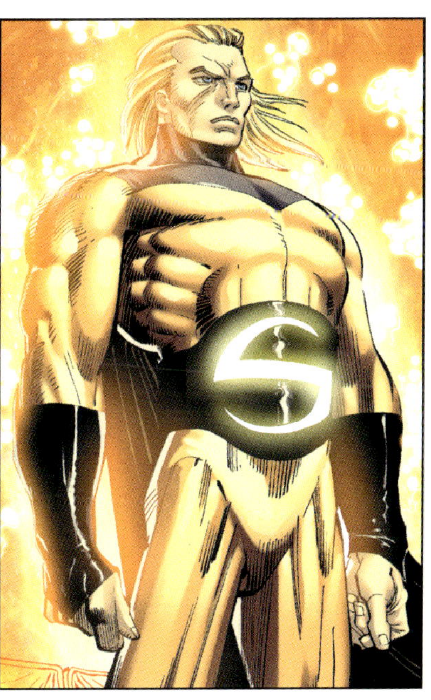

Der „goldene Wächter des Guten" in all seiner Pracht. Zeichnung von **John Romita Jr**.

Kürzlich fand Sentry ein klebriges Ende, als er **Knull**, den finsteren Symbionten-Gott, ins All flog. Doch Knull konnte sich befreien und riss Sentry in zwei Hälften, genauso wie er es einst mit **Carnage** gemacht hatte.

WEITERE MUST-HAVE-TITEL

BEREITS ERHÄLTLICH

CIVIL WAR
AVENGERS: HELDENFALL
SPIDER-MAN: SPIDER-VERSE
WOLVERINE: OLD MAN LOGAN
DEADPOOL KILLT DAS MARVEL-UNIVERSUM
THANOS: DIE GEBURT EINES MONSTERS
DAREDEVIL: DER MANN OHNE FURCHT
MILES MORALES: ULTIMATE SPIDER-MAN
MS. MARVEL: META-MORPHOSE
DER TOD VON WOLVERINE
INFINITY GAUNTLET: DIE EWIGE FEHDE
PLANET HULK
X-MEN: DIE DARK PHOENIX SAGA
VENOM: DARK ORIGIN
IRON MAN: EXTREMIS
FANTASTIC FOUR – 4
PUNISHER: FRANK IST ZURÜCK!
MARVEL KNIGHTS SPIDER-MAN
BLACK PANTHER: WER IST BLACK PANTHER?
X-MEN: EIN NEUER ANFANG
FANTASTIC FOUR: ALLES GELÖST?!
SPIDER-MAN: HEIMKEHR
CAPTAIN AMERICA: WINTER SOLDIER
ASTONISHING X-MEN: BEGABT
SPIDER-MAN: KRAVENS LETZTE JAGD
HOUSE OF M

JETZT ERHÄLTLICH

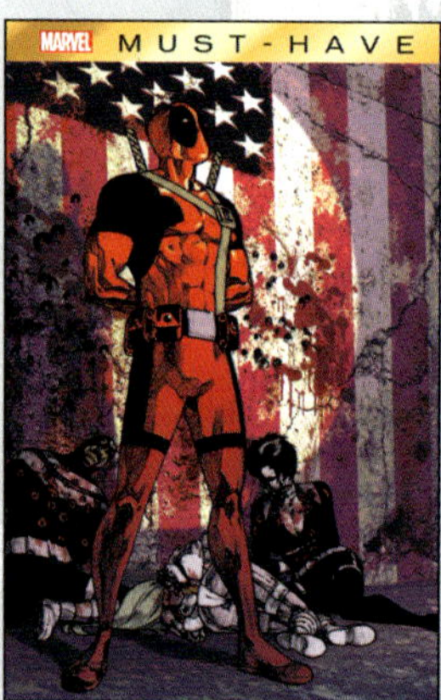

DEADPOOL: WEIBER, WUMMEN UND WADE WILSON

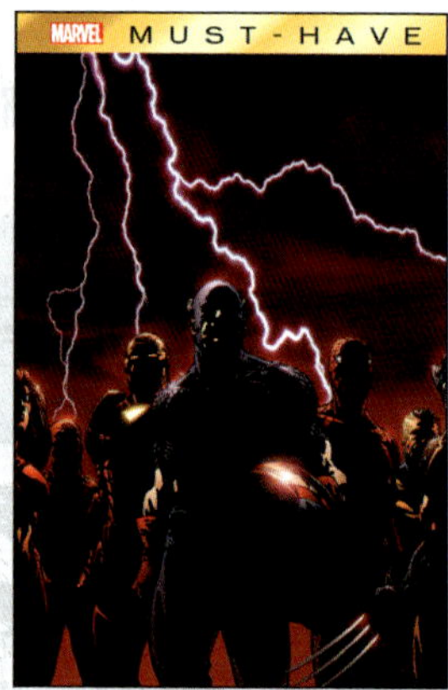

AVENGERS: AUSBRUCH

DEMNÄCHST

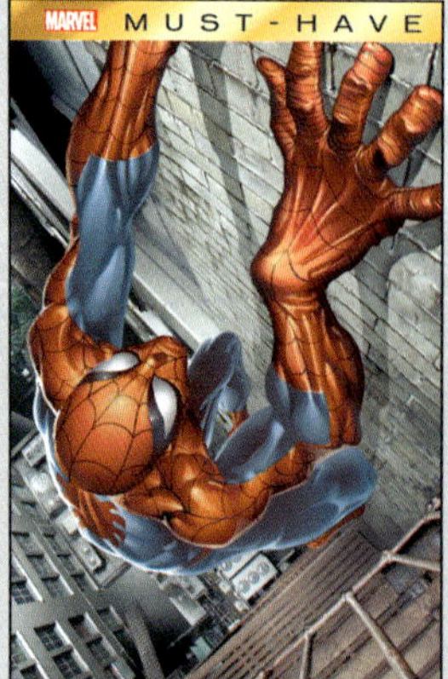

ULTIMATE SPIDER-MAN: LEKTIONEN FÜRS LEBEN

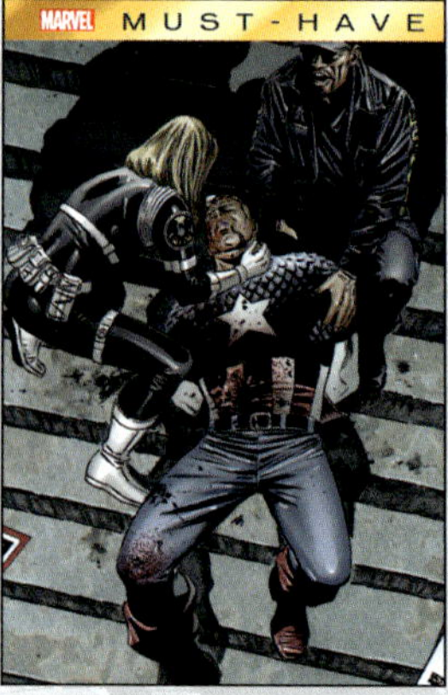

DER TOD VON CAPTAIN AMERICA